思考中國

不一樣的中國通史

楊照——著

自序

從思考著眼的「大歷史」著述

現在也許需要這樣一本書，用不一樣的方式來敘述歷史。

全球網際網路發展了超過三十年，快速建構起方便、互通的龐大資料庫，接著出現了極有效率、容易使用的搜尋引擎，讓所有人都能在彈指之間，從超巨資料庫中準確找到自己所需要的訊息。過去兩年間，又迎來了「生成式人工智慧」的新時代，我們不只能方便找到某一筆資料，還可以得到由AI將數不清的個別來源資訊瞬間整理的結果。

三十多年來，人們的記憶壓力不斷減輕，原本需要儲存在腦中的許多內容，現在只要靠連結就能隨時動用，幹嘛還費神去記、去背誦呢？這樣的變化必然深深衝擊歷史知識的性質，甚至說已經徹底改變了我們認識歷史的方式，也不為過。

以前講到歷史，大家想到的都是眾多的史實，什麼時間什麼地方什麼人做了什麼事，好像歷史就是由幾百條、幾千條這種史實所構成的；而學歷史、知道歷史，也就是記得這幾百條、幾千條的史實。許多人因這種龐大的記憶壓力而對歷史避而遠之，也有少數人因為能記誦諸多史實而沾沾自喜，炫耀自己對歷史的了解。

但歷史知識的意義絕非堆砌史實所能彰顯。歷史更重要的是對於變化的解釋，透過整理、歸納從前的人類經驗，讓現在的人能得到理解變化、分析變化，乃至預見變化的智慧。當然需要知道夠多的史實才能覘測變化，只是如果沒有對史實進行解釋，那麼再多的史實也無從形成那更珍貴的智慧洞見。

幾十年來學習歷史的過程，對我來說就是永遠不停歇的事實記誦與因果連結解釋間的循環辯證。沒有解釋的架構，事實無從適當擺放；倒過來，沒有具體的事實支撐，就無從檢驗架構的解釋能力。由史實與史實的聯繫形成解釋，藉由解釋來分類、容納更多的史實，然後史實的多元複雜性質又刺激出對解釋架構的不斷修正……

二〇〇七年，我開始講授「重新認識中國歷史」系列課程，授課內容後來整理成遠流版的《不一樣的中國史》套書。課程之所以標榜「重新認識」，套書之所以凸顯「不一樣」，主要試圖針對一般中國史的敘述方式，提出兩重補充。一重是擴大歷史的範圍，不局限於朝代、政治、軍事征服、帝王將相這些傳統內容，也打破習慣的學科分際，將經濟、社會、文學、藝術、思想，乃至於集體心理狀態，都放入視野中，整合出一個開放式而非內縮聚焦式的敘述。

第二重用心則在於盡量避免提供個別、孤立的史實，要讓書中所提到的任何人物、任何事件、任何作品都有其更寬廣的脈絡，從而和其他人物、事件、作品等發生關係。關係的鏈結解釋，因而就比任何人物、事件、作品都來得重要。讓讀者閱讀時最終能得到、能記得的，不是靜態的名詞、文句，而是動態的變化，以及變化之所以產生的因果解釋。

為了達成這兩重「不一樣」效果，那套書動用了超過一百五十萬字的篇幅，最終一共編成了十三冊。從講課到寫作到出版的過程中，我一直意識到要消化厚重的卷帙可能給讀者在時間與心神上帶來的壓力與困擾，也就一直想著如何進行精簡的可能。

這本《思考中國》採取了嚴格的原則，在史實與解釋的拉鋸中，徹底站到解釋的一邊，盡量將所提到的史實減之又減，只進行必要的時代變化粗筆描繪，將篇幅保留給解釋變化、跨時空比較變化的核心觀念。如此形成了一本很不一樣的歷史書，書中幾乎沒有任何需要記誦的人名、年代、地名、事件，因而可以純粹用理解的方式來閱讀。

書中內容縱橫跨越從新石器時代到當代的中國歷史，呈現的方式毋寧比較接近以這漫長的歷史作為思考、而非描述的對象。我認真專注要給予讀者的，是說明中國歷史如何變化、為何變化，選擇最鮮明的變化現象組構起一個清楚的架構，方便大家可以將自己所知道的、方便可以隨時查考到的史實，裝填安放進來。

普遍的人類集體經驗變化原則是這本書思考、探索的主軸，中國則是提供具體、豐富材料的對象。有些讀者可以吸收在時間縱深裡對中國的認識，另外有些讀者則可以透過中國而領略更高層次、更普遍的人類歷史原理。

這是一部思考性質的「大歷史」著述，絕對不同於大家習慣閱讀的其他通史書籍，希望能藉由這樣的創新形式，提供新時代資訊條件下的新閱讀經驗。

目次

第三章 周代封建的政治、社會、文化體系

第四章 封建傾頹的軌跡

第二部 古代帝國

第一章 帝國成立的條件

第二章 皇帝權威的確立與擴張

第三章 東漢大姓大族大地主政權

第四章 地方割據局面形成

第三部　中古時期

第一章　「中古史」的主要特性

第二章　世族勢力與貴族文化

第三章　北方部族南下

第四章 唐朝及其北方淵源

第四部 近世時期

第一章 中國政治、社會性質大轉向

第二章 輝煌活躍的文人文化

第三章 近世新思潮的發展

第四章 外族勢力步步進逼

第五章 作為蒙古帝國一部分的中國

第六章 絕對皇權的形成

第一章 鴉片戰爭的長遠背景

第二章 帝國體制的黃昏

第三章 推動民國轉變的歷史力量

前言

「通史」的精神與價值

這是一部講述「中國通史」的書。開始之前，要先對於「通史」這個名詞、概念稍加說明。

「通史」這個詞在中文裡極為平常，但如果換到西方文明脈絡中，可就沒有那麼理所當然。在中國傳統裡，「通史」有特殊來歷，因而取得了明確的意義，以及明確的知識地位。

「通史」來自太史公司馬遷及其《史記》。司馬遷在《史記》中寫了〈自序〉，解釋這本著作的來源。〈太史公自序〉文章有兩個重點，一個是鋪陳司馬家的淵源。司馬家從周初一直到漢代都是負責掌管歷史的，一代又一代累積了豐富的歷史知識與歷史見解，繼承「世代典史」的家業，司馬遷欲將近千年傳留的知識整理出來，視為自身不得逃避的使命。

第二項重點則在於陳述了這部書和儒家信念間的密切關係。司馬遷的史學使命感傳自父親司馬談，而司馬談在立場上很明顯傾向道家，兒子司馬遷卻以儒家孔子為他最尊崇、仿效的對象。

儒家最重視「禮」。「禮」是人與人之間的正確對應行為。人與人交往、互動，自然會有規範，不同的文明、不同的社會都必定有，然而孔子從這樣的行為規範中建立起理論來。

這是孔子的野心，也是孔子最大的成就。在孔子之前，周代封建制度早已有了一套、甚至很多套繁複的規範，大家都要遵守，如此來建構、保障社會秩序。但孔子主張要扣問、探索「禮之本」，也就是不只要遵守固定的禮節，更應該要了解禮節為什麼如此規定的道理。孔子的信念，後來形成了儒家普遍的哲學態度，那就是：「禮」背後必有「理」，所以人活在世上，在人際間過日子，就不能只學表面的、行為層次的「禮」，應該要而且一定要理解深層的、普遍的「理」。

從孔子到孟子，這方面的關懷一脈相承。孟子的論理一般被描述為「性善論」，這意思是孟子相信每個人在本性上、在骨子裡都是好人？那不是有點太天真了嗎？

孟子的「性善」有更深刻的用意，指向要解釋人間社會為何出現了「禮」，而這種人與人相處的規範又為什麼能帶來讓大家都安心、舒服的秩序。孟子將解釋的根源放在人的本性上。

孟子最精彩的論辯之一，就是推演葬禮的起源。周代封建禮制中，葬禮極為重要，《儀禮》、《禮記》記載了多少關於葬禮的規定與討論。而孟子卻以一種推倒繁瑣細節的氣魄，描述了想像中的原始場景。沒有葬禮之前，有人的父母死了，屍體就丟在溝邊，他經過時就目睹了屍體上開始腐爛、長出了蟲，或是被動物啃食了。看到那樣的畫面，他很自然地額頭上冒出汗來，沒有人教他，更沒有人規定他，他一動念，就趕回家拿了工具，急急地在土裡挖出一個坑洞，將屍體埋了進去，才有辦法安心。

這就是葬禮的起源，源自於人要求自己安心，完全來自人的本性。人有這種自然的要求，禮來自人的本性，禮帶給人秩序安定，禮是好的善的，那麼人的本性必然也是好的善的。這是孟子「性善論」真正的依據。

如果人性是惡的，是反秩序的，那怎麼會有禮的秩序？換句話說，「性善論」主張倫理、社會秩序來自人的天性，因此才是確切、不可動搖的。

這和歷史有什麼關係？我們真的不該忽略司馬遷清楚的儒家本位。要如何顯示並證明孔子、孟子對於「禮」與「理」的解釋是正確的，最堅實也最徹底的一種方式，就是去整理歷史，從曾經出現過的人與事中找出律則，那就是人性在社會事務上的影響與表現。

司馬遷說的「通古今之變」這個「通」字，指的是囊括人類行為的所有現象，從中找到的普遍原則，構成了誰都無法推翻的一份真理。

2

一般從哲學的角度討論孟子的「性善論」，常出現簡單的質疑推理——找出你所知道、確切存在過的一個壞人，最壞的人，然後問：「如果人性本善，為什麼會有這樣的人？」從他身上找不到任何一點善，不是所有人都有善良的本性，那麼孟子的道理就被推翻了。

在某個意義上，司馬遷更認真、更全面地應對這個推論。真要了解什麼是人的本性通則，就應該回到歷史，將古往今來所有人做過的事都集合在一起，從中整理歸納。這樣的整理歸納必須在人類全幅經驗的層次上才能達成目的。

在我解讀《史記》的專書《史記的讀法》中，一開頭就提醒讀者：很多人在《史記》裡讀到了好看的故事，但一來《史記》不只有好看的故事，二來光挑出好看的故事看，就錯失了司馬遷不惜以生死代價寫這部書的用心。

我們要尊重司馬遷的主觀意圖。他的野心是統合所知的人類經驗，找出其中的「古今之變」的通則。如果和西方古希臘的史學立場相比，我們或許更能體會這份野心的非凡意義。

表現在亞里斯多德（Aristotélēs, 384-322 BC）的《詩學》（*De Poetica*）中，古希臘人的價值信念認定：詩比歷史重要，甚至兩者的地位是完全不對等，不能相提並論。詩探觸普遍與永恆，提煉人的行為與情感，將瑣碎、平庸與偶然篩洗掉，萃取出內在的純粹；詩的美來自那份純粹，詩的意義在於呈現超越特定時空性的真相。

對古希臘人來說，歷史相對地只是材料，保留了個別事件，必須經由哲學或詩予以加工淬鍊，才能形成真理與真相。要有歷史，歷史不可或缺，因為哲學與詩、真理與真相無法憑空獲致，但在知識的層級上，歷史明顯低於哲學與詩。

但司馬遷凸顯並強調了「通」，讓中國的史學精神和古希臘的觀念大不相同。「通」就是普遍原則，但這原則是扎扎實實來自具體的過去經驗，是在盡量蒐羅所有已知經驗、整理消化後才有可能得到。要找的是普遍的原則，所以如果在人類經驗中發現了不符合的例證，我們就必須持續修正原本的原則，直到形成真正的「通」。

《史記》開始於「五帝本紀」，那是司馬遷能夠追溯最古遠的歷史，等於是有記錄、能知道的人類經驗的開端；而《史記》的結尾呢？在時間上一直往下到司馬遷自己的時代。他當然知道人類經驗還會有未來，但那是他無從得知的了，他就推到自己所能知道的最晚近時代。這意謂著《史記》的時間範圍徹上徹下，盡可能完整涵蓋，唯有如此，才能從中得到「通」，才是「通史」。

司馬遷這種求「通」的歷史態度，仍然給予我們在學習歷史知識時很大的刺激與啟發。當然如果依照那樣的「通」的標準，以全人類經驗為範圍，那今天要講的就不會是「中國通史」了，這樣的「通史」只能是、必須是「世界通史」或「人類通史」。

3

說到「人類通史」，可能就有人想到一部國際暢銷書，以色列歷史學家尤瓦爾・哈拉瑞（Yuval Noah Harari）寫的《人類大歷史》（*Sapiens: A Brief History of Humankind*）。那部書的主體是Homo sapiens，現代智人，為這個人種的變化發展，寫了一部上下兩百萬年的歷史。這其實是最符合司馬遷的「通史」精神，足以代表「通史」精神在現代實踐的一部著作。

我們可以藉由比對《史記》與《人類大歷史》，進一步掌握「通史」的追求與意義。

哈拉瑞的《人類大歷史》以Homo sapiens（智人）這個人種為對象，牽涉到物種觀念，也就牽涉到了演化過程。四十六億年前地球形成，大約三十九億年前出現最早的生命現象，經過了漫長的演化，地球上有了愈來愈多的物種，目前科學實證發現登錄的大約有一百六十萬種，不過推斷物種總體的數量可能到達一千萬左右。

而不論幾十億年間地球上究竟有過多少物種，有一項驚人的事實再明確不過，那就是這中間有一個分布最廣的物種，幾乎完全不受各種環境條件限制，到哪裡都活得下去，到哪裡都有。這個物種就是Homo sapiens，我們現代「智人」。其他物種都有適合生存的環境，亞熱帶臺灣的螞蟻被搬到寒帶挪威就存活不了，卻只有大約兩百萬年前從原有非洲環境中出走的物種Homo sapiens，成了唯一的例外。

現代「智人」布滿整個地球。人類憑什麼可以擺脫環境的限制，甚至人類還將整個地球都改變了？英國演化生物學家理查・道金斯（Richard Dawkins）提出了極具說服力的洞見——因為人類在演化的過程中得到了一項最特殊的能力，那就是學習。

透過學習，人類可以不斷地自我改造，依照道金斯的看法，甚至人類也就因此走到了自然演化的終點。意思是：原本自然生物演化的方式，已經遠遠追趕不上人類藉由學習所產生的適應環境能力，人類現在甚至都取得了徹底改造環境的能力，也就不可能在環境條件壓力下，以緩慢的速度，如未來二、三十萬年後我們的手變成了不同形狀，多了或少了手指指節什麼的。在那樣的演化發生前，人類早就藉由製造出的工具，更有效地應付了環境所帶來的挑戰與考驗。

從這樣的物種特性出發，我們不意外地在《人類大歷史》書中看到一個清楚的主題，那就是人的多樣性。現代智人能夠學習、模仿其他動物，找到適應不同環境的策略，意謂著分散到不同環境的人，就發展出不同的特性。於是從整理這個物種的歷史來看，得到的不再是人的共通性，而是人的分歧異質可能。

這看起來好像和司馬遷藉「通史」要尋求普遍原則的用心剛好相反，事實上卻是提醒我們看到，「通史」因為是透過整理實際的人類經驗，不同於抽象推論，只要蒐羅整理的人類經驗夠廣、夠多，最終總是會凸顯出多元多樣的性質。

4

司馬遷整理人類經驗，是為了要得知「人的共通性」，而他在《史記》裡給了我們什麼樣的答案？

放在〈列傳〉第一篇是「伯夷叔齊」，放在〈世家〉第一篇是「吳太伯」，而這兩篇就有著微妙的共同性——他們都具備人倫秩序中最高貴的性質，那就是「讓」。伯夷要將王位讓給弟弟叔齊，吳太伯要將王位讓給弟弟季歷和季歷的兒子文王。他們所面對的都是極高的權力，安穩又有地位可享受的生活，不只不必費吹灰之力去追求，而且還是理所當然地降臨在自己身上。他們都是具備合法身分的嫡長子，在制度中保障了他們的繼承權。

然而他們都拒絕了，因為他們有更高的信念與考量。伯夷知道弟弟叔齊比自己更適合當孤竹國的國君，太伯知道父親心中更屬意弟弟來接位，他們還為了放棄自己原有的權利，等於自我流放，離國遠去。而在伯夷的故事中又再增添了一段，他要「讓」的對象弟弟叔齊，和他同樣選擇了「讓」，無論如何都不願當國君，寧可陪哥哥一起離去，兩人最終餓死在首陽山。

更廣泛些看，他們都是重視自我內在是非原則、遠遠超過現實考量的人。所以伯夷、叔齊無法認同周武王起兵伐紂「以暴易暴」的做法，儘管歷史上早有共識定論，推崇武王「解民倒懸」的戰爭是正義的，但司馬遷寫歷史，卻藉著記錄伯夷叔齊的故事，彰顯了另外一種很不一樣的評斷態度。

如果換一個方向延伸，我們另外看到的是人的高度自尊。即使對方是父親，即使牽涉的是自己未來一生的地位與財富，像太伯這樣的人，他的自尊心使得他無法在察覺父親認定弟弟比他適合當國君的情況下，去行使自己嫡長子的身分特權。他知道如果自主選擇，父親會選弟弟而不是選他，所以他成全父親的這份意願。

這種人在我們的現實環境中，至少就絕對不會捲入 MeToo 性騷擾的風波中。因為他們會立即、敏銳地察知別人的不情願、甚至厭惡，他的自尊立刻會讓他避開可能產生的騷擾。君子的操守有很大一部分來自於內在高度自尊，而司馬遷的「通史」要記錄的，就是人性的寬廣多樣光譜，從最高貴的那端開始，一直到最卑下、最黑暗的，都能在《史記》中找到。

這樣的「通」並不是以中國或華夏為範圍，毋寧是要整理、呈現司馬遷所知道的人類全幅經驗。各種思想、感情、動機、行為……光譜的全部構成了人類歷史，也才是我們應該認識的人類完整面貌。

5

理解中國通史，一層重要的意義是從人類多樣性中來的。這一片區域曾經有過的歷史非常獨特，出現了具備高度連續性的特殊文明。這文明早從一開始，就建立了「華夏」和「蠻夷」區別的自覺，這份存在、持續超過三千年的自覺，構成了集體認同、集體意識，決定並範限了這個區域的人們生活變化的可能性。

從比較文明的角度看，幾乎找不到任何其他文明有著如此長遠且強烈的社會規範性。因而我們不得不好奇地探問：為何會出現這樣的獨特文明？現代智人在發展過程中，得到了學習能力才能夠適應不同環境，散布到地球各個地方，相應不同地理條件而產生了幾千個、甚至幾萬個規模大大小小、歷時長長短短的文明。如果以對於文明內部成員的形塑強度與延續性標準衡量，中國文明在其中必定名列前茅。

學習得到了中國文化的種種內容，最大的特色在於這樣的內容對人類的影響很深、很牢靠，不容易擺脫，不會輕易褪色。我們今天處於傳統中國文化的強弩之末狀態，大部分的人已經很少感知中國文化的作用。然而，例如當身處在一個有著明式桌椅家具、牆上掛著書法作品的空間裡，我們不會覺得陌生，我們的身體與感官會很自然地配合、適應那個空間，表示在我們的身體裡確實存在著某種中國文化基因，那基因仍然在作用著。

這是個千真萬確的事實。只不過今天的狀況是，有些人意識到這件事時視之為負擔，有些人則視之為值得珍惜的資產。不管採取哪種態度，我認為且主張我們都應該承認這事實，並且弄清楚：如此強悍、長期的中華文化約束力究竟如何來的，又如何不斷發揮作用。

我之前寫過一套十三冊的《不一樣的中國史》，篇幅較大，可以在特定時代中另外展開橫向多角度的描述與討論。而這次重新講述、撰寫「通史」，會更聚焦在縱向變化上，也就是呈現中國歷史中不同時代前後彼此間的因果連結。而建立這項因果鏈的問題意識，同時也是對歷史內容進行檢核、選取的主要標準，即：在時間長流裡，如何有了這個文明最核心的約束凝聚力，以及更驚人的持續性質。

另外，十三冊本的《不一樣的中國史》從新石器時代晚期一路講述到辛亥革命，與司馬遷的「通史」概念比較，顯然缺漏了從民國建立（一九一二年）到當前現今的一百年。那一套書停在辛亥革命的理由我多次說明過了，這次相對篇幅短小，對於史料探究到史事陳述的要求降低了許多，因而我得以一鼓作氣，會將歷史觀照，一直推進到現今，以求對得起「通史」之稱，也對得起司馬遷提出的宏偉架構。

第一部

上古時期

第一章

探索「中國」的起源

01 從「疑古」到「考古」

講中國通史，必須先找到中國的起源作為開端。

我們明確知道的是，司馬遷在《史記》中選擇的開端對我們不適用。《史記．本紀》第一篇是〈五帝本紀〉，第一段話從黃帝講起：「黃帝者，少典之子，姓公孫，名曰軒轅。生而神靈，弱而能言，幼而徇齊，長而敦敏，成而聰明。」經過了一個多世紀的考據學，到現代史學、考古學的發展，我們知道這樣的內容只能當作古史傳說，不只是缺乏事實根據，而且不管是伏羲、神農或黃帝，這些傳說人物與故事出現的時間其實很晚。

民國時期顧頡剛帶頭引領的「古史辨」運動，仔細考索發現了一個「大造史時代」，那是東周戰國時期，思想和觀念大競爭的時代。周代封建制度中埋下了重視過往經驗的種子，產生了根深柢固的「黃金時代論」，就是認為人類經驗上最美好的狀況已經發生過了，「從前從前有過一個黃金時代……」，從那之後，歷史就一路向下，層層墮落，以至於現實如此糟糕悲慘。

於是當大家看法不一、彼此爭議時，很自然的習慣做法，就是替自己的主張找一個古代的、黃金時代的權威來背書，以增強其說服力。一個人拉來開創周代封建制度的周公，當作自己主張、意見的權威；另一個抱持不同看法的人，就宣稱自己的主張來自比周公更久遠的商湯。

「大造史時代」就是這樣來的，用顧頡剛簡化的描述，叫作「古史層累構成說」，一個人替自己的意見找了古老的權威，在他後面要挑戰、反駁他的，就訴諸於更早更古的權威，如此堆疊，愈後面的造出了愈前面、愈古老的人與事，拿出來當作權威靠山。於是出現了奇特的狀況，在這段時間中，中國的古代歷史往前、往古老的源頭快速長出許多！而如此顛倒地層累構成的古史，當然摻雜了大部分想像、傳說的內容。

司馬遷在漢朝前期書寫《史記》，戰國「大造史時代」創造發明的種種說法，到那時都被當作正常的歷史內容，他只能依照這些資料來講古史。但我們不一樣，除了有嚴格考證對於這些資料的質疑外，還有了更可靠的考古發掘結果可供依憑。

從地底下挖出的考古材料，證據性再明白不過。從一九三〇年代開始，有了現代科學考古活動，而且才剛開頭，很快地就迎來第一項突破性的成就。那是在安陽挖出了商代的最後一個都城，出土了埋藏三千年的眾多遺物。

一時之間，考古學成為顯學，中國考古的成績放到國際上都備受矚目。當時參與的學者中真正有考古學背景的是李濟，在他的帶領下，中央研究院歷史語言研究所聚攏了一批考古人才。但受到中國政治局勢的影響，一九四九年後，這批人才只有部分留在大陸，其他散落到了臺灣、香港、北美，結果反而讓從考古中建立起的全新中國古史知識，得以散布到更廣大的知識圈。

02 一面搶救考古，一面解讀脈絡

新中國建立後，考古學持續蓬勃發展，先是列為國家重點文物工作，雖然一度在「文革」時期中斷，不過到了「改革開放」後，又取得了新的活力。「改革開放」帶來建設熱潮，各地的基礎建設牽涉到深挖地基的，往往一挖就挖出了歷史古蹟。於是各省考古隊都忙於從事「搶救考古」，中國歷史不同時期的考古挖掘快速累積。

當時的考古挖掘來不及進行全面的規畫，甚至來不及有任何規畫，哪裡的重大建設挖到了文物，考古隊就趕到那裡去。如此近乎隨機的考古作業誤打誤撞之下，後來竟然對探索中國文明起源發揮了驚人的影響效果。

一九五九年，古史學家徐旭生帶領考古隊到河南偃師進行挖掘，是很有計畫的行動。他是經過對古地理的仔細考證，選定了夏朝夏文化可能的發源之地，才到那裡開挖。從清朝到民國，古史地理學極為發達，錢穆曾寫過卷帙浩繁的《史記地名考》，胡適晚年花最多時間進行《水經注》的考釋，是其中的顯例。先將古籍中的地名對照現今地理考證清楚，認定了古史中的那些地方相當於現實中的何處，以此作為依據，再去進行挖掘，自然比較有機會得到考古上的突破。

這是正常的想法，也是原本考古工作進行的標準程序。只是後來的「搶救考古」打亂了這樣的程序，不再是由考古專家決定以什麼順序到什麼地方去挖掘，而是這裡一個、那裡一個，被基礎建設開發案拉得東奔西跑。

建設走前頭，考古跟在後頭，考古隊疲於奔命，甚至沒有工夫坐下來好好消化考古報告，匆匆忙忙將前一案的挖掘所得整理成初步報告，就得再去忙下一個案子。「搶救考古」通常是一封公文送到考古隊，通知在哪裡疑似有古代文物埋藏地底，建設案依照規定停工通報，預定停工幾天，讓考古隊盡速進行挖掘。地點沒得選，甚至挖掘進行時程也沒得商量。考古隊進駐去挖，一定時間後就必須撤出，讓建設工程可以繼續進行。

前面提到了中國考古人才的大離散，到了這時候，產生了神奇的分工綜效。留在中國的人才帶領各地一支又一支的考古隊忙於搶救性挖掘，相對地還有一大批落腳到臺灣、美國的學者，則像是失去戰場的戰士。尤其像是董作賓、石璋如、高去尋等曾經參與安陽考古輝煌事蹟的人，他們在臺灣不可能有什麼中國古史的考掘可做，只能將從大陸撤退前已有的種種資料，進行更完整、更細密的分析與解釋。

以實際的考古工作來說，在臺灣當然是大倒退。八〇年代早期，我念臺大時，考古人類學系的系主任是李光周老師，他是號稱「中國考古學之父」李濟先生的長公子，繼承父業成為考古學家，然而他能夠擁有的實地考古經驗，只能在臺灣南部挖掘鳳鼻頭文化。

不只李光周老師只能挖鳳鼻頭遺址或圓山貝塚，另外一位考古學大人物張光直先生從臺灣去到美國，他能累積最接近中國考古的經驗，也仍然是鳳鼻頭、大坌坑。然而張光直可以運用他豐富的考古知識，在美國遠距全面解讀從中國傳送出來的考古報告。當時中國大陸出版的整合性書籍，是像《新中國的考古收穫》那種官方集體創作的報告彙編，分成不同時代、不同地理方位，羅列出不同的考古遺跡，以及主要的出土文物。中國的考古學家一方面無暇，另一方面也缺乏比較寬廣的視野，從這些繁雜的報告中理出歷史性的脈絡。

反而是張光直，在美國以英文寫出第一本整合性的，並且有個人觀點、個人論斷的中國古代考古專著，書名很簡單、很直接，就叫做《古代中國考古學》（*The Archaeology of Ancient China*）。這部書在一九六三年由耶魯大學出版，接著一九六八年有了第二版，一九七七年第三版，到一九八六年又大改版推出第四版。

頻繁改版的部分原因是，中國的考古發掘報告出現得太快太多了，幾年內就會需要全面更新資料。不過從第一版到第四版，張光直的改版方式可不是單純補上新材料，確保跟上中國考古挖掘腳步，更重要的原因是，因應眾多新出土的遺跡材料，他重新調整了對於中國古史變化的大架構認識。

第一版中，張光直沿用了之前的方式，以仰韶文化與龍山文化為兩個先後時代現象，來統納新石器晚期的中國文明發展。但在接下來的版本中，他從排比考古報告並分析其方位與時代，對於既有的架構愈來愈不滿意，陸續提出與中國大陸官方解釋不一樣的看法。

最關鍵的一件事牽涉到文化傳播論，也就是固定地將中國文化視為在黃土高原產生，然後向外傳播。以往認定仰韶文化時代早於龍山文化，龍山文化的黑陶在燒製技術上高於仰韶文化的彩陶，那是因為先有彩陶之後才往東方傳播，主要就是出現在山東的黑陶。

但這樣的先後順序看法，愈來愈難涵蓋所有新石器時代的考古發現。尤其到後來在遼寧發現了紅山文化，那邊距離黃土高原很遠，但紅山文化遺跡的時代卻極早，遠早於城子崖的龍山遺址，甚至早於當時已發現的大部分仰韶遺址。這方位和傳播過程就明顯對不上。

同樣不符合方位與傳播過程架構的，還有南方的大汶口文化、大溪文化等，如果是由中原文化靠原始方式向外傳播，怎麼看都不符合這些遺址明明顯示出的較早年代。在美國的張光直於是在後續的修訂版中，調整了對於中國新石器文化遺址彼此關係的看法，而且愈調整，愈偏離原來的中心向外傳播論調，到後來索性放棄這個曾經被視為天經地義的共識架構。

03 「滿天星斗」的新石器時代

這是雙重的誤打誤撞因素，才得以接近歷史的真相。「搶救考古」打亂了有計畫、選擇特殊地點來進行考古挖掘的做法，在許多從古史地理學知識上判斷不會與古文明起源有關的地方，例如遠在東北的遼寧或長江下游，挖出了時代極為古遠的遺址。這些遺址報告無預警地陸續出土、不斷累積，其科學真實性無從否定，衝擊了原本的文明起源理論。

中國大陸的考古工作者都忙於挖掘工作，不過具備豐富的考古知識、乃至同時具備古文獻認識的臺灣與海外學者，雖然無緣參與在大陸的遍地遺址大發現，卻相對地能夠好好整理、排比、研究大量湧現的報告；而且他們所處的學術環境，也有助於他們不受中國學界共識先入為主的約束，回歸報告本身所呈現的，藉此提出突破性的新看法。

到八〇年代結束前，中國新石器時代考古，連帶涉及中國文明起源的研究，已然產生了「典範轉移」。新典範最主要的內容，就是蘇秉琦教授所描述的「滿天星斗說」[1]。和舊典範提供的圖像完全相反，新典範認為中國文明並不是從一個先進的中心有了突破，然後將新石器技術與相關農業、陶器、社會組織等技術向外傳播。眾多來自不同地方的考古證據顯示，在一段時期中，現今屬於中國的領土範圍裡，紛紛出現獨立的新石器時代突破，這些分布廣泛的新石器時代遺址標示在地圖上，看起來就像晴天的夜空中布滿了星星一般。

「滿天星斗」的描述，才符合考古報告中的硬事實，相對地終結了不是一個、而是兩個過去關於中國文明起源的流行說法——除了以黃土高原為中心、最早的文明在這裡生發再向外傳播的說法外，還有時代久遠、陰魂不散的「中國文明西來說」[2]。

從新石器時代遺址的分布與相關時代順序看來，並不存在一個由西而東、或東早西晚的發展脈絡。相對地，如果盡可能嚴謹鋪排時間變化，我們看到的是在大約距今九千年到六千年這三千年的時間中，好幾個地區陸續獨立地進入農耕狀態。農耕需要農具，穀物需要用火煮軟變得可食，加熱過程需要可以不透水又耐高溫的陶器……，這是相關聯且必然一起出現的變化現象。

從舊石器時代到新石器時代，關鍵差異在於工具的製作方式，從簡單粗糙的打製，變成比較細緻的磨製，工具的應用準確度提高了，運用工具的效果也連帶提升。

農業的重大突破在於種植穀類，並以穀類作為主食，如此而能提供穩定且豐富的熱量，大有助於在單位面積中養活更多的人。耕種穀物需要時間，人就轉而居住在定點；藉著穀物熱量增長的人口，接著就發展出愈來愈複雜的組織；組織單位變大，又轉而影響、改造了所有人的生活。

如此環環相扣，一整套的發展在好幾個地方都突破出現。然後這幾個在地理上相距甚遠的新石器文明中心，在漫長的幾千年時間中逐漸互相接觸，經歷了無法從考古資料裡清楚還原的過程，彼此刺激互動帶來了文明的拓展與提升。

有兩項因素發揮了重要的作用。一項是效率較高的交通工具，增加了人們的活動力，連帶提升了各個文明據點間互相接觸的機率。早期新石器文明製造陶器時，先是將陶土揉成繩狀，用土繩一圈一圈堆疊起來，做出中空的容器，也就是所謂的「繩紋陶」。但不久之後，很多文明都發

1 可參考蘇秉琦，《中國文明起源新探》（瀋陽：遼寧人民出版社，二〇〇九年）。

2 瑞典地質學家安特生（Johan Gunnar Andersson, 1874-1960）在一九二三年發表《中國遠古之文化》（*An Early Chinese Culture*），認為在新石器時代晚期，以彩陶和尖底瓶為代表的西方文化進入華北，成為中國文化的一部分。此即著名的「中國文明西來說」。

明了陶輪，轉而利用機械旋轉的慣性來捏陶土，可以更有效地製造出圓形中空容器，而且讓器壁更不容易滲漏水。

從發明、運用陶輪，再將輪子轉用在以人或獸為動力來源的車子上，大大減省了長程載運力氣，是很自然、相對簡單的發展。

另外一項相關的因素，就是人和動物建立了進一步的關係，由狩獵而畜牧，再由畜牧而至能夠馴服動物，有效運用獸類的動力。

此外，聚落規模的擴大則提供了向外探索的動機。持續增長的人口先是膨脹聚落規模，到一定程度後，部分成員就必須離開原有的地點，去尋找新的生存空間。

到距今四千年左右，緩慢但長期持續的聚落接近、互動乃至併合，就產生一個明確的文明區域，讓我們可以有把握地視之為中國歷史的開端。

04 大禹治水傳說與二里頭考古的互證

中國考古材料與古文獻這兩樣，最早在夏文明或夏朝得到了互證。文獻上有夏之前的三皇五帝，從神農、女媧、伏羲、黃帝、炎帝到堯、舜政權，但這些都找不到可信的考古證據。相對地，新石器考古中的紅山文化、大汶口文化、河姆渡文化等，我們也無法從古文獻上找到符合的記載。

一九五九年，徐旭生帶領了一支考古隊到豫西進行考察發掘。出發時的目標就是在這個區域尋找可能和夏朝有關的地下證據，而後在偃師二里頭得到重大收穫，找到了明確的古文明遺跡。然而考量諸多因素，徐旭生將這個遺址判定屬於早商文化。

這是考古大師的奇特錯誤。明明為了尋找夏文化而去，明明在對的地點發現了夏文化的證據，徐旭生卻否定了自己了不起的成就。而現在，我們基本上可以認定二里頭就是夏文化。

在文獻古史中，夏朝的建立者禹很有名、也很重要。他傳留下來許多輝煌的事蹟，包括在中國人的集體意識中刻烙的印象——大禹治水，進而深入理解各地風土，依照風土特性將中國的土地做了最早的「九州」劃界。後來「九州」甚至成為中國的代稱。

在這個歷史印象中，大禹疏濬洪水，治理的是大江大河。不過透過偃師二里頭的出土遺跡，我們知道夏文化中並不具備可以開鑿大川、挖掘大河的工具與技術。

現今的科學考古，可以從多方資料配合下得知許多事。過去對古代農業的認識，認為華北平原的主要作物應該是粟，也就是小米，然而二里頭一期遺址中卻出現許多稻米種子，而且是水稻品種。

關於這項發現，剛開始學者猜測應該是源自與南方的接觸，或有南方移入人口所帶來的。但經過更詳密的調查比對，包括將遺址中找到的所有穀物種子計數再回推重量等程序，配合其他相關資料，得到了很不一樣、驚人的新結論。那就是在二里頭文明發展時代，華北平原的氣候遠比現在來得熱且溼，洛陽一帶甚至有沼澤遍布，所以原本我們以為只適合在南方種植的水稻，其實曾經在此處生長。

也就是現在我們對黃河流域的認識，尤其是其地理條件與文明發源、成長的理解，和以前很不一樣。錢穆先生早在一九五五、五六年接連發表論文，單純從古文獻中找出相關的古文字進行字形字義分析，進而推斷出「古人山居」的主張[3]。一般說到中國文明和黃河之間的關係，理所當然的想像是早期居民依傍黃河建立了他們的聚落。而錢穆先生提出的不同圖像，卻是當時所選擇的居所要在一個稍高之處，不能離水源太遠，但也不會就在水岸邊，如此才能兼顧用水、耕種與安全。

錢穆先生從古文字學上所做的推斷，後來神奇地得到了新石器時代考古的證明。先民靠著找到這樣的有利地點，這些聚落生活成功地朝向農業轉型，取得比原本狩獵採集形式更豐富、也更穩定的熱量供給，刺激了後續的全面變化。

從農業出現到大約距今四千年前，這是華北平原聚落的基本型態，一直到二里頭文化，出現了很不一樣的轉折現象。有一群人從前述的那種環境，來到了比較潮溼、會積水的新地區。在這裡居住有一定的好處，例如可以種植提供更優質熱量、保障社群繁衍增長的水稻。不過要在這裡住下來，也必須先對自然環境進行一番人為處置。最重要的是挖溝渠，讓地面上聚積的水流下去，也讓這些水方便被使用。

最新的二里頭夏文化考古，就是以這樣的經驗來解釋大禹治水的傳說。

05 從夯土牆到夯土地基

開創、經營二里頭遺址的人們長於挖溝渠導水，近似沼澤般的地形中積水退去後，露出最肥沃的土地。他們成功地將南方水稻移到這裡種植，因而和華北地區其他聚落相較，就有了明顯優勢。同樣面積的土地，種植水稻能收成的穀物重量是種植粟米的三點五倍，有更充分的熱量供應就能維持更多的人口，讓聚落規模更快速擴大。

如此解釋了為何會在此地發掘出整個新石器時代晚期最大型的聚落遺址，而且隨著時間，表

3　錢穆先生的這篇文章叫作〈中國古代山居考〉，收錄在他所著《中國學術思想史論叢》（臺北：東大圖書，一九九〇年）第一冊。

現出清楚的擴張趨勢。從二里頭一期到二期、三期，人口的增長又反應在集體人力的運用上。二里頭第三期的 D1 遺址上，出現了驚人的景象。

在這裡出現了夯土地基。夯土就是將原本鬆散的泥土，以人為的力量予以打實。要有效地打實泥土，需要有一定的技巧，例如用「版築」的方式，將泥土約限在固定的木板之間，捶打時泥土才不會飛散。此外，還要有相當重量又能利用地心引力方便舉起落下的工具。

夯土是中國古代重要的工程手段。築起能夠站得牢的牆，可以避風雨又可以防衛人獸侵害，是文明進化的必要條件之一。不同的地區、不同的文明，有不同的築牆方式。最常見的是堆石塊來築牆，但在沒有方便石塊可以運用的地區，尤其是有利農業生產的環境，往往必須轉而運用泥土來尋求突破。在古代近東的美索不達米亞平原，他們發展出將泥土曬乾或燒硬成磚塊的方式。至於中國的黃土高原，很早就以打實泥土的做法最為普遍流傳。

錢穆先生的「古代山居」考證中，就提出了古人「半穴居」的看法。不過他受到現實中陝北窯洞的影響，以為從前的「半穴居」大概就和住在窯洞的情況差不多。後來的考古發現，一方面證實了「半穴居」的現象，另一方面卻修正了錢穆來自窯洞的投射想像。最早的居址是往地下挖的，挖出一定面積的坑洞，不用也不能挖太深，大約一公尺，然後在上面架木頭，讓木頭撐起屋頂，這樣就能創造出可以安適的空間。

二里頭第二期遺址出現了夯土牆，表示這裡的人們有了新的技術，可以建起站得比較高的牆，提供了擺脫「半穴居」轉為「地面居」的條件。不過很明顯地，剛開始夯土牆的功能還用不到蓋房子上。在考古上要判斷聚落遺址，最明確的證據就是集體防衛工程。要保衛聚落安全，有兩種基本做法：環繞著聚落往下挖溝，或者往上築牆。很清楚的劃分區別是，如果防衛對象是動物，那一般採取的是比較容易的往下挖做法；但溝渠防得了狼卻防不了人，要有效防人就得往上築牆。

築夯土牆是大工程，需要技術、工具，更需要集體動員人力。夯土牆通常是在防衛考量刺激下出現的，而且是為了防止附近其他人、其他聚落的入侵與掠奪，而這種共同安全保護機制，也大有助於聚落中出現更緊密的社會組織形式。

然而二里頭文明的發展，又超越了單純築夯土牆的階段。在第三期的D1遺址挖出了一片廣達一百公尺見方的夯土地基，然後在這塊地基上立起了一座建築物。我們可以藉由存留的柱洞還原柱子排列的模樣，以及投射想像密密麻麻柱子上面撐起的屋頂結構。

經過仔細比對還原，可以看出這建築的特殊之處。建築本身面積不大，但外面圍繞著一個廣場。考古學家推斷，這很可能是宗教性質的祭壇建築。

從夯土牆到夯土地基，又是重大突破。夯土地基的主要作用是將柱子牢牢固定，將泥土圍繞在柱子邊，然後予以夯實。當柱子有一部分深埋在夯土地基裡，就可以站得很直、很牢，不會動搖，進而可以立起比較高的柱子，又能在柱子上放置比較廣、比較重的屋頂。如此蓋出更高、更廣的房子。

06 聚落間的掠奪和夏民族的崛起

依循考古所提供的材料，我們看到了中國歷史在夏朝、夏文化中的起源契機。

在一段時間中，滿天星斗般布滿了許多小聚落，在原始條件下緩慢地擴張、互動、交換技術上的發明。到了距今四千年前左右，在河南洛陽盆地有了重大突破。

這裡有一群人——後來得到了「夏」的稱號——他們學習並嫻熟地運用了不同的地理環境。從當時的天候與農業關聯來看，此處是南北交界，他們將平地積水有效處理排除，在露出的豐厚土壤上發展出新型態的農業，累積了高度生產所得，和周圍的其他聚落拉出一定的進步程度差距。

他們的人口成長更快，聚落規模不斷擴張，接著又取得關鍵的夯土技術升級。他們先以夯土築牆，提供自身部落更高的安全保障，別人無法攻擊掠奪他們，相對地，他們卻能攻擊掠奪其他聚落，從這種不平衡的威脅中得到另一種優勢。

在現代情境下想像農業和農村，很容易產生田園靜美的好感，但回到人類剛進入農業文明的新石器時代晚期歷史現實，卻充滿了緊張與殘酷。原先的狩獵與採集生活中，要從自然裡得到食物，每天都有不確定性，獵物可能出現也可能不出現，可能獵得到也可能獵不到，堅果水果可能長成也可能沒長成，可能在五公里內找得到也可能找不到……相較之下，自己種植、自己畜養，在食物供給上當然有把握多了。

但農業供給的確定性帶來了相應不同的巨大風險。你自己有把握什麼時候作物會成熟、牲口會長肥，和你的群體有接觸、有互動的其他人也都會知道，於是農業環境就刺激、產生了以掠奪可靠收成為目的的暴力行為。有武力的群體只要挑選對的時刻向農業聚落進攻，就可以保證獲取豐富的食物來源。經常被遺忘的文明歷史事實是：伴隨著農業發展，同時也有人類搶奪戰鬥的擴大與升等。換句話說，相較於狩獵採集社會，戰鬥、殘殺在農業社會中變得更具動機、更普遍，在生活中占據更重要的地位。

在農業環境中有了突破性的夯土技術，就帶來極大的好處。築夯土牆保護自身聚落及農業收成，提供了夏民族在新石器時代中脫穎而出的關鍵因素，更提供了他們得以將勢力不斷向外擴張的條件。

整合考古與文獻紀錄，最新的研究將夏人的活動範圍定在大約是黃河南岸嵩山山麓，西起陝縣，東到鄭州，這樣的一塊區域東西兩百公里、南北一百公里，後世所認知的中國就是在這裡起源，後世認定中國的第一個朝代在這裡成立、活躍。

夏人能夠建立中國最早的第一個朝代，憑藉的是他們有夯土技術，又有豐饒的稻米生產。而他們所留下的偃師二里頭遺址，在第三期中將夯土技術轉而運用在建造廣場與宮殿上，顯示當時的政治、社會組織已經成熟到一定程度，可以集中資源和人力，同時藉由廣場、宮殿匯聚更多的資源和人力，形成正面增長循環。

不過，再往後些到了二里頭文化第四期時，就看到外來文化力量進入的跡象。而這外來文化的性質，和從安陽、鄭州等地挖掘出來被認定為商文化的遺跡有類似之處。事實上，就是因為這些特定成分的存在，讓徐旭生錯判以為二里頭屬於早商文明遺址，不認為自己完成了帶隊出發時要找到夏遺跡的任務。

07 文明從簡單到複雜的變化之路

文化人類學有一種很重要的態度，就是強調要認識、理解、記錄所有的文明，給予所有文明同等的尊重。

這樣的態度，反映了對十九世紀一度占據主流的進化文明觀的抗拒。「文化相對價值觀」是從反對單線歷史進化論而產生的。十九世紀的歐洲人在帝國主義擴張中去到世界各地，就以自身的文化狀況為標準，到了阿拉伯，看到阿拉伯人不如自己、比自己落後的現象；到了日本，感覺那裡的社會與文化好像介於歐洲與阿拉伯之間；再到了中國，則形成了比日本落後的判斷……，如此逐漸組構起一個線性排列，將各地的文化依照進步程度排出了先後順序。因為他們自己的歐洲文化被放在最高、最前面的位子，也就等於以各地文化與歐洲間的差距大小來排出順序。

這樣的排序又和他們認定的歷史發展規律結合在一起，認為這些不同文化表現出人類進化過程的不同階段。在愈早的階段停止進化，就呈現出愈落後的文化樣貌。

原住民是沒有開化、沒有進入文明的人，和兩千年前歐洲人的生活方式差不多，等於是兩千多年前就停止進化。然後往前類推，伊斯蘭文明可能是八百年前停止進化的，中國文明在五百年前，拉丁美洲則差距了一兩百年……

文化人類學則是以完全不同的架構來看待、衡量所有的文化。每個文化都有其特性，我們該看、該探究的是其獨特部分，而不是找出和其他文化的相似雷同處。接著應該去解釋形成獨特性的原因，可能是內部功能互動產生的，也可能是外部自然或人文條件制約造成的。如此從「求異」而非「求同」的眼光看去，文化與文化間形成了「不可共量性」（incommeasurable），就像無法拿橘子比較蘋果，或無法比較三公尺和五公斤哪個較大。

一度因為認真學習文化人類學，讓我對於歷史進化論高度反感。不過累積了那麼多年對於古代歷史的吸收、思考、研究，到後來我不得不做出相當程度的修正。從事實證據上看，至少人類的文明有一條普遍從簡單逐漸變化為複雜的變化之路。從時間上看，簡單的文明往往比複雜的文明要來得早，複雜的文明必然是從比較簡單的文明基礎上長出來。在文明的源頭處，一定是先出現比較小的聚落，其生活與組織都比較簡單，然後才從這樣比較原始的情況往較大、較複雜去變化。這是無法否認的通則。

講「通史」，牽涉到文明起源的端點，我們還是必須解釋如何出現了聚落，如何從小型聚落逐漸演進出較大聚落，從小而大的擴張力量從何而來，複雜化的因素又是如何在特定的歷史條件中浮現出來。

第二章

考古與人類學所見的夏、商文明

01 從酒器分布推斷夏文化影響圈

中國歷史、中國文明在河南二里頭這一帶出現了突破。他們運用夯土提升了自我保護的能力，在大家都使用石器的情況下，儘管他們攻擊別人不見得占有優勢，卻能極其有效地防堵對方報復還擊。光是如此，就大幅降低他們攻擊與掠奪的成本，連帶提升了他們向外攻擊、掠奪的動機，也相對使得可能成為他們攻擊、掠奪對象的其他聚落增加了忌憚與害怕。

這個聚落擁有一般石製武器無法損傷的夯土城牆來有效保護，如果遭到他們的攻擊掠奪，大部分的聚落無法施以報復，更沒機會將被搶走的資源搶回來。和他們相爭，頂多只能有效保住自己的生產所得，也就是保持現狀，稍有不慎就可能導致重大損失，無從彌補。在這種頂多不輸的局面下，很自然地會有部分聚落選擇以主動提供部分資源，來換取避開與這股新興勢力相衝突；甚至會有部分聚落選擇靠攏這股勢力，以生產所得交換他們具備的防衛優勢。

這就有了擴大聚落的有效動力，以至於我們在二里頭遺址上看到愈來愈富庶的證據，從大型夯土廣場再到 D3 大型宮殿的建立。這樣的考古發現，不論是地理方位或時代落點，都符合古文獻上所顯示的夏朝。

我們無法百分之百把握這裡就是夏朝遺址，因為沒有發現文字，不能提供確鑿無誤的對證。

但除非有新的考古發掘推翻這個假定，就目前史學界的共識，已將二里頭視為夏文化的主要基地。

從二里頭發掘成果去推斷夏朝歷史，最具突破性的一項研究，是以出土的一組酒器設定為夏文化代表。這組器皿在二里頭出土的是陶器，不過類似的形制在商代青銅器中也有。經過比對，再運用商代甲骨文提供的清楚描述，我們一方面知道器皿的特定名稱，一共有五件，為「壺」、「爵」、「盉」、「觶」和「簋」，另一方面又知道這些器皿是成套成組的。

接下來，針對能夠考據確定有出土地點的這些酒器進行考察，可以畫出一幅分布地圖。結果很明顯發現，愈靠近二里頭的區域，這些器皿形制出現的頻率就愈高。

用這種方式推斷這組酒器與二里頭文化有很密切的關係，其分布是以二里頭為中心，愈靠近二里頭就愈密集出現，離二里頭愈遠則愈少見。假設二里頭是夏朝都城，那麼這組酒器也就是夏文化的代表，我們又能從分布的狀況進一步推斷夏文化的影響圈。

就是靠這種方式，畫出了最新的夏代範圍圖，涵蓋了大約兩萬平方公里的區域。於是我們進一步知道從二里頭得到文明突破的人群，接著在時間中的擴散發展。

02 「層位學」的考古意義和證據

二里頭考古遺址極為重要。考古是從地面往地下尋找過去留下的痕跡，愈上面的時代愈近，所以在挖掘上是逆向的：愈往下，愈朝更遠的過去走。因此要講究「層位學」（stratigraphy），也就是將上面、下面各層的相應時間弄清楚，才能準確判斷每一層出土文物所屬的年代。

「層位學」試圖建立考古挖掘中不同的「層位」，也就是判斷一層一層的時間單位，垂直地看從哪裡到哪裡屬於同一層，以及是哪一個時代所遺留下來的。從「層位學」上看，二里頭遺址很複雜，因為出土證據顯示，人們在這裡持續居住了超過一千年，留下了層層疊疊的遺物，讓考古工作可以一層一層不斷地往下挖，不斷地找到更古遠的證據，但同時也使得層位的判斷格外困難。

各期文化的命名是按照時間先後，第一期最早，然而實際挖掘時，出土的順序是相反的。換句話說，最先出土的是二里頭第四期文化層。但當時考古人員無從知道這是第四期，甚至不知道是否會有不同分期，要看往下挖的結果而定。由上往下挖，非但不確定下面是否會出現更早時代的遺跡，甚至不會知道究竟應該繼續挖多深、要到什麼深度才停止。

讓我們回到徐旭生帶領「豫西考古團」尋找「夏墟」的情況。他們成功地在二里頭挖到了遺跡，但請記得最早挖到、出土的，是現在被命名為第四期的遺跡。徐旭生判斷這裡出土的文物屬於早商文化，從而認定這趟考古工作沒有挖出夏朝的歷史證據。

一方面原因，在三〇年代安陽發掘的輝煌成就基礎上，中國考古學家當然對商文化有相當程度的認識；另一方面，徐旭生是帶著先入為主的觀念看待二里頭的層位分布。

安陽考古挖出了商代最後的都城，而從安陽考古延伸出去，可以清楚看到歷史上「周人翦商」的跡象——商朝都城遭到破壞，另外一個不同的文化遺跡壓在商人文化出土的層位上。於是徐旭生預期，二里頭上層出土的如果是中商到早商的文化，那麼往下挖應該就會出現相應夏商之際變亂的跡象，也就是文化斷裂、改變的物質證據。

然而在二里頭的層位間並沒有這樣的斷裂、變異現象，使得徐旭生判斷：既然這裡呈現的是連續性發展的文明，最上層遺址又顯示屬於商文化，所以這裡是商人的範圍，也就不可能是「夏墟」，挖出的不會是夏朝的歷史。

幾十年的研究考掘，現在對於二里頭有了很不一樣的看法。二里頭第四期應該屬於夏朝末年，在這個層位上，我們看到了外來、其他的文化元素，而且也有部分的破壞跡象，有理由相信此時有外來勢力進入此處。不過從物質文化風格上看，確實並未有清楚的斷裂，毋寧其延續性還更強烈些。

二里頭的夏人並未受到太多的打擾，繼續留在原地，一時進入此處的外來勢力離開了，到只有距離五公里左右的地方建立了另一個據點，那就是現在稱為「偃師商城」的考古遺址，稍晚些，附近又有「鄭州商城」。也就是說，這群人進入洛陽盆地，在相當短的時間內，在附近建立了他們的據點，取代了原本二里頭的夏人，成為這個區域的主控者。

03 夏、商、周是前後接續的王朝？

對應古文獻紀錄的中國歷史，這裡出現關鍵的差異。古史文獻最重要的架構是「三代」，也就是夏、商、周前後相續的三個朝代。「三代」又稱「先秦」，表示是帝國制度形成前中國古史上主要的斷代劃分。

東周春秋時期就已經建立了「三代」的說法，比堯、舜、禹、湯的古史傳說還要更早。堯和舜是兩個聖王，禹和湯也被視為聖王，這是一組說法，而「三代」卻是三個朝代，其關係是商取代了夏、周取代了商，有著時間上的先後順序。

但這樣的古史紀錄，卻和愈來愈多出土的考古發掘無法完全對應上。考古發現不會講成有條理的故事，像是誰打敗了誰、誰取代了誰；考古的單位是遺跡，以及由遺跡文物特性構成的一個個「文化」，例如良渚文化、河姆渡文化、仰韶文化、龍山文化、二里頭文化、鳳鼻頭文化……

等等。從遺址狀況回頭重建古人生活，凸顯其特殊之處，才有這樣的「文化」單位。

那可以將考古發現的「文化」對應歷史上所說的「三代」嗎？一部分可以。以二里頭文化對應「夏」，鄭州、安陽等地發現的遺址對應「商」，更西邊陝西鳳雛發現的遺址對應「周」，如此建立考古意義上的「夏文化」、「商文化」和「周文化」。

「夏文化」是在河南仰韶文化基礎上形成的，而二里頭第四期所見的外來勢力，以及後來在偃師、鄭州建立堅強據點的「商文化」，則和山東龍山及河南龍山文化有密切連結，顯然是從東方移居過來的。新石器時代的文化區分很特別，河南、山西產生的文化，和比較東邊的河南、山東一帶產生的文化，在陶器形制到墓葬方式都不太一樣，所以一邊是「仰韶文化」，另一邊是「龍山文化」。

然而到了二里頭第四期，我們就看到「龍山文化」型的元素，出現在原本屬於「仰韶文化」分布的區域。

從考古上建立了相應的「夏文化」和「商文化」，但接下來我們看到：首先，「商文化」在進入夏人區域，和「夏文化」形成交疊現象之前，就已經在東方存在許久；其次，「商文化」進入洛陽盆地後，「夏文化」仍然存在，這中間並未出現強烈的破壞、斷裂，兩種文化持續並存了很長一段時間。

如果再配合對「周文化」的考掘，會發現在周原有清楚的「早周」文化證據，就時代上來看，「周文化」至少和安陽時期的「商文化」也是分據東西，並存了一兩百年。

考古讓我們看到很不一樣的夏、商、周。我們會先注意到，夏、商、周是在不同地域、不同方位興起並存在的三種文化，繼而注意到這三種文化的差異性。再來，考古發現提醒了我們，夏、商、周不是單純前後相接的三個朝代，不是簡單的三段互相排斥的時間。

後來的朝代史中，每一個朝代都有明確的起訖年分。比如唐朝成立於西元六一八年，到九〇七年結束；元朝開始於西元一二六〇年，結束在一三六八年，而結束的那一年同時也就是明朝的開始。以這樣的模式套用在「三代」，傳統上也都一定要給夏、商、周各自成立與結束的明確年代。

但在考古上，我們看到的不是這樣。夏、商、周先是三種有著各自風格的不同文化，這三種文化甚至在基本性格上都有著巨大差異。而且三種文化的存在時間是彼此重疊，而非斷然一個結束一個開始。

考古顯現的是，商人攻入夏人領域後，並沒有消滅夏人、夏文化，夏文化依然在二里頭持續存在與發展，這就是徐旭生看不到想像中該有夏、商之際動亂的主要原因。

04 《史記》透露的夏、商、周並存線索

古史上的「三代」，毋寧比較接近是三種文化勢力的緩慢消長吧！三種文化在各自的區域先成功地建構了穩固基礎，然後逐漸擴張，成為周遭聚落的聯盟共主。在特定時刻，緣於無法從考古上看出的特定事件，共主地位動搖、改換了，但既有的文化基礎不會因此立刻就消滅。商人從東方進入偃師，壓制了夏人，可能取代了夏人原有的地位。夏人勢力陵夷，但夏文化在原本的地方繼續存在，夏人仍以原有的方式繼續生活了很長一段時間。

後來商、周之際的變化就更清楚了，文獻和考古可以對應互證。「周人翦商」成功之後，從西邊來的這股勢力根本沒有想要留在東方。他們只要確保商人接受他們較高的地位，確保降伏了商人勢力，就退回「宗周」，也就是原先的周原地帶。要到後來發生「三監之亂」，才有「二次東征」，才會在「二次東征」之後新建在東邊的「成周」，轉而留在東方發展全新的封建統治。

即使將主力移到「成周」，周人還是在封建制度中保留給商人空間，讓他們保有自己的文化、自己的集體生活特色。一直到幾百年後，東周春秋時期，孔子去世前都還要透過「夢奠兩楹間」，感慨確認自己是商人之後，顯示出搬遷到宋國之後商人的文化認同，也就是自覺和周人的不同之感，長期以來一直維持著。

從考古上對「三代」有了三種地域文化平行發展的新眼光，我們重讀《史記》中關於夏、商、周起源的記載，就會得到新的線索、新的訊息。

依照《史記》的〈五帝本紀〉與〈三代世表〉，夏禹的父親是鯀，商的始祖是契，周的始祖是后稷，而這三個人，或說這三位傳說角色，他們又被列在同樣的系譜中。

鯀是顓頊的後代，契和后稷是帝嚳的後代，而顓頊、帝嚳在〈五帝本紀〉中都列為黃帝的孫子和曾孫。關於鯀、契、后稷的另外一項記錄是，他們都在堯、舜的朝廷裡為官。傳說堯派鯀去治水，鯀用圍堵的方式失敗了，舜繼位後才改派鯀的兒子禹，禹採取相反、也更辛苦的疏浚方式，才終於克服了洪水。而后稷是堯、舜朝廷中的農官，契也同樣在舜的朝廷裡。也就是這三人是同時代的。

然後禹建立了夏朝，傳了十四世，由契的後代湯建立的商朝取代，再過十七世（此為《史記》記載，後來根據甲骨文史料校正，應該是十八世）之後，再由后稷的後代武王姬發建立的周朝取代。這個故事的骨幹，其實已經傳達了一個簡單的事實——夏人、商人、周人的世系是同時並存、平行發展的，他們各自背後都有長遠的譜系。

從考古上嚴格檢驗，不能說這三種文化是同時建立的。處於中間和南方地區的夏文化，承襲自河南仰韶，出現得最早；但沒多久之後，另有明顯不同的龍山文化在東方興起，那應該就是商文化的起源；再晚一點，但最遲在西元前十三世紀，也就是傳統上認定商朝傾覆前兩百年，西方周原就已經有明確的周文化成立了。

如果參考文獻中有關周人的傳說，到周原之前，他們還有另一段可能在山西南部發展的前史，那麼周文化的來歷淵源和商文化重疊的時間就更長了。

05 商人本事：馴服動物和遠距移動能力

商人從哪裡來的？張光直先生判斷真正的早商，也就是能夠解答商文化特性來源的證據資料，埋藏在山東的黃河沖積層底下。後世的文獻中多次提到商的先祖相土，包括《詩經．商頌》中形容「相土烈烈，海外有截」，顯然商文化起自海邊，在相土的故事中保存了商人重要的海洋記憶。

商文化中最大的突破，也是和夏文化最大不同之處，在於出現了文字。商人的文字叫「甲骨文」，是刻在「甲骨」上的。「甲骨」指的是龜甲和牛的肩胛骨這兩種東西。安陽所發現的龜甲，大部分是大型河龜的腹甲，不過在甲骨文紀錄中顯示，商人認定龜之所以具備聖性，是因為來自遠方，而且和商人的遠祖記憶有關。我們有理由相信商人曾經運用過海龜，同樣保留了他們之前生活環境的集體記憶。

張光直晚年念茲在茲，想要進行商文化起源的考掘，然而談何容易！黃河河水挾泥沙以俱下，幾千年間帶來多少泥沙，堆積了幾十公尺、甚至上百公尺。可能的古史證據埋藏在這麼深的地方，真要開挖，非得建立為國家重點項目，投注龐大的人力、物力資源吧！張光直沒能讓這個計畫立項，他去世之後，就更沒有人能接續推動這個計畫。

雖然無法確鑿追索商人的起源，不過對於商文化的特性，我們的理解已遠遠超過夏文化。從文獻考據上看，最直接、最清楚的是「商」這個名稱。在今天的語言中，絕大多數華人知道的「商人」，指的是做生意的人，根本不會聯想到古史上的朝代，以及創建那個朝代的群體。更進一步考察，傳統中文裡早就定義明確，「坐賈行商」都是做買賣的，有固定店鋪的叫作「賈」，帶著貨品到處走的流動生意人才叫作「商」。

那為什麼這樣流動做買賣的人叫「商人」，用的就是商朝的「商」字，以至於「商人」會有兩個差距甚大的歧義？雖然沒有直接證據，不過一些特殊的古文獻像是《竹書紀年》、《世本》，乃至於很可能保留了部分夏人觀點的《楚辭．天問》，都彰顯了商文化和動物之間的密切關係。

早期商人發展的重大突破之一就在於「服牛乘馬」，也就是馴服了牛、馬，能夠有效地運用牛、馬的動力。商人有特別本事可以馴服大型動物，因而取得能夠長距離遷徙的條件。他們運用這項能力，從東方朝西方進入洛陽盆地，接觸進而征服了夏人的二里頭文化，破壞夏人原本在此建立的地位。

動物所提供的行動力不但能夠走遠，還能攜帶較多的物資，給予古代「商人」文化上的優勢，同時也讓後世到處行走做生意的人，因其行動力特徵而得到「商人」的稱呼。

從考古發現所見，干擾、破壞夏人文化後，這股東方外來的勢力，很快就在附近先後建立了「偃師商城」和「鄭州商城」，關鍵重點在於「城」。非常可能是他們迅速地從夏人那裡學到（或偷到）了夯土築牆的技術。從二里頭文化也可以看出，夏是相對安定、平靜的文化，他們很長時間留在同樣地方，對外影響的區域也沒有太大變化，沒有積極擴張的跡象。

商人與商文化卻不是如此。他們原本就從馴服動物取得了主動性、甚至攻擊性的力量，再從夏人那裡學到高度防禦性的夯土技術，如此形成的優勢可就驚人了。

商人可以運用力氣比人還大的牛和馬運送或攻擊，退回來又有別人無法輕易克服的夯土壁壘，能夠有效自我防衛。在這樣的優勢條件支持下，商人快速地將統治力擴張到附近區域。

06 青銅器：中國文明的重要角色

在二里頭文化遺址中，挖掘出了比較原始的青銅器。青銅的鑄造有相對自然的部分，以及不那麼自然的部分。自然的部分是從燒陶延伸而來，燒窯的溫度愈高，到達一定程度就會將礦石中含藏的金屬成分熔解出來，經過長期、頻繁的試誤（trial and error）過程，發現部分金屬的結合能得到比陶器更堅硬的物質，如此自然發現了青銅鑄造法。

然而有意識、有計畫地鑄造青銅器，就需要原料和燃料上的配合，要有銅又有錫，還要有能製造高溫的木材或煤，沒有那麼自然就可以將所有條件都齊備。

除了運用牛馬和夯土技術以外，商文化發展出的第三項特色，就是在青銅器鑄造上得到飛躍式的進步，讓中國歷史正式從新石器時代轉入「青銅時代」。二里頭文化可以說是 a beginning of the end，也是 an end of the beginning，見證了新石器時代開始走向結束，而青銅器出現並逐漸走向成熟。

商人則開拓出輝煌的青銅文化。不過，當我們說中國歷史從新石器時代進入青銅時代，不能不提其中的一層曖昧曲折。「新石器時代」命名的由來，是這段時間中人類社會所使用的工具，最主要是以打磨過的石器作為生產工具。那麼相應地，從新石器時代變化進入青銅時代，就該看到主要的工具改由青銅鑄造。但在商文化中所呈現的，卻不是這樣的現象。

這時代的遺址中出土了許多鍛造精美的青銅器，但其中幾乎找不到幾件可以確定為農具。在同樣的遺址中，也出土了為數眾多的農具，清一色都是石器。換句話說，如果嚴格地以生產工具材料來定義，商代和前面的時代並沒有醒目的劃分，仍然維持在新石器時代中。

我們當然不能忽視、不能否認這麼多青銅器的存在，更不可能忽視、否認鑄造青銅器的成熟與高超技術，但存留下來的、出土的大量商代青銅器，絕大部分都不是一般意義下的器具或工具。即使是青銅兵器，也不是用來打獵，甚至不見得真的要運用在戰場上。

如果從生產工具的角度看，以當時主要的農業生產形式來判斷，就沒有「中國青銅時代」。從商代一直延續到西周，這塊區域的農人依舊使用石材來打造農具，直到東周才有鐵器普遍取代了石器農具的現象。

07 青銅器鑄造的驚人動員規模

商文化中精妙的青銅技術大多用來製造器皿，從形制上看，這些器皿明顯承襲自新石器時代的陶器，將原本陶製的食具、酒器等用青銅翻製，在過程中進行一些外型或裝飾上的改造。

以青銅仿製陶器，其實難度很高。例如圓形中空的器皿，可以方便地用陶土在陶輪上拉塑出來，然後上釉或不上釉，放入窯裡，經過高溫就燒製成了。但如果是青銅器，就必須先用泥土做一個器皿模型，將模型曬過或燒過變硬了，然後再在外圍敷另一層泥土做成外範。外範必須經過小心設計，分成可以拆解的一塊一塊。之後將外範拆開，拿走裡面的泥製模型，再重新拼好外範，將以極高溫燒熔的青銅汁液倒進模型留下來的中空位置裡，等青銅汁液冷卻固定了，將外範打破，才得到和原本模型一樣形制、完整的青銅器。

這種製造方式稱為「範鑄法」。商代的青銅器幾乎都是用如此繁複的「範鑄法」造出來的。和世界上其他古文明相比，我們不得不疑惑商人在這方面的「落後」。其他文明有的剛開始也用這種「範鑄法」，但幾乎毫無例外地後來都有了技術上的大改變，轉而運用「脫蠟法」，即不用泥土而是用蠟做原來的模型，不只塑形上容易得多，能夠做出更有變化的線條、形狀，接著在蠟製模型外圍包好外框，留一個小洞，只要加熱，蠟就熔化流出來。再澆灌青銅汁液進去，比「範鑄法」省事多了。

考古上發現，中國在四千多年前就有運用蜜蠟的證據，而且其運用隨著時間愈來愈普遍。商人卻經過了幾百年，都沒有從「範鑄法」進步到「脫蠟法」來鑄造青銅器，尤其當我們考慮商文化中青銅器形制的多端變化、精密細節，實在感到難以理解。

有機會不妨到臺北故宮博物院好好觀察商代青銅器，而且一定要觀看導覽的說明影片，影片中呈現了「範鑄法」的高難度考驗。許多青銅器的不規則形狀，使得外範的拆與裝極為困難，要嘛青銅凝固後，外範有一部分會被卡在裡面沒法拆，要嘛外範無法緊密相接，造成形制歪扭。經過仔細考察研究，發現外範各片的結合還有許多隱藏的機關，像是在一些接觸連結處必須製作卡榫，或是一些相對脆弱處必須加釘小榫以強化範片。

鑄造大型青銅器的過程也很不簡單，要有銅和錫等原料來源，用坩堝（後世稱「將軍盔」）燒成液狀，所需要的量必須一次燒好，不能分次，在短時間內一併倒入準備好的模具中。依照還原試驗，一口鼎光是燒青銅汁到澆灌的過程，要確保成品無瑕，至少同時要動員三百人。這還沒算進將原料、燃料運送集中到工作坊來的人力。

關鍵問題來了：為什麼要費這麼大力氣去鑄造這些青銅器，動機是什麼？我們不得不好奇，這些都是什麼人？他們在想什麼而選擇進行如此費力費工的製造過程？

08 超越性的、鬼氣森森的信仰展示

張光直先生提供了一個最重要的理解重點：這麼麻煩是故意的，麻煩費力的程序本身應該對商人具備特殊意義。要將陶器翻鑄為青銅器，明明有比較方便的脫蠟法而不用，所鑄造的又包括像鼎這樣的大型器皿，不可能單純只著眼於其成品的實用性。

我們可以參考一下《易經．鼎卦》，會看到其中的爻辭如「鼎顛趾，利出否」、「鼎耳革，其行塞」，反映出從鑄鼎到用鼎一貫是高風險的行為，警告每一個步驟都可能出問題、帶來危險。如果鑄鼎、用鼎那麼難又那麼危險，那為什麼不繼續用陶器就好？

比對類似形制的陶器和青銅器，會發現另外一項更增添青銅鑄造困難的差異，那就是商代青

銅器幾乎毫無例外地表面都有紋飾，而且是非常繁麗的紋飾。商代青銅器上有幾個常見的紋飾模樣，像是雲紋、龍紋、夔紋、饕餮紋等。這些紋飾細膩地布滿了器皿表面，一看就能感受到鑄造的高難度。很明顯地，有沒有紋飾、紋飾是否細緻華麗，不會影響器皿的功能，許多同樣類型的器皿到了周代就不再布滿紋飾。這也表示，青銅器紋飾對商人和對周人有著不同意義。

早在宋代的「金石學」中，就注意到商代青銅器的種種特殊現象，並且仔細著錄了當時傳世的一些實物。之後對於青銅器的研究，更精確地排比其鑄造時代，比對文獻來解讀銘文和解釋紋飾來歷。到了現代，有更多出土文物，並以科學方法調查其鑄造技術、過程，累積長期成果，於是對青銅器的 what 與 how 有了許多認識。然而相對地，很少人會去探問 why，更遑論提出有說服力的答案。

在這個脈絡下凸顯了張光直先生的特殊貢獻，他提供了我們趨近解開青銅器「為何」之謎的重要線索。

首先，要擺脫實用觀點來看青銅器。在商代，就連青銅器鑄造的過程都具備儀式性意義，也就有特殊規範。青銅器帶有高度宗教性。我們可以這樣還原想像：人類學會利用穀物，穀物無法像堅果或水果直接食用，要加水、加熱後才會軟化變得可食。這個過程是如何進行的？通常在一個器皿裡。拿來器皿，將不可食的脫殼穀物放進去，加入水，蓋上蓋子，然後用火在底下燒，一段時間後將蓋子打開，冒出一陣燙熱的蒸汽，一看，原本堅硬的穀物神奇地變軟變香了！

在先民的經驗中，很容易感受到這中間有魔術、有善良的神性介入相助。那時候沒有化學知識，單純從所經驗的判斷，就很容易將那股魔術神力投射到器皿上。沿著這樣的思考發展，產生了商文化中最特殊的信仰現象，那就是賦予青銅器皿可以上下溝通人間與超越界的意義。

器皿用在烹煮或盛裝熱食，煙氣升騰進入空中，彷彿往上傳遞訊息。青銅器表面的紋飾則涉及商人和動物間的特殊關係。商人馴服並運用牛、馬等大型動物，一方面從中得到許多好處，另一方面卻時時意識到危險。牛、馬的體型與力氣都比人大，而且就在人身邊，如果恣意不馴，立即會給人帶來嚴重傷害。所以動物既是幫手也是威脅，這樣的雙重性質就反映在青銅器的紋飾上。動物象徵著青銅器的功能，協助和超越界的祖先、神祇溝通，同時也將動物刻劃在具備超越性功能的青銅器上，以表崇奉之意。

夏文化建立在夯土防禦的優勢上，基本上是靜態的文化；商人的主要優勢則是「服牛乘馬」，帶有高度機動力，相對是動態的，在很短時間內將勢力分布到較廣的地方。

商人一直在追求組織的擴張，如此便結合、解釋了青銅器製造上的人力動員模式，動輒幾十人、幾百人在工坊裡參與鑄造，本身就是組織力量強度的展現。在此我們看到了古史上醒目的權力與資源雙重集中、辯證互相加強的現象。聚集那麼多人，才能聚集那麼多資源，而能動員、甚至能耗費這麼多資源，又顯示了權力。在商人權力與資源的雙重展示下，其他聚落、部族遭到威嚇，自知不敵，於是只能選擇臣服，納入提供資源的組織中。如此商人又增加了集中的資源，也擴張了組織的規模，再進行下一階段的循環。

中國最早的共主式王朝由此建立，其統治權力基礎是一種超越性的、鬼氣森森的信仰展示。

從甲骨文上可以清楚看出，商人自身深深相信，除了現實之外還有其他世界存在，對於這些超越性的領域充滿好奇與畏懼，不斷尋求和超越領域的溝通，進而得到超越力量的協助。

現實之外，死去的先人形成了另一個世界，很可能動物的魂靈也形成了另一個世界。商人建立了各種方式，展現並說服自己與他人：有些方法可以溝通並動員這些神祕的超越性力量。商人掌握了這些管道，取得了凌駕於現實之上，即一般現實無法匹敵的優勢，以威嚇其他人服從。

這方面的展示在商文化中極為重要。青銅器是最主要的展示工具，從外表、鑄造到運用，都有著超越性的意義。

09 甲骨：商人神權統治的神通工具

另外，商人還發明、掌握了文字。

西方文明淵源中，最早出現的文字是蘇美人的楔形文字。出現在美索不達米亞平原的文字有很清楚的用途和來歷，這是從記帳的數字延伸發展而來，主要用在商業交易的記錄上。所以和楔形文字同時發展的是圓形泥章，在泥板上用楔形文字寫下內容，然後用泥章在上面滾過，留下特定的圖紋，防止其他人改動，將記錄的相關商業交易條件固定下來。

至於現在能看到的甲骨文，已經是很成熟的文字，要到達這樣的階段，顯然之前已有很長的發展與變化過程。然而這些過程的證據資料，很可能就埋藏在張光直先生引以為憾、無法挖掘的黃河沖積層下，以至於我們也無法追索這套文字的起源。

因此只能合理連結推斷，或許是組織擴張與長距離遷徙這兩項條件，刺激了商人發明、運用比較複雜的符號，來保留比較複雜的訊息，並得以完整地傳送到比較遠的距離之外。不過到了商朝後期，尤其在安陽，很明顯地文字有了獨特、甚至壟斷性的用途。

甲骨是神通工具。用一片特別整治過的牛肩胛骨或龜腹甲，在上面鑿洞，但不要鑿穿，然後從底下被鑿洞的部位燒火加熱，因為厚薄的差距，上面表層薄的地方會裂開產生縫隙。裂開時發出「卜」的聲音，所以這種行為就被命名為「卜」。

而「卜」字的字形，就是模仿甲骨表面出現的裂痕。關鍵重點是要有「卜人」，也就是具備特殊神通能力與知識的人，來解讀加熱產生的裂痕。他們相信，裂痕呈現了對未來的預告，卜人解讀之後，將預言內容用文字刻寫在甲骨上。過了一陣子，到了預言所說的時間，便對照現實發生的事，看預言是否準確，再將「驗」的結果用文字並列記錄在甲骨上。

這是甲骨文的基本運用道理。從安陽有系統地保留，並以現代科學方式小心挖掘出土的資料來看，我們發現很多時候「卜人」就是商王，而且「卜人」解讀出來的預言幾乎都是正確、得到「驗」的。如此就更明白商朝的神權政治性質。

甲骨之「卜」也是溝通超越領域的。商王藉此接收了神祕領域傳來的訊息，比別人更早、更準確地知道未來要發生的事。商王不只是世間的「人王」，他的權力是有超越性力量加持的，他壟斷了以「卜」、以青銅器和神靈溝通的管道，也就有能夠操控神靈施加傷害的能力，逼壓其他人服從。

在神靈加持的自信基礎上，商人對周遭其他部族施展了相對威逼、殘暴的統治。甲骨文中記錄了許多征戰與殺戮，而且從考古挖掘中也出土了恐怖的人祭坑和人骨工坊。許多坑裡出土的殘骸顯示有遭活埋的，更多是被砍頭、砍四肢，經過嚴重傷殘後才埋進去的。甚至有些人被殺後的屍體沒有埋葬，而是將骨頭運用在製造各種器具上。

不得不說，至少從安陽時期建立的統治風格來看，商人是相當殘暴的民族，而其殘暴與其遵奉超越神鬼的性格密切結合在一起，也和他們強大的擴張動能互為因果。他們一方面運用神鬼製造恐懼心理，另一方面施加強大、具體的暴力攻伐，得以建立起一個幅員廣闊的政治體系，並且集中收攏了來自各地、各部族的資源，創建出既宏大又輝煌的青銅文明，遠遠超過前面夏人的表現。

由此商人升起了奇特的、巨型的國家體制，創造出一整套的統治配備（state apparatus），將很大一塊區域的人口與資源整合起來。

特別值得一提的是，目前我們對商人、商朝的認識，離商朝比我們近兩千年的孔子不知道、孟子不知道，王安石、曾國藩也都不知道。不只因為我們的知識主要來自近代以降的考古發掘，更重要的是，創建安陽那樣驚人的國家體制和輝煌的青銅文明之後沒多久，商人遇到了西邊來的強敵——周人。周人在隨後的衝突中壓過了商人，而且周人帶來的是一套完全不同的文化。商周之際出現了兩種文明的激烈撞擊，結果後來的「中國文化」是依照周文化的基本性格與價值觀延續下去，以至於還沒到周代結束，高度異質性的商文化就被遺忘，或被納入周文化系統中改造了。後來的中國人徹底失去了認知、理解商文化的條件，一直到二十世紀新史學與考古學興起，才提供了重新如實、客觀看待商人與商朝的知識環境。

夏商之際和商周之際的變化很不一樣。夏人沒有那麼明白、發達的文化，所以在商政權成立後，夏人維持原狀持續存在。然而周人取代商人成為中原共主，卻在很短時間內發生許多衝突事件，最終商人勢力遭到放逐、限縮，進而周人發明、推廣了影響深遠的「封建制」，從改造現實到建構記憶與歷史，另外一個和商朝國家體制極為不同的中國新面貌從而浮現、升起。

10 周人的逃難大遷徙，最終遇見豐饒之地

在中國歷史上，「三代」這個名詞往往和「先秦」並用或互相代換，這表示在傳統歷史意識

中認定，秦的建立是時代的大分水嶺，秦之前與秦之後，從方方面面不同角度都必須分開看待。

讓秦代如此重要的，是從此之後主宰中國政治領域兩千年的帝國制度，在秦朝最早成立；另外不能忽略的是，秦的建立同時正式終結了周代延續將近八百年的「封建制」。

這和被周文化取代的商文化很不一樣，由帝國制取代的封建制沒那麼容易從歷史上退場。許多中國社會的根柢元素與基本組構原則，都是在封建制中確定下來，連帝國的政治運作都無法改變。

傳統上區分「三代以上」、「三代以下」的固定觀念，造成歷史認識的盲點，還不只低估了周代封建的長遠不滅影響，更是徹底遺忘了另外一個激烈變化的歷史時點——商、周之際的變化，也就是封建制之所以成立的歷史情境。

二十世紀現代史學對中國古史的一項重大貢獻，就是發現了重要的新斷代架構。「三代」不能依照傳統那樣一體看待，必須認清商、周之際的巨大變化。商代的結束、周代的建立，其間變化的幅度甚至可能和秦帝國取代周封建同等劇烈。

商、周之際並非如後世所以為的是簡單的朝代替換，而是兩種非常不同的文明此消彼長，此興彼滅。經由考古發現的協助，得以還原商朝狀態，也影響了我們原本對周文化的認識。周人最早是在山西南部進入農業階段，但以農業條件而言，很快就發現那裡不是適當的地方。於是他們的族群毅然做了一個勇敢、但應該也是不得已的決定：如果要維持農業生產，就必須離開原來的晉南地區，尋找更好的地點。

相當幸運地，離開晉南後他們選擇往西走，沒多遠就進入周原（今陝西岐山）。《詩經．大雅》裡最傳神的描述是「周原膴膴」，便是讚美移居找到的新地點如何美好。刻烙在周人集體記憶中的就有這次大遷徙的考驗，原本不確定近乎逃難的遷徙，最終得到了美好的結果，使得周人格外感謝帶領遷徙的領袖，對他們產生了高度效忠的向心力，另一方面也刺激出對自我部族的信心。

相較於曾經流竄在山西南部尋找定居點的生活，周原所提供的條件簡直像天堂一般。這段故事很像《聖經》中記載希伯來人的《出埃及記》，他們到達了「流著牛奶與蜜」的迦南地，而周人對周原土壤豐美的形容是：「周原膴膴，堇荼如飴。」啊，在這裡連長出來的苦菜吃起來都是甜的！

11 商人視羌非人，周人與羌聯姻

值得探究的是，周原並不是無人之地。周人遷徙來到此處之前，這裡有原住民，沒有自己的文字，不過他們曾出現在商人的甲骨文中，被稱為「羌」。在某個意義上，羌人等於幫周人保留了這塊美好的農耕土地，因為羌人並未進入農耕文明，保持著狩獵與採集的生活方式。另外，他們也是被商人不斷狩獵與奴役的一個部族。

羌人的生活型態落後於商人。挾著高度發展的武力，商人對位於西邊的這個部族極為殘暴。前面提到商文化遺址中出土了「人殉」或「人祭」的現象，甚至還有人骨工坊，顯然這些遭「殉」與「祭」、骨頭被當作器具材料的「人」，一定有特殊來源。

放入商文化的脈絡中，要特別小心看待的是「人」，這關係到「人」的定義，今天我們習慣的定義，不見得和商文化中的定義一樣。有相當多的證據顯示，不只是商人，不同的歷史時期、不同的社會中，會產生很不一樣的「人」的定義。

就像住在蘭嶼的原住民，以前漢人稱他們為「雅美族」，現在改稱「達悟」，而在他們的語言中，「達悟」既是自稱，也是「人」的意思。類似的用法也出現在泰雅族的「泰雅」這個名詞稱謂，表示自己的部落是人，其他部落的成員就不見得是人了。「人」的範圍有廣有狹，主要關係到互相對待的原則。同屬於人，在這個群體範圍中有很多禁忌，很多行為做法是不能施加在同屬於人的成員身上，不過離開了這個概念範圍之外，那些禁忌就不適用了。

商人不會將同族的其他人放進「殉坑」或「祭坑」，也不會在他們死後將骨頭送進工坊裡當原料。我們從體質人類學上分析、認定為「智人」的個體，我們視之為人的，他們並不這樣看待。這些被殉、被祭的個體，不在商人劃界認定為人的範圍內，他們的身分比較接近商人所馴服、運用，亦即常被宰殺用在各種場合的動物。

對商人來說，羌不是人，至少不是完整的人，他們經常和其他動物放在一起獻祭。而羌人受到如此歧視看待，一部分應該也和他們的生活方式迥異於商人有關吧！他們是狩獵民族，但同時又成為旁邊強族商的狩獵對象。他們的文明發展和商人有很大落差，因而惹來商人如此無情對待，同時也無法抵禦，遑論反抗。

而周人進入原本羌所居住的地區，帶來了巨大變化。這裡的原住民不懂農業，土地沒有種植利用，周人在此進行農業耕種，獲致了豐碩的生產成果，進而晚來的周人和原居的羌人形成了緊密、互補的聯盟關係。

商人甲骨文中的「羌」，到了周代文獻裡就成了「姜」，而在周文化與周代社會中，姬、姜二姓的聯姻是最醒目的長期現象，甚至構成堅實的二元結構。周人的主要統治者姓姬，到周原後和當地的姜姓代代通婚，後來又配合形成了隔代的「昭穆制」[4]，大為充實周人的部族人口，並創建出更複雜、也更靈活的組織。

4 「昭穆制」是周人的一種宗法制度，即所有的親族成員隔代分成「昭」和「穆」兩個群體。祖父和孫子屬於同一群，父親和兒子就分在不同群。

12 牧野之戰的意外勝利

商人的西邊形成了新興勢力，阻止商人對羌的逼壓虐殺，甚至對商人勢力產生了威脅。商、周關係愈來愈緊張，逐漸有了不同程度的衝突。《史記．殷本紀》中記錄商王武乙到「河渭之間」田獵不返，去打獵卻遭雷擊震死回不來。這是件奇怪的事。

另一方面，《孟子．離婁》裡講到西伯昌，也就是周文王，在〈太史公自序〉裡說他曾被「拘羑里」，關了起來。後來文王死了，周武王「縞素發兵」要攻擊商，這樣的行為很明顯帶著為死者復仇的強烈意味，不也就表明了文王是死於商人之手？

在周人文獻中有個經常出現的名詞——「翦商」，指的並不是單一的軍事行動，毋寧是一個相當長的過程。「翦商」是周人削弱商人勢力的各種做法，顯示了在這段時間中，商與周，一東一西，處於持續衝突的不安定狀況。這樣的敵對氣氛累積到武王即位，而有「大會孟津」的特殊事件。據說有各地「八百諸侯」共聚在此，準備渡河，而河的那邊，就是商人的區域。

「大會孟津」有向商人抬棺抗議之意，表示周人認為西伯昌是遭商人害死。不過號召了八百諸侯過來，最終並未真正渡河發動攻擊，顯示這項行動的重點在於威力展示，要向商人喊話——別欺人太甚，你們對待我們的方式，我們已經受不了了，如果你們不改變，雙方恐怕難免一戰！

八百諸侯沒有上戰場就解散了，也有可能是周人衡量己方實力，沒有把握能夠勝過商人，最終出於謹慎考量，取消了看來箭在弦上的行動。

從文獻史料看得出來，周人一直對商人懷抱敬畏，他們稱商人為「大邑商」，相對地自己是「小邦周」。然而商人以大欺小到了一定程度，到了周人忍耐的臨界點，他們不得不以有組織的行動來表達憤怒，並阻止商人進一步侵奪。

「大會孟津」只有象徵性地集結，但兩年之後，周人再度組織武裝動員，又清楚顯現了他們和商人的衝突已到了無法解決、甚至無法降溫的地步。這次就不光是展現實力，而是採取具體的軍事行動，在牧野和商人軍隊直接戰鬥。

兩年前沒有把握能打敗商人，兩年後仍然沒有十足自信，但實際戰鬥間卻發現，自己長期以來如此忌憚、害怕的「大邑商」派來的軍隊，竟然不堪一擊。在甲子日接戰，[5]大動員的大戰鬥，然而當天黃昏時，這東方共主派來的軍隊就幾乎跑光了。這樣的勝利讓周人愣住了，面面相覷互相探問：「那接下來怎麼辦？」

出發之際，到正式接戰時，他們都預期會遭遇苦戰，心裡想的都是如何挺住攻擊，如何堅守

5 牧野之戰又稱為「甲子之戰」，乃根據利簋銘文所記：「武王征商，唯甲子朝，歲鼎，克昏夙有商。」即牧野之戰發生在甲子日。

陣地。不料一下子就得到勝利，該慶祝、保存這椿勝利，還是該趁勝追擊呢？如果追擊，會不會反而將已經得到的勝利送走呢？

沒有時間多想、多討論，終究決定繼續進擊。這一進，竟然又從牧野追亡逐北到了商的都城朝歌，攻入了朝歌，慌亂之間，商統治者紂王自殺。

周人遭遇了一連串的驚訝。出兵前再樂觀都沒想過這種結果，「小邦周」這麼容易、這麼快就打垮了「大邑商」。因為沒有準備，周人只能派一部分的部隊在朝歌一帶維持秩序，並監視商人舉動，主力部隊則撤回西方。負責留在東方監視的是武王的三個弟弟——管叔、蔡叔、霍叔，另一個弟弟周公旦則隨武王回到「宗周」。

第三章

周代封建的政治、社會、文化體系

01 周公的二次東征與周政權東移

周人對於自己取得的勝利感到不可置信，他們原本就沒有要取商而代之的野心，然而事情的變化逼得他們不得不進行下一步的安排處理。

我們很容易就理解接下來發生的變化。相較於周原的環境，商人的生活、朝歌的熱鬧，真足以令人大開眼界。後來的傳說中留下商紂王「酒池肉林」的描述，應該就是反映了周人進入商文化領域後，對那裡的繁華奢侈瞠目結舌的驚訝吧！

顯然並未有所準備的「三監」移居到新環境，很快地就被新生活沖昏頭，改變了自己的認同，和朝歌一帶應該受到監視的商人結合起來反抗「宗周」，是為「三監之亂」。

牧野之戰中，周人軍隊確實擊敗了「大邑商」，然而歷史上的周朝，一個真正取代商朝的新政治勢力，卻要等到「二次東征」後才出現。當時周的情況極度危急，帶領周人與聯軍擊敗商人的英雄領袖武王去世，東邊商人又在這個關鍵時刻籠絡了「三監」，明白反抗、挑戰周人。這既是外患，又是嚴重的內憂、內亂。

必須承擔艱鉅挑戰的，不是武王的兒子成王，因為他的年紀太小，不可能做決策，而是隨著武王留在「宗周」的周公旦。他選擇的方案是，先鞏固周人原有的二元結構，確保得到宗室召公的全力支持，然後在周、召合作的團結態勢下，毅然發動「二次東征」。

當時的局勢不是單純的商人造反，而是「三監」挾商人勢力與「宗周」對立。這中間顯然牽涉到武王去世後，周人統治權傳承的敏感問題。後世紛擾討論此時的周公到底是踐位登基，或只是維持輔佐成王的身分，史料不足難有定論，但從這樣的爭議可以回推、明瞭當時的「三監之禍」，必然是武王三位弟弟對於周公在「宗周」權力繼承安排的高度懷疑與不滿。

「二次東征」辛苦獲得勝利，周政權中心才正式東遷，搬到靠近商文化核心區域的「成周」（今河南洛陽）。不過更重要、也更艱難的課題是，搬遷之後如何留下來，如何收拾管理商人和他們原本統治的區域。

中國後世歷史中談到周公，都給予很高的肯定，尤其肯定他「制禮作樂」的成就，那就是在集體記憶中認定周代的封建制度，不論政治面或社會面、文化面，都是在周公手中設計、奠基的。

02 封建實質意義：武裝殖民後建立新社群

「封建」這個名詞在中文脈絡中，有兩個很不一樣的指涉用法。比較常見、語意比較寬泛的，是中國共產黨承襲「歷史唯物論」，用「封建主義」、「封建制」來翻譯 feudalism。在這樣的用法下，中國歷史中絕大部分的時間，除了最早的「奴隸制時代」和中華人民共和國成立以後，都歸於「封建階段」、「封建時期」。這就將中國傳統的所有社會與文化現象認為是落伍、該被批判的，都籠統地放入「封建」名稱之下。

其實中國歷史上有一段非常明確的「封建制」時期，可對應之後的「帝國制」。這狹義但明確得多的「封建」在周初生長，經過許多擴張，後來延續到秦統一六國才正式結束。一般所稱的東周「春秋」、「戰國」歷史現象，就是封建制從動搖到傾頹到消失的過程。

「封建」名稱的由來指涉周代制度中明確的兩個階段——一個是「封」，另一個是「建」。順序上一定是先封後建。所謂「封」就是將一塊特定領土「封」給一個人，交由他負責治理。這個人受「封」之後，就要去將這塊領土「建」起來，整頓成可以治理的狀態。

分「封」很容易引起誤解，以為是將已經被納入統治、甚至屬於行政系統的地方區分開來，派任不同的人去管理，就像現在派任江蘇省或上海市首長一樣。如果是那樣，受封後就不會緊接上「建」的階段任務。

封建的理由剛好相反，正是因為附近的這塊區域未被納入管理，所以指派特定的人去這個地方建立有效的政府，也就是對分封者有利的政府。歷史學者杜正勝研究周初封建，一針見血地形容那是有計畫的「武裝殖民」行動。周人面對原本商人統治的區域，他們無法延續商人那種神鬼威嚇的風格，必須另找辦法。他們發明的辦法就是派自己人帶領一定的武裝實力，去到特定的地方，一方面制壓管轄當地居民，一方面在那裡落戶定居，盡量和當地居民融合，創造出新的社群共同體。

「二次東征」後，周人不可能再回到西方，非得擴張在東方的統治管轄範圍不可，於是設計了「封建」來一步一步伸張統治權。周初大規模的分封至少有兩次。第一次將最能信賴的親族、聯盟者分封到「成周」周圍，確保這些地區的安定，提供周天子與「成周」所需的和平安穩。過程中會先「授民」，就是將一部分的族人，可能再加上被征服的「殷遺族」若干規模，讓受封者一起帶去，構成他的武裝基礎，預防當地人民反抗作亂。不過分封、授民的同時，還一定要「賜姓」，意思是給予未來在封地出現的新社群一個大家都要認同的新稱號。這樣的做法規範了不管現在的來歷是周人親族、商人遺族或當地住民，等到新秩序建立後，大家都要拋棄原有的來歷，冠上共同的「姓」，表示同樣都屬於這個新團體，讓新社群能有強烈緊密的認同。

也就是說，雖然開端有類似武裝殖民的任務，然而以武力建立秩序後，不會也不能有外來殖民者與本地被殖民者的分野，大家要融合一起，共創新的認同與新的「國」。

當周圍區域藉由這種方式確保安定後，又進行了二次分封，將最值得信賴、也是在一次封建中成果最好的，派到稍遠一點的地方。這次，他們就帶領一次分封中建立起的新社群、新的「國」，到二次分封的領域去，將那裡的居民再納進來，讓自己的「國」更形擴大。

今天的河南有「新鄭」，這地方是如何得名的？據考證，「鄭」最早在「成周」旁邊，等到這封國穩當建立了，二次分封就將「鄭」往稍遠的地方移去，他們重新落腳發展的地方因而叫「新鄭」，以和原來的「鄭」區分。

03 國人和野人，宗族和分封

分封所建立的是「國」。從「國」的字形很容易看出，其成立的條件之一是外面有城圍著。武裝殖民到達領地首先要做的，就是發揮夯土築城的能力優勢，造起一座城牆，讓自己帶去的可信賴的，或確實依附投靠過來的群體住進城內，受到城牆的保護，這些就是「國人」。

「國人」是自己人，對應不在城內的是「野人」。不過「國人」、「野人」的身分區別不是絕對的，事實上要以「國人」在城內得到的較佳待遇，吸引、號召「野人」衷心投靠過來，願意加入「國」的行列，認同「國」並取得「國」的「姓」，成為這集體中的一份子。「國人」與統治者同「姓」，又居住在城內，他們對統治者的支持是分封能否成功、「國」能否擴張繁榮的關鍵。因而他們具備一定的特權，可以對「國」的統治者建言，也可以發揮牽制乃至杯葛的效果。

藉由這種方式，在封建制成立過程中，周人勢力得以不斷拓展，到後來周封建所及之處，就成了中國的傳統疆域範圍。說周人封建決定了後世中國的基本疆土，有周人封建才使得中國涵蓋那麼廣的地理區域，絕不為過。

事實上，周代封建重視外來者與當地人的融合，這份極受重視的內建價值觀，是使得中國在古代得以克服地區差異性的關鍵決定性因素，形成了涵蓋眾多差異地區卻還能維持不分裂的單一政權。

周代封建制和歐洲中古的 feudalism 有一項根本差異是，封建之所以能成功的主要因素，就是從一開始便以宗族和分封架構相配合。接受分封的幾乎都是姬氏或姜氏的親族成員，本來就有來自血緣或聯姻的彼此關係，在封建中很簡單、卻又有系統地將個人關係擴大成為國與國間的關係。

兩位堂兄弟分別受封去成立的國，在封建制中的彼此關係基本上是平等的。若是叔叔建立或由叔叔統治的國，姪子建立的國在輩分上就低了一等，國與國之間的禮儀會反映輩分的上下差異。宗族和封建，親戚關係與政治關係，如此緊密結合，一而二、二而一地搭配運作。

再從文化根源、文化性格上看，商人最大的本事是和超越界溝通，援引超越界力量來威嚇其他人。相對地，周人搬到周原，就能和遭商人壓迫、威逼、屠殺的羌人結盟，顯示了他們擅長人際組織，尤其是利用自然親族血緣來讓組織擴大，又能維持緊密。

「翦商」成功後，周人發揮了自身的獨特優勢，將親族血緣組織原則運用得更加淋漓盡致，有效形成了對外可以不斷擴散、對內可以維持秩序與互助的封建制度。

04 青銅器：周人眼中永存不變的象徵

商與周的不同個性、不同優勢，充分顯現在青銅器上。中國古代青銅器的鑄造技術在商代晚期到達巔峰，但並未隨時間而繼續進步。因為後來有組織、有資源能鑄造青銅器的不再是商人，變成了周人。

在和商人東西對峙的抗衡期間，周人很努力地學習商人的長處。他們模仿偷學了甲骨文，應該也包括「卜」的技術。在鳳雛村考古出土了文字刻寫得奇形怪狀、歪歪扭扭的甲骨，綜合各方條件看來，那應該是周人偷學留下的痕跡。無論是「卜」的方式或文字的寫法，他們都還沒有把握該怎麼做，呈現出很粗糙的模仿。

青銅器鑄造方法應該也是偷學來的，也就不可能學到最高、最好。「翦商」之後控制了商人，照理說可以得到頂尖技術，但我們看到周人鑄造出來的器具，和商文化產生的仍然有相當差距。那就不能單純用學不到高妙技術來解釋，而應該從這個現象中看出商、周青銅器的巨大文化概念區別。

商代青銅器是「神器」，不只是要奉神，甚至還要扮演人神之間上下溝通的角色，當然得要細心鑄造，不論是器形或紋飾，都極盡繁複漂亮之能事。尤其是和動物有關的形制或紋樣，更可能牽涉到動物代為通天地、傳遞訊息的有效程度，非精美不可。

然而這樣的「神器」性質在周文化中消失了，周人和動物間也沒有那樣的想像關係。於是周人對於青銅器形制和紋飾的重視程度，非常明顯地快速下降，不再有考驗工匠終極技術的仿動物型犀尊、鳥尊等器物，也不再有將青銅器表面密密麻麻地滿滿覆蓋一絲不苟的紋樣。周人的青銅器形狀愈來愈少變化，紋飾也有點敷衍地散落在不同位置，看起來就不像是具有特殊的象徵意義。

相對地，周人鑄造的青銅器中出現了愈來愈多「銘文」。一方面器物上刻鑄銘文的比例愈來愈高，另一方面，每一座青銅器刻上的銘文字數也愈來愈多、愈來愈長，占據區域愈來愈大，從而愈來愈醒目。在商代，沒有紋飾的青銅器是少見的例外；到了周代，換成沒有銘文的青銅器才是例外。

形制、紋飾牽涉到商人的信仰，周人沒有這種信仰，但他們有另外不同的關懷。周代青銅器銘文中經常出現的套語是——「子子孫孫永寶（保）用」，這句話在相當程度上說明了青銅器的意義與功能的重大變化。

周人分封儀式中有「鑄鼎」程序。「鑄鼎」不是為了和另一個世界溝通，祈求祖先或神鬼的保佑；「鑄鼎」是為了將分封的承諾記錄下來，表示確實有這樣的雙方共同意願，上位者將特定領域交給受封者，受封者答應領受建國任務，未來所建之國會依照約定盡到對上位者的責任。也就是「鑄鼎」程序中，鼎不是重點，刻在鼎上的文字才是重點。文字一旦刻在青銅器上就不會改變，就會一直原樣存留著，就可以近乎永遠見證這段彼此承諾，讓雙方的子子孫孫都能知道、都不會忘掉，世世代代就能維持此時分封之際所約定的關係。

周代青銅器的作用轉為抗拒時間，避免重要的經驗與安排在時間中被遺忘了。這對周人來說格外重要，因為以宗族關係建立起龐大的組織，就必須確保宗族關係不在世代傳承中被模糊、混亂，甚至被遺忘。

第一代和第二代親族成員都彼此認識，親戚關係從輩分到親疏遠近也都清清楚楚。但往下到了第五代、第六代，親族擴大了，互動減少了，輩分交錯複雜了，親族組織的運用就會變得愈來愈困難。除非有可靠的記憶輔助資料，絕對不變，可供大家在有疑問時查考。青銅器就符合這樣的不變特性，將重大親族關係事件化為銘文，刻記在青銅器上，給宗族系統及其所延伸的封建制度帶來高度穩定保障。

在商文化中，文字何等神祕，是用來記錄預兆、預言背後的聯繫，再到整套儀式與信仰。但周人看待青銅器與文字，相較就高度「世間化」與「人間化」，是純人事記載的工具手段。這也確切呼應了周文化的特徵：專注關心人，講究人與人之間的互動規範，追求建立人與人之間的恆定和平關係；相對不那麼看重、在意非人間的、神祕難解的事物。

後來我們所知道、所繼承的中國文化，很顯然不是來自商人，而是來自周人。重視人倫與重視歷史互相關聯，不能數典忘祖，因為忘了歷史就忘了祖宗，沒有祖宗保障宗族源頭，人與人之間也就不會有清楚的關係規定，那麼組織秩序就可能鬆綁瓦解。

05 「國」其實是一座城，不是「城市」

封建成立過程的必備條件之一，就是築城來設立「國」。實際上，封建剛開始時，一個「國」就是一座城。後世講到西周歷史時，曾有「萬國」的說法，其實就是指出了原本的「國」並不是疆域性的，一個「國」就是一個姓族團結起來聚居之處，通常有城圍著，才能自我保護，也才能號召、組成新的同姓族群，共同營生。

夏人開始夯土築城，經歷商人、周人的技術承傳，再加上不斷分封開散，這時代的人已經很會築城，並且在中國核心區域築了許多城。

周代封建最醒目的現象，是出現了許多住在城裡的「國人」，和不能進城居住的「野人」有了身分高下區隔。不過需要特別說明的是，中國古代封建制下的城，絕大部分不能稱為「城市」，雖然有愈來愈多人住在城裡，卻不是住在「城市」裡。

當我們習慣稱「城市」時，其實已經跳到後世的印象，例如聯想到描繪汴梁的《清明上河圖》，那是一座偉大的城市，最引人注意的現象就是近乎無所不在的「市」，畫面之所以那麼熱鬧，就是因為到處有買賣。

從文明發展史上看，古代近東在美索不達米亞平原最早出現的人口聚集區，就是城市，也就是其主要功能在於保護和促進商業買賣；「市」即市場、交易，是這種環境裡人口集中的主要動機。但在中國不是如此。

中國的城一直要到很後來才轉型為「城市」，商業功能才變得重要。到多後來呢？唐代的長安是個大城，甚至可說是國際大城，有很多從西域來的人居住在此。但仔細看一下唐長安地圖和描述，可以想像如果走在當時的城內，會是什麼感覺？在街上，你身邊是一長排的高牆，一道又一道的高牆綿延不斷。

長安城內區分出許多里坊，每個里或每個坊是分隔的獨立單位，由牆隔開，必須由里門或坊門出入，而門到了夜裡都要關起來。這種區域不會有商業買賣活動，商業集中在「東市」、

「西市」進行。但即使是「東市」、「西市」也同樣有牆有門，入夜都是關閉的。對照《清明上河圖》，我們能斷定，中國傳統的「城」是在唐、宋之際才轉型為「城市」，商業買賣功能大幅提升，這也是在通史的架構下，後面會特別標舉「近世」作為斷代的重要理由之一。從中古到近世，商業功能大增的「城市」華麗現身。

在此之前，中國的「城」是什麼？就是這個時候周人所奠定下來的。基本上，用我們今天的語言來說，「城」是一個防衛中心、一個政治中心，而不是一個商業中心。這樣的「城」的特性，存留了很長年代，一直要到宋以下才改變。

06 「中國文明」到底來自哪裡？

封建制度必須有嚴格的分類、分級，最初的重要區分在外來的武裝殖民者與本地的被殖民者之間。建「城」提供了外來者初步的保護，在新到、陌生的地方不必隨時擔心受到周遭本地人的侵害。

接著進行下一層的分封，在原本的「國」裡再選擇一些人當作「大夫」，同樣給予一塊封地，讓他們去經營管理。「大夫」這個階層依照和國君間的關係，逐漸又區分為兩層：一層是擔負服務國君責任，有自己的封地卻又要協助國君管理「國」的，稱為「卿」，如果世世代代持續都在國君身邊服務，又稱「世卿」；另外，單純只是統治管理在「國」中封地的，仍維持叫作「大夫」。

出生背景具備貴族地位，卻未得到封地者，就構成了低於「大夫」的「士」階層。「士」主要為國君、卿、大夫提供服務，和他們之間的關係緊密。在「士」之外另有「國人」，那是有資格住進城內的人的統稱。「國人」之中有貴族，另外也有和外來殖民者合作而加入這個集團，取得了一定特權地位的人。

封建制度就這樣以身分高下劃分而層層堆疊建構起來。這套系統中，政治組織和社會組織是在同樣的原則下運作，當然也就相應產生了所需的價值信念。因為背後有政治與社會組織的連結力量，周人的價值觀極其龐大，到後來就將在此之前的商人和商文化記憶都消滅了。

周人格外看重記憶，留在他們記憶中的當然不會是商人、商文化，而是周人自己的來歷。在周文化中，此前的商代逐漸退化為模糊的印象，進而這些印象在被書寫存留下來的過程中被「周化」或「周人化」，將原先的商文化特色都清洗掉了。以至於在很長的時間中，中國歷史裡感受不到曾有商、周之際的劇變，以及一個文明被另一個文明取代，一直到現代考古出土材料，才讓我們有機會重新認識、重建這個遠古事件。

司馬遷是極有抱負、野心的史家，他也確實掌握了一定的古史資料，所以他才能在《史記·

殷本紀〉中相當準確地記錄了商先世的系譜。我們後來從出土的甲骨文資料，也就是絕對正確的商人史料中，證明了司馬遷抄記的世系表基本上是正確的。《史記》有所本，但即使是司馬遷，在西元前一世紀，他也完全無法想像、復原商文化的模樣，〈殷本紀〉完全沒有呈現商文化最特殊的部分。光看後世記載，商文化和周文化極其相似。

從一個角度看，中國文明的起源在新石器時代晚期冒出星羅棋布的聚落；但換另一個嚴格一點的標準衡量，中國文明的起源應該被訂定在周人崛起、取代商人共主地位的關鍵事件。標準是什麼？如果我們說「中國文明」，指的不只是在這塊區域出現的文明現象，而是指與其他文明相比，在歷史上產生了存留延續的特徵而言。

今天當我們說「中國文明」時，我們在說什麼？如果要條列式地描述「中國文明」，列出你所認定屬於這個文明最醒目、最獨特的現象，我敢說、我能證明，十之八九都是來自周人、周文化。

重視歷史、親族系統極端重要、沒有發達的出世宗教思想、文字和語言區隔發展等等，都來自周人。

07 王官學：貴族壟斷的文武雙全教育

有效地將政治組織和社會組織靠著血緣宗族關係密切結合，使得封建制具備極高的穩定性。從西元前第十一世紀建立，一直到將近四個世紀後，才出現足以動搖封建制的變局考驗。

孔子出生在西元前五五一年，到前四七九年去世，是這段新危機時期的代表性人物。封建制經過了五百年，到孔子的時代仍然存在，而且從政治到社會、從上滲透到下，仍然統領管轄人們的生活。但經過了那麼久，封建制在現實運作中的一些安排，逐漸受到累積因素的衝擊而愈來愈難維持。

例如為了設定貴族與非貴族的分際，周人除了強化血緣紀錄並在日常儀式中不斷提醒身分關聯外，還建立了貴族教育系統。透過教育養成，讓貴族與非貴族之間產生能力與行為的區分。

周代的教育因而是和身分連結，具有高度特權性的。只有貴族子弟能夠受教育，所受的也就是貴族教育，而且不只受教者，就連施教者都必然具備貴族身分。受過教育與沒受過教育的人，在政治、社會上形成更明確的區隔，從而相應地，政治與社會特權看起來也就不單純只由身分決定。貴族不只出身高於非貴族，他們同時也有較高的能力、較多樣的本事，還有較強的自我節制力與決斷意志力。這樣的人理所當然該居上位，得到權力和財富吧！

周人建立了「王官學」，這個名詞雖是後起的，但精確傳神地表達了這套教育的基本性質。「王官學」是由「王官」，也就是周代貴族所管轄的，只有「士」以上階層身分的人有資格受教育。

「王官學」的主要教育內容是「六藝」。「六藝」有前後兩種說法，比較早的是「禮」、「樂」、「射」、「御」、「書」、「數」，這幾項都是實際的技能，而「禮」排在最前面。人與人之間，尤其是看重親族的貴族成員之間，要由「禮」來確認彼此關係。父子間有父子之禮，叔嫂間有叔嫂之禮，伯侄間有伯侄之禮……，「禮」讓人不會忘記、不會混淆對方在親族系統內的相對身分。而「禮」最常表現在公開聚會場合，在那裡會有音樂，「樂」和「禮」緊密連結，什麼時候使用什麼音樂、什麼音樂或什麼歌間接代表什麼意義、什麼事或什麼意見只能透過音樂或歌來表達……，在當時都是「禮」的一部分。

貴族要有文的能力，能識字、寫字，有基本數字觀念可以算數；也要有武的能力，能騎馬、能射箭，遇到戰爭時才能稱職盡到責任。而這些能力同時也是貴族的特權，只有貴族能使用文字，也只有貴族有資格在封建國家間的武裝衝突中披掛上陣。

較晚些還有另一種「六藝」，那是「詩」、「書」、「易」、「禮」、「樂」、「春秋」。從這裡可以看到，「王官學」從文武雙全的要求變得「文士化」了。顯然貴族教育的部分內容被寫成文字記錄下來，「王官學」的教育方式轉為側重對於這些文字記載的吸收、認識。這些內容當然都是「文」的，沒有了騎馬打仗，和武力爭鬥無關。

而講到「六藝」，不論是前一種或後一種，很多人立刻會聯想到孔子，的確傳統上認定「六藝」和孔子的關係非常密切。從周文化歷史角度看，孔子是「王官學」的重要繼承者與弘揚者，卻也是「王官學」背後貴族區隔安排最大的破壞者。因為孔子，才讓原本只屬於極少數人的教育內容「六藝」，變成了中國人的一般常識。

第四章

封建傾頽的軌跡

01 孔子：最早的老師，沒落貴族的出路

孔子和魯國關係最密切，不過其家世淵源來自宋國，而宋最早是由紂王的庶兄微子啟帶領一批殷遺民建立起來的。

後世傳說孔子的父親叔梁紇是大力士，在一次攻城之戰中，埋伏的敵人突然降下軍隊所要通過的城門，眼看就要被困住時，孔子父親靠著他的神力頂住落下的門，解除了致命危機。這傳說最大的意義在於指出到孔子的上一代，「士」仍是文武合一，也就是「禮樂射御書數」培養出來的全能人才，以此服務諸侯、大夫。

孔子出身「士」的家系，屬於必然的沒落貴族。意思是雖然他父親早亡，但家勢沒落有著更龐大、沉重的時代原因。幾百年封建繼承制度行使下來，愈來愈多貴族子弟分不到像樣的地位或財富，甚至連在系統中提供服務的機會也在愈來愈多人競爭下變少了，落在底層空有繼承來的身分，一方面本事能力難有發揮，另一方面能夠得到的生活資源也少得可憐。

封建最底層的「士」人數最多，受到的打擊也最重。積累了這種近乎宿命的沒落經驗，他們當然感覺到需要另尋出路的壓力，而在孔子身上，出現了重大轉折。

按照階層身分，孔子接受了「王官學」的貴族教育，不論是「禮樂射御書數」或「詩書易禮

樂春秋」都學了，也都掌握了。但這些知識與能力只能彰顯他的「士」的身分，卻派不上具體用場。孔子自述：「吾少也賤，故多能鄙事。」也就是在貴族教育範圍外，另外學了不合身分的畜牧、會計等知識與能力，以應付現實。

孔子是「王官學」傳統的殿軍，他繼承其內容，卻改變了其身分性質。他在中國歷史上開創了一個新的社會角色——老師。傳統上稱孔子為「至聖先師」，「至聖」當然是崇高的尊稱，但「先師」若解釋為「最早的老師」、「第一位老師」，那倒不全是恭敬話語，而有一定的歷史現實基礎。

在孔子之前，只有「王官學」的教育，從教育內容乃至教育形式都緊鎖在封建制度中。所以基本上是父兄教子弟，以至於到後來的文獻，還會看到像是「雖在父兄，不能以移子弟」這樣的句子，反映了那個時代父兄才有對的身分、受過對的訓練，可以傳承教導子弟。這中間沒有老師，沒有以教育為專業的角色。

一直到孔子出現，他將本來只能以父或兄的身分教給子或弟的內容，教給了那些身分上既非子亦非弟的人。於是相應地出現了其實在歷史上很奇特的稱呼，叫作「弟子」。這名稱明顯是從「子弟」衍伸而來，意思是他們在教育上取得了和「子弟」同樣的權利，受了教育，但不只教他們的不是「父兄」，甚至他們之中有些人根本不具備可以接受這種教育內容的貴族身分。

由於沒有適當身分的貴族父兄，他們只能跟「老師」學習。「老師」和「弟子」的角色、稱呼如此對應起來。還原其過程，是孔子將「王官學」的內容教給了這些人。

02 王官學的「禮」到儒家的「禮之本」

因為孔子，擴大且轉化了「王官學」。原來的「王官學」內容換了不同對象，擺脫了許多原本和貴族身分直接關聯的部分，或者將原本規範貴族身分與貴族生活的內容予以普遍化，造就了不一樣的知識性質。

如此轉化、創造浮現而出的，就是「儒家」。孔子特別強調自己「述而不作」，他所「述」的內容，就是從「王官學」那裡學來、繼承來的。只是這樣的描述，不應該遮蔽了孔子帶來的劃時代革命性影響。

從一個角度看，孔子是革命者；從另一個角度看，他甚至是一個盜火者。中國傳統如此推崇孔子，他卻很可能是中國歷史上最受到誤解的人。作為革命者，孔子打破了封建制的身分壁壘，打造了全新的「有教無類」原則；作為盜火者，他將許多難得的知識與能力，交付給原本無權參與貴族教育的人，讓他們得以對春秋時期產生巨大衝擊，更幫他們打開自我選擇、自我創造的可能。他怎麼可能是個保守、拘謹的人？

孔子的生命甚至含藏著一份最深刻的內在矛盾。他之所以違背規範，擴大教育對象，一個重要的理由是感歎，甚至恐懼於從周初傳下來的「王官學」，到了他自己的時代愈來愈不受重視，如果不做特別的努力，如此珍貴的遺產說不定就徹底被忽略丟棄了。所以，他要影響更多人正確地認識、擁有傳統。

更直接地說，孔子心中最主要的理想追求，是要回復他想像中周公剛剛完成「制禮作樂」，將封建文化的禮樂內容維持得最純粹、最美好，沒有扭曲、沒有墮落的情況。

然而他顯然沒有意識到，如果真的能將時間往回推，完整恢復周初封建禮樂，那麼他自己會在哪裡？很諷刺也很殘酷地，在原始、嚴整的封建秩序裡，不會有孔子的位子。那裡沒有老師，那裡也不會有弟子。

孔子最大的貢獻與成就，正在於不管意念上如何崇信封建秩序，在實際行為上，他提供了那個時代擺脫封建約束、讓更多人得以參與思想文化的深化與開創。

能夠做到這一點，首先孔子自身具備強大的深化與開創動能。「王官學」內容其實真的有一部分過時了，還有一部分對不在貴族行列中的弟子是無意義的，孔子在教導過程中，透過詮釋進行了改造，灌注了新精神。

也就是他用「王官學」的傳統材料，成功地開創出最早的「百家」學派，也就是「儒家」。表面上看，儒家來自「王官」、承襲「王官」，骨子裡卻是在「王官」的舊瓶中裝進了新酒。

例如「禮」，既是「王官」的核心，也是儒家的核心，但「王官學」中的「禮」主要是一大堆明確的行為規定，什麼場合以什麼程序進行，什麼人遭遇什麼事該如何對待。「禮」是分開應付從出生到死亡等重大事件的固定行為指南。但到了孔子的教導中，在儒家那裡，人真正需要好好學習並掌握的是「禮之本」，而不是那些禮所規定的行為細節。

「禮之本」指的是管轄各種不同禮節、禮數背後的原理。要討論、教導「禮之本」，必須相信那麼多複雜、繁瑣、針對不同對象與不同情境規定的禮，不只有其如此設計的理由，還可以找到貫通、統納這些理由的共通原則。要找出原則，不能只是被動地接受傳留下來的規定，而要去歸納、去推衍、去思考，也就是主動地面對禮。

重視「禮之本」，從禮節、禮數中也就能尋找出關於人們彼此對待的推論。禮的規定，來自既有的封建文化，是「王官學」的一部分；然而對於禮所提出的原則解釋，卻是新興「儒家」的主張。

03 諸子百家興起，儒墨道各自表述

「儒家」既繼承「王官學」，又打破「王官學」定於一尊的情況，從此「王官學」收拾不住，開放出來的空間展開了多元的「百家學」。

孔子開創的儒家繼承了貴族教育內容，只是改換上比較普遍、不受身分限定的精神。而和孔

子時代相近的墨子則採取了相反態度，強烈批判「王官學」，認定當時世局產生的種種問題，就是根源於貴族文化的謬誤。

針對嚴格劃分的貴族與庶民界線，孔子的做法是將貴族教育對庶民開放，而墨子則是公開表示站在庶民這邊，從庶民的立場指摘貴族的錯誤。貴族重視「禮」，凸顯人與人的差異對待，這是錯的；貴族重視「樂」、重視葬禮，都是奢侈炫耀的表現，藉著自己的奢侈炫耀睥睨庶民，當然也是錯的。

人都死了，卻要進行隆重的葬禮，其作用只能是表現階層身分。孔子最重視的弟子顏淵早死，他還是堅持必須按照顏淵原有的身分下葬，雖然他視顏淵如兒子，和顏淵的關係甚至遠比兒子孔鯉還親，但他就是無法同意將顏淵的葬禮提升至「大夫」階層的禮。孔子所堅持的，也正是墨子最強烈反對的。

墨子抱持著素樸的平等主義立場，厭棄貴族強調區隔、凸顯優越性的各種表現。他主張「兼愛」，也就是人與人之間一視同仁的對待。「兼愛」的極致，是人與我的差別都泯除了，如果你愛別人和愛自己一樣，怎麼還可能會有戰爭呢？你可能去攻打自己、傷害自己嗎？紛亂、相爭到暴力相向的地步，都是來自於封建貴族文化強調區別的作用。

用愛自己的態度去愛天下人，就必然「非攻」，不可能贊成任何攻擊行為。你不會同意別人打你，因為「兼愛」，你也就不會同意任何人去打任何人，也就是徹底「非攻」——不是反對誰打誰，反對哪一場哪一種戰爭，不是在意怎樣的戰爭合乎正義，而是從原則上反對所有的戰爭，要止息所有的戰爭。

比儒、墨稍晚一點，有道家興起。「百家」中的道家有兩位代表人物——莊子和老子，他們的共同之處，在於反對「禮」的繁瑣和拘束。封建文化發展到後來，像是《禮記》、《儀禮》中所記錄的那些規定，真是繁瑣到了極致，反映了「禮」到後來高度形式化以致失控發展的現象。孔子因而主張要探索「禮之本」，將禮化繁為簡；莊子、老子則直接想像擺脫了「禮」的層層拘束後，人可以得到的自由，和擁有的不同生活樣態。

莊子認定「禮」扭曲、戕害了人的本性，用一套外在的、假的行為模式取代人的真實，如此必然帶來痛苦。「禮」是虛偽的，「禮」違背本心本性，長期活在「禮」中，人就變成「行禮如儀」的假人。所以應該拋棄「禮」，去找回真我、本性，並且按照真我、本性來生活。

看到在「禮」之上有更高層次的、統納自然和人事的普遍規則，將之稱為「道」，在這點上，老子和莊子是一樣的。不過面對「道」、尊重「道」、了解「道」，對莊子來說，是為了追求個人自由，讓個人從集體的約束中解脫出來。對老子來說，則是因為其他人都按照「禮」或較低層次的道理來思考、行事，那麼掌握了更高層次的秩序法則，就能操控局面、勝過眾人，進而取得更大權力，或是更長久地保有權力。

墨子採用的，是非常直白且激烈的口氣，不憚其煩的表述其看法；莊子、老子採取的，卻是一種「正言若反」、訴諸悖論（paradox）的風格。這兩種言談形式都不在原本「王官學」的內容範圍中，於是開拓了中國語文在這段時期的多樣表達空間。

04 「霸主」的仲裁效果與「盟會」的約束作用

《史記》最後一篇是作者司馬遷的自序，也可視作司馬遷為自己所寫的一篇「列傳」，其中追索了他自己的家世來源，提到他們家當了上千年史官的來歷，又特別提到他的父親司馬談。

於是文中有文，〈太史公自序〉中完整抄錄了司馬談寫的〈論六家要旨〉。「六家」指的是東周時期大為流行的「百家」中影響最大的「儒」、「墨」、「道」、「法」、「名」、「陰陽」。文章中評述了「六家」主張各自的優缺點。

到司馬談的時代，西元前第一世紀，距離秦一統六國結束戰國時期，大約一百年左右，當時的人看待「百家」，基本上就採取「分家評述」的方式。此後兩千年，這種模式固定下來沒有大改變，成為中國歷史知識幾乎最為穩定的一部分，穩固到讓人不容易察覺這中間的問題。

如此「分家評述」，其實是「非歷史」，甚至是「反歷史」的。首先，將這些學說理論平鋪開來看待，忽略了其各自產生時代的背景，也必然忽略了各家之間從時代先後關係所造成的互動影響。其次，沒有歷史背景襯墊，也就不會明瞭各家思想到底是對應什麼問題、什麼困擾所提出的答案或解決方案。

之所以會出現「百家爭鳴」現象，是因為從春秋到戰國、從孔子到韓非子，那是充滿問題與困惑的時代，是問題愈來愈多、困惑愈來愈深的時代。人人都在具體的痛苦煎熬中感受問題與困擾的存在，卻沒有現成的答案，也沒有共識的解決方案。

諸子百家的歷史背景，是從春秋到戰國的劇烈變化。那是什麼樣的變化呢？不妨仔細比對以前學過的兩個名詞來予以把握。歷史上講到春秋就說「春秋五霸」，講到戰國則說「戰國七雄」，這兩個名詞是彼此對應的。

但若認真探究，會發現「五霸」和「七雄」所指涉的其實大不相同。「五霸」是齊桓公、晉文公、宋襄公、楚莊王、秦穆公，是五個人；「七雄」則是秦、齊、楚、燕、韓、趙、魏，是七個國。

為什麼叫「五霸」？今天大家看到「霸」字，想到的是「霸氣」、「霸道」，在戰國思想史上很有名的是孟子提出的「王霸之辨」。不過回到周代封建制的名稱來源上看，「霸」字本來是「伯」字的異寫，而「伯」除了是公、侯、伯、子、男五種爵級中的一種，還有更普遍用來尊稱「長者」的意思。

也就是說，「五霸」剛開始沒有那麼「霸」。齊桓公當上了第一個「霸」，其地位、意義是代替天子維持秩序的長者。會有「霸」、需要有「霸」，是因為現實上周天子失去了威望與實力，無法擔負作為整個封建體系中心權威的責任。

封建制度是層層分封、層層效忠的井然結構，天子冊封諸侯，諸侯冊封卿大夫，卿大夫任命士，所以士向卿大夫效忠，卿大夫向諸侯效忠，諸侯向天子效忠。即使現實中諸侯國君是世襲的，但形式上國君去世仍須向天子「報命」，再由天子冊封新的國君。士之間有爭議衝突，就去所屬的卿大夫那裡解決；卿大夫之間有爭議衝突，則去所屬的諸侯那裡解決；諸侯國君間有爭議衝突，當然就到天子那裡解決。

但自從平王東遷，[6]也就是傳統歷史上劃分西周與東周的關鍵事件發生後，天子和諸侯國君間的互動愈來愈難維持，相應地使得諸侯和諸侯間的紛爭失去了固定的處理程序。而偏偏因為世代久遠，封建制用宗族關係來管轄國與國關係的做法，隨著親屬疏離而變得愈來愈不安定。諸侯與諸侯間紛擾日多，還不只如此，甚至諸侯國內世卿與世卿間、大夫與大夫間的紛擾也愈來愈多，愈來愈嚴重。

此時迫切需要建立一套仲裁機制，代替天子的功能來維繫封建秩序。於是既是大國國君、又親身經歷過秩序動亂威脅危險的齊桓公，挺身打造了「霸」的角色與功能，成為第一位「霸主」。

齊桓公當然不是周天子，他必須用不同的方式來處理諸侯糾紛，那就是「盟會」，他將自己化身為集體外交會議的召集人兼主席。他善用一項優勢——當齊國召開國際會議時，各國不敢不來參加。齊國有足夠的地位和實力威脅利誘各國出席，而當有夠多國參與會議時，在會議中缺席或未獲邀出席，對任何國家來說就有著被孤立的高度危險，成為絕對要避免的不利狀況。

6　周幽王時，申侯聯合犬戎攻入宗周鎬京，幽王被殺，宮室被焚，周平王遷都至成周雒邑，時為西元前七七〇年。

會議有明確的召開動機，要解決明確的紛爭。稱為「盟會」，就表示大家齊聚一堂的目的是形成集體見證的「盟」。當兩國間產生激烈衝突，可能演變為兵戎相見，於是戰事爆發前，「霸主」便召集會議，其基本態勢擺在那裡：第一，看「霸主」面子，雙方談和吧，「霸主」給了下臺階；第二，如果有一方堅持不退讓、不妥協，那會是甘冒「霸主」以其地位與實力，站到對方那邊協助對方的風險，是很不利的立場；第三，既然是國際會議，在場還有其他國的國君或代表，形成集體壓力，要抗拒的是「霸主」加他所聯盟諸國，立場將更加艱難。

「霸主」進一步發展成為固定機制，不只是諸侯間的紛爭，甚至各國內部問題，如果無法自己解決，都可以告狀到「霸主」那裡去。「霸主」取得了非正式卻夠明確的權力，可以直接進行仲裁，不一定需要召開「盟會」。只有特別複雜、特別棘手，或牽連特別廣的問題，才需要透過「盟會」來處理。

春秋時期，從西元前八世紀到前五世紀，最大的特色就是這樣的「霸主政治」支撐了封建制度。權力的中心不在周天子，周天子的重要性與影響力在過程中進一步降低，但各國之間還能保持一定的秩序。傳統的封建規約不斷遭破壞，國與國之間衝突不斷，各國逐漸進入軍事動員準備狀態，也出現一些激烈的軍事鬥爭。不過靠著「霸主」，還能讓基本的外交仲裁發揮避戰效果，保存表面的封建禮儀，再以「盟」對各國行動達到一定的約束作用。

05 「霸業」的興亡，成也「禮」敗也「禮」

「霸主政治」的主要創建者是齊桓公和晉文公，他們都曾經在封建動搖中，因封建規範無法發揮作用而受到嚴重挫折的經驗，等到他們取得大國統治權時，也就有強烈動機要收拾並維護一定程度的封建秩序。

另外一位「霸主」宋襄公則留下了很特別的故事。值得一提的是，「宋」這個國在周代的特別地位與形象。在刻板印象中，宋人經常被視為特別傻。戰國時期流傳、記錄的許多笨蛋故事，常常會凸顯主角是宋人。宋人為何那麼笨？真正的原因可能來自古遠的文化差異遺留。宋是由殷遺民建立的國，齊聚了商人後裔，也就保留了商文化的成分。商文化大不同於周文化，尤其商人的信仰系統是周人很難理解、更難認同的，由差異產生歧視，即使經過了幾百年，周人看待宋國仍難免帶著異樣眼光。

宋襄公的故事符合宋人傻笨的偏見。他帶領宋軍與楚國的軍隊打仗，楚軍要渡河打過來，宋襄公身邊的將領建議他趁楚軍渡河時發動攻擊，他拒絕了；接著將領又建議在楚軍剛上岸、陣勢還沒布好前進攻，他也拒絕了。他堅持等到楚軍整頓好，將仗陣布開，然後才接戰。結果，宋軍被楚軍打得落花流水，宋襄公自己還受了傷。

真是傻啊，這樣怎麼打仗，怎麼打勝仗？這個故事顯然是從戰國時人的價值觀去訴說的，他們認為打仗就是要打贏，但如此看去就忽略了關鍵的事實——宋襄公是「春秋五霸」之一，春秋時期他和他的宋國曾經擁有隆崇的地位，為什麼？

可能正是因為他帶兵打仗時，還有比打勝仗更重要的考量吧！他堅持「禮」，雖然是殷人之後（或正因為是殷人之後），他對於周封建制度的「禮」既熟悉且抱持信仰。「禮」對軍事行動有許多規範，對方渡河之際不能打，因為不合「禮」；對方布陣未成不能打，因為不合「禮」。

至少到宋襄公時期，「禮」仍有相當的威權影響，可能很多人覺得「禮」繁複迂腐，脫離變化中的現實，然而當「禮」被鄭重其事抬出來時，還是沒有幾個貴族敢直接否定「禮」。畢竟他們的貴族身分與特權來自於「禮」。在孔子生平經歷中，有「夾谷之會」，他以「知禮者」的資格，義正詞嚴地指責齊國國君，破壞了齊國原本要直接訴諸威脅恐嚇、逼魯國國君就範的計畫。孔子憑什麼？憑藉著他對「禮」的理解，更憑藉齊國這些人仍然忌憚「禮」，無法承受在盟會中刻意違禮的名聲傳出去，可能招來諸侯譴責、乃至藉機尋釁的風險。

由此可以推知，宋襄公能當上「霸主」，靠的是他看起來過時、因而如此稀有的對「禮」的知識，以及對守禮的堅持。當大家都對這些「禮」愈來愈生疏時，他的知識就為他帶來了敬畏。不過他如何興起，也就如何敗亡，時代繼續朝「禮」的相反方向變化，到公開違禮的行為愈來愈普遍，只剩下他自己還在守禮，泓水之戰面對實力比宋強得多的楚，拘謹守禮的結果是宋襄公「霸業」的終止。

從宋襄公到楚莊王、秦穆公，霸主的實際性質有了根本改變。這兩國都位於周封建體系的地理邊境上，本來因為離核心遠而地位較低。到了春秋晚期，一來有更大的腹地發展，二來沒有受到封建規範那麼嚴格的拘束，反而快速提升、累積了國力。

楚國連國君的名稱都不再遵循周封建的五爵制，改而稱「王」。楚莊王叫作「王」，而不再是「公」或「伯」，大家不只拿他沒辦法，進而考慮到楚國創建出的龐大武力，愈來愈多國也就不得不接受楚國的外交牽制，如此而建構起楚莊王的「霸主」時期。宋襄公的「霸業」建立在「禮制」基礎上，可以說是周代封建「禮制」的迴光返照，楚莊王和秦穆公的「霸業」就完全依循實力原則了。

06 士大夫一定懂得打仗？

再看《左傳》中一個有名的故事。主角是曹劌，很多人知道這故事是成語「一股作氣」的來源，但比較少人知道除了「一股作氣」外，另一句成語「肉食者鄙」也是從這故事裡來的。

故事先說曹劌知道魯國要和齊國打仗，就想要向魯國國君提供建議，卻被別人嘲笑：「你誰啊？你什麼身分？關於打仗的事怎麼可能輪得到你來對國君東說西說？那是有身分、有地位的人的事嘛！」

「肉食者」的字面意義是「吃肉的人」，指的是日常生活裡可以經常隨意吃肉，也就是大夫以上身分的人。打仗明明是那種「肉食者」的職責，你一個沒有大夫身分的人去操什麼心呢？於是引出了曹劌說「肉食者鄙」——那些人懂什麼？他們空有地位，他們的地位哪能保證就懂軍事呢！

他不聽勸告，去找了魯國國君，國君竟然不只接見了他，還被他說動了，後來出兵作戰時將他帶在旁邊。如此才有後來他具體建議國君：當對方鳴鼓要動，我方不動；對方再一次鳴鼓，我方仍然不動；等到第三鼓，我們才相應讓部隊衝出去。這就是「一股作氣，再而衰，三而竭」的名言。

從歷史上看，這故事有好幾個重點。首先，春秋時期打仗不只要遵從「禮」，像是要先明白列陣，然後進攻前要先鳴鼓，還要等對方也鳴鼓才真正前進接戰，如果停戰也要「鳴金收兵」。而且打仗還是貴族的事，參與戰鬥的主要是「士」，所以在貴族教育中，「士」被要求學好「射」和「御」。庶民不會上戰場，他們沒有資格參與戰鬥。上戰場需要盔甲、武器、戰車、戰馬，都是要自己準備的。庶民哪有條件做得到？「士」以其封建中的身分與所得，齊整配備來盡到該承擔的責任。

其次，故事裡顯示了時代變化的跡象。戰爭愈來愈普遍，也就愈來愈朝貴族以外拓展。非

「肉食者」的曹劌都關心打仗的事，而他和「肉食者」最大的差別，在於他能提供而「肉食者鄙」不能提供的意見。說穿了，就是打破「禮」的慣例，藉由不照「禮」的行動來創造特殊機會。

第三，時局的變動也刺激了飽受壓力的國君。他們感受到應該要擴大求才、破格聽取意見，因為慣常接觸互動範圍裡的那些人，看法和意見已趕不上時代的變化。

而這三點，正是春秋朝向戰國最主要的變化方向。

07 「國」的擴張促成「疆域」的變化

「戰國七雄」是七個國，表現了這個時期以「國」為中心的特色。此時的「國」和春秋時期的「國」，即使是同樣名字的「國」，在根本性質上已經截然不同，甚至「國」的變化幅度決定了「國」的存續命運。

之前的封建制度，基本上是城與城之間的關係。諸侯建立了一座城，分封下去的卿或大夫另外建了屬於他們的城，而所謂「國」，就是國君的城和卿、大夫的城的加總，形成一個關聯網絡。這樣的「國」在春秋中期之後，逐漸朝「疆域國家」的新性質挪移。

「疆域國家」的特徵是清楚的國界，區隔開這邊一國、那邊是另一國。春秋時期，齊和魯打仗，爭奪某一座城，決定這座城屬於齊國或魯國，但這兩個國之間並沒有一條明確的界線。到了戰國時期，因為各國都長期持續擴張，促成了朝向「疆域國家」的變化。

而國的擴張又和兩項重要歷史因素有關。第一項是技術的突破進展，中國進入了真正的「鐵器時代」。不只鍛造出硬度高的鐵器，還降低了鑄鐵的門檻，得以用鐵造出更多器具。一部分的鐵器用在生產上，取代已經存在幾千年的石造農具，在很短時間內大幅提升農業生產效率。有了鐵器可以深耕，播下的種子發芽率高，吸收水分、養分更多，長得更快、更好。鐵器也能更有效地整地、除草，還連帶刺激了許多新技術的發明與改良。

生產提升接著就帶來人口增加的變化，多出來的人口可以投入在更多土地的開發耕作上。於是，許多原本空放的土地就轉化為農地，也就是本來城外不受重視的區域，變得愈來愈有價值、愈來愈重要，「國」的組構也就從原本以城為焦點的形式，轉而加入城與城間的農地，取得農地和取得城同等重要。

第二項關鍵因素是建立在人口增長的基礎上。多出來的人口除了投入生產，還可以用在軍事動員上。原本局限於由貴族武士參與的戰爭，因而有了決定性的變化。宋襄公相信、堅持的那種「禮」瓦解了，動員庶民有效地擴增了軍隊規模，再由國家提供更硬、更銳利的鐵製武器，如此組成的部隊在戰場上面對傳統貴族戰鬥力，必定大有勝算。一旦勝利，就能取得更多的土地、更多的城，招徠更多的人口組織規模更大的部隊。

鐵器改變了農業，也改變了戰爭，更進一步摧毀了原有封建制的基礎。春秋末年，各地有一波「開阡陌」的流行做法，意思是將原本區隔田地的「阡陌」予以剷除。「開阡陌」表示廢除原有的傳統地界，也表示在農業技術改良下，生產規模由小而大的變化。較大規模的農地可以運用像耦耕（兩人聯合推犁耕地）甚至牛耕，配合鐵製犁頭深度翻土。較大規模的農地也有助於人工灌溉溝渠的設計。

和「開阡陌」同時進行的是普遍開荒。原本的空間分配是「國人」住在城內，「野人」圍城而居，同時耕種圍著城、離城不遠的土地。農業規模擴大後，土地利用不再局限於城邊空間，城與城之間的荒地陸續被開墾出來，「國」的範圍不斷擴張，包括城與城之間的所有土地，形成了「疆域」概念。

08 封建邊陲的激烈變革，全民動員的戰爭

戰國時期沒有人口普查，不過從各種史料看得出來人口急遽增長。最明顯的例證是到了戰國

末年，戰爭規模驚人，紀錄上稱對陣的有幾十萬人，甚至連戰敗投降而被「坑殺」的都可以有幾十萬人。

史料上的數字容有誇大，但基本的事實確鑿，那就是有愈來愈多人被動員加入國與國之間的戰鬥行列。

這部分的變化有地理方位順序可循，即先從封建制的邊緣地帶開始，再逐漸衝擊改變封建制的核心地區。春秋末年，南方的楚國率先打破封建成規稱「王」，因為這裡本來就有自己不太一樣的文化傳統，雖然被編入周代封建秩序中，但其黏著度並不強。北方核心地帶有《詩經》，列入「王官學」貴族教育內容中，南方邊陲則有《楚辭》，從文字風格與表現精神，都能看出和《詩經》極為不同。另外，道家中的莊子、老子都來自南方，《論語》裡記載的多位「狂人」也都來自南方。

從政治延伸到軍事，楚國脫離了封建拘束，動員出比中原地帶龐大且強悍的部隊。然而很快地，軍事行動的重心不再是楚國對中心諸國的挑戰，而是比楚國更南方、更邊陲的吳、越兩國，起而挑戰楚國。

春秋末年，吳、越快速興起，吳王闔閭、夫差和越王勾踐彼此的爭鬥，成了這段時期最有名的歷史事件。南方三國楚、吳、越都擺脫舊的封建約束，直接訴諸新的動員武力較量，因而打得不可開交。

戰國中期另外的重大變化，發生在極西邊的秦國，那是商鞅變法。變法的重點之一是「王子犯法與庶民同罪」。[7]我們今天視「法律之前人人平等」為理所當然，但在封建制度下卻是相反的，「禮」規範差等，根本精神是不同身分的人有不同的行為標準，怎麼可能去除身分考量而整齊劃分？

商鞅開啟其端，展開了新的「法」的改革，基本方向都是和封建規矩背道而馳——「法」要擺脫人的差等獨立出來；「法」有明文不隨人而改變；「法」高於人的主觀意志，管轄普遍秩序；「法」要盡量適用於最多的人身上。

商鞅在秦孝公的支持下進行變法，但孝公一死，他就被秦的貴族構陷殺害。很明顯地，他的變法嚴重傷害了貴族的地位與利益，貴族恨之入骨；只是殺了商鞅，卻阻擋不住貴族勢力在新局面下的不斷削弱，以及貴族地位不斷被下拉的潮流趨向。

戰國時期，這些原本只發生在邊陲地帶的激烈做法席捲各地，成為主流。秦正式組成平民部隊，並且迅速證明了平民部隊的戰力遠超過其他各國。這個現象可以和西方羅馬歷史發展相比較。羅馬人發明了步兵方陣（phalanx），是能夠創造龐大帝國的關鍵因素。方陣的成立需要動員足夠多的人，還要施以嚴謹、嚴格的紀律。秦的新部隊在人數和紀律上都占有優勢，難怪可以所向無敵。

7　《史記·商君列傳》曾記載：「於是太子犯法。衛鞅曰：『法之不行，自上犯之。』將法太子。」

「戰國」之所以稱為「戰國」，不只因為這時代有很多戰爭，還因為戰爭在這段時期占據了歷史事件的中心位置，更因為戰爭不再是原來的樣貌，發生很大的變化。

09 墨之兼愛、楊之為我，和莊子的寓言美學

在這樣激烈的動盪局勢中，儒家提出的解決答案很明白，那就是想辦法回復從前平靜穩定的好日子。封建秩序動搖帶來種種困擾，表示封建秩序是好的、是不可或缺的，那就應該努力重建封建秩序。

這個態度有其合理性，也必然能吸引相當多人。每當對現實感到不滿時，人會很自然地美化過去的記憶，現代的人有這種傾向，古代的人也一樣。尤其是周代封建體制維持了幾百年，更增添了傳統性權威，讓儒家的號召更有力。

儒家由具備奇魅特質（charisma）的孔子所建立，聚集了一批人才，之後開枝散葉，分出八支，其中一支由孔子的孫子子思傳承，接著又傳到另一個具備奇魅特質、並擁有滔滔雄辯才能的孟子。儒家因而在戰國時期維持了中心大派的規模與影響。

儒家主張倒轉時間，重回封建制度的美好時代；而徹底站在對立面的，是認定封建制就是問題根源、挑戰封建原則、主張逆反封建原則才得解決的墨家。

進入戰國時期，除了反對封建貴族外，墨家的「兼愛非攻」主張展現了更大的現實吸引力。一時間出現了孟子所說「天下之言，不歸楊即歸墨」的現象，墨子和楊朱的學說大為流行。楊朱主張「拔一毛而利天下不為也」，看似和墨家立場相反，不過細究其論點，認為如果每個人都極端自私自愛，就絕對不會願意冒險上戰場，傷害自身生存的終極利益，如此戰爭就絕跡了。這其實和墨家同樣在尋求消弭戰爭的有效方式，難怪如此受歡迎。

不過無論是愛人如己或極端自愛的主張，都和現實狀態有很大的差距，設為理想很有吸引力，但要緩和問題、解決問題就派不上用場。於是到了戰國中期，另有莊子的思想出現。莊子思想有一部分是墨家立場的深入細膩修正。墨子反對封建身分層級，直接訴求人人平等；莊子進一步叩問：什麼是平等？如何實踐平等？他提升到另一個墨子到不了的層次——談「齊物」，先承認、肯定「物之不齊」，事物不只有多元樣貌，甚至有多元性質，那就不可能像墨子說的那樣，找到單一的標準形成平等。大鵬鳥要如何和小麻雀平等？有不同能力、不同個性的人又要如何平等？

因而平等（「齊」）必須建立在不同的原則上。那叫「物各付物」，讓每一種事物按照自身的性質存在，不用他物的、外在的標準強加於其上，這才是真平等。

從一個角度看，這整合了楊朱和墨子的看法，既是「為我」，又是「兼愛」。從依循己身的標準，主張不受外來其他力量干預、宰制，這是「為我」；從尊重所有其他事物的標準，予以如實接受，那又是「兼愛」。而且莊子將眼光收回到個人身上，他的理論不在於設定這個世界應該依照什麼樣的方式運作（並不存在這樣的統合方式），而是教導個人如何理解這個世界，從而採取一種豁達的態度來接納所有的多元現象、所有的變化。

堅持單一答案，堅持不變情勢，是最大的錯誤，也會帶來最大的痛苦。要擺脫痛苦，重點在於改換眼光看待世界，肯定多元、肯定變化，才能認識真實的世界。

莊子不只提出的主張很特別、很深刻，他呈現主張的方式也明顯與之前的儒家、墨家或楊朱很不一樣。他創造了寓言式的描述，帶著高度美學性來表達意見，具有不同的說服力，更有強烈的感染力，對後世產生更長久、更廣泛的影響。

10 理解名家，就理解《老子》的詭辯語法

莊子身處亂世，極可怕的亂世，但他找到一種終極的方式，不是在現實上離開這個世界，而是從道理上超脫這個世界。歷史學家錢穆先生曾經觀察論斷：《莊子》是一本「亂世之書」，

不只是這本書出於亂世，後來《莊子》受到重視、莊學流行時，在中國歷史上也幾乎都必然是亂世。

在諸子百家中，莊子屬於「道家」。不過都稱「道家」，不同時代有不同的重點內涵。西漢所流行的是「黃老」，到了漢末大亂，進入魏晉南北朝，流行的道家轉成「老莊」。

雖然都是道家，老子和莊子很不一樣。《老子》這部書又稱《道德經》，在歷史上有麻煩的年代認定問題，這究竟是什麼時代的書？反映了什麼時代的思想？傳統上將老子視為與孔子同時，甚至是比孔子稍早的人物，那麼《老子》就是春秋後期的書了。但有各種內在、外在的證據顯示，《老子》的內容、文法、用詞和春秋後期不相符，應該屬於更晚的時代。考古發掘中出現的「郭店楚簡」，讓我們得以訂出《老子》的年代下限，最有可能這是一本產生在戰國中期、反映那個時代狀況的書。

《老子》開頭第一章第一句是：「道可道，非常道；名可名，非常名。」就運用了中文文法的曖昧性，以「正言若反」的方式呈現。戰國之前的文獻從來不曾這樣使用中文。更重要的是，文中顯示對於文法、名詞的高度敏感，以及非慣性的使用，應該是「名家」發達流傳後才有的。

戰國時期出現的言論，被投射假托到比孔子時代更早的老聃身上，這種做法在當時非常普遍。在「崇古」的文化風氣下，將自己的意見妝點上更古老的外表，可以增添說服力。這是言論意見空間高度競爭下常有的情況。

「名家」的建立、發達，也是因應高度競爭態勢而來的。要讓人願意相信你的意見，甚至光是讓人願意聽你的意見，都得講究說話和論辯的方法。在《墨子》書中有一部分稱作「墨辯」，顯示墨家開始自覺地探索有效溝通、辯論的法則，進行開發和整理。

不過將「名家」和其他各家並列比較優缺點，無疑掩蔽了「名家」真正的特色。「名家」並沒有自己的一套主張，他們致力於提倡、改良的，是如何表現主張的方式。也就是說，他們所關懷的不在具體內容，而在如何打造更好的工具，並且評判各種言論風格的優劣好壞。

惠施是重要的「名家」，但我們實在無法明確指出他的任何特定看法或意見。關於惠施，讓人留下最深刻印象的是他和莊子間的互動。惠施去世了，莊子說了一個比喻：從前有位善用斧頭的人，能夠一斧頭揮過去，將一個人鼻頭上沾的一層薄薄的白漆刮掉。聽說了他的本事，國君將他找來，要他用斧頭表演給他瞧瞧。這位運斧匠人拒絕了，他的理由是，要呈現那樣的本事，需要那個特定的人，是和那個人有互信關係，但那人已經去世很久了。[8]

莊子是這樣看待他和惠施的辯論。也就是要有相等的技術功力，要能互相信任在一個極高的等級上，那種辯論才能進行，也才有意義。惠施死了，沒有這種對手兼夥伴，莊子的辯論也就無從施展。顯然，莊子也有莊子的辯術，參與了「名家」的發展與活動。「名家」開發的工具、技術，可以用在各種不同思想、立場的表達上，而事實是戰國諸子也都受到「名家」影響，大幅改良了說話與行文的方式，創造出輝煌的「雄辯時代」。

「名家」之成「家」，是有像惠施、公孫龍子這樣的人，他們將工具性的言談技術一方面予以極端化，提出了各種詭辯，例如「白馬非馬」等，讓人看得眼花撩亂；另一方面又將技術理論化，開發出一套接近西方邏輯學或集合學的系統。

「白馬非馬」詭論的基礎是集合，馬的集合不等於白馬的集合，馬的集合中有不是白馬的其他的馬，所以白馬不等於是馬。另外還有拿一根木頭每天切一半、永遠也切不盡的詭論，這觸及了無限的抽象概念。

《老子》的行文風格不只有「名家」式論辯的影子，甚至要在「名家」開發的非常識性、挑戰常識的論辯法相當成熟後，才有可能進一步形成。「道可道，非常道；名可名，非常名」用的就是一種邏輯詭辯的語法。

11 《老子》和《韓非子》的帝王術

將《老子》的時代放回戰國中期，還原其應對的持續戰亂環境，才能準確地掌握書中主張的

8 故事出自《莊子・雜篇・徐无鬼》，莊子最後說：「自夫子之死也，吾無以為質矣，吾無與言之矣。」

歷史內涵。關鍵重點是，後世往往誤會、看錯了的，是《老子》道理所針對的目標讀者。

當《老子》反覆陳述該模仿水的柔軟處下、想要取的應該先給、空比實更有價值等道理時，是說給誰聽的？給誰的建議？

仔細對讀上下文，特別是談到政治與戰爭的部分，看得出來《老子》的這些意見是針對君王說的，而不是對一般人。對君王說和對一般人說，意義很不一樣。《老子》的重點不只在解釋「道」，更強調如何運用對「道」的認識。莊子主張掌握了「道」，體會「物各付物」的平等，人得以擺脫外在、單一的標準拘執，改以相對的眼光看待世界，因此得到一份「逍遙」。但《老子》說的卻是要好好學習「道」，運用來更有效地取得並保有地位、權力。

教一般人「以退為進」，算計來處世是一回事；勸告國君「持盈保泰」，不過度炫耀濫用自己的權力，是另一回事。針對國君，《老子》特別提醒，「兵」（武力與戰爭）本質上是「凶」的，傳統上採取的是和死亡喪葬同樣的規則，因而實在沒有道理多動用。聯繫這樣的意見，《老子》給了國君相反的建議，懂得不打仗，懂得以「弱」而非以「強」來自處，從深奧的「道」的角度看，反而更有利、更有收穫。

《老子》的內容基本上是帝王術。歷史學家余英時先生在討論中國歷史上的「反智論」時，曾將三位帝王對於《老子》的注釋放在一起比較。帝王關注《老子》，閱讀《老子》特別有心得，就連出身卑微、沒受過太多教育的明太祖朱元璋，都留下了對《老子》的種種意見。在權力位置上的帝王當然能辨識出帝王術，也必然被帝王術知識所吸引。

彰顯《老子》和治術、帝王術密切相關性質的，另有《韓非子》中的〈解老〉、〈喻老〉兩篇。《韓非子》是法家的集大成著作，書中明確選擇了《老子》作為法家思想的理論根源。

戰國中期以降，「諸子百家」場域最突出的現象，就是法家的興起。法家成氣候，相較於其他各家要來得晚。

商鞅在秦推動變法，強調法的一致性權威凌駕於身分差異之上，也強調法出必行的硬性規範，衝擊了封建統治原則。這是先有了現實的做法，相對地假托以商鞅為作者的《商君書》是晚出的。沿著商鞅實際加強統治威權的設計，後來發展出法家中的「重法派」。要統治國家，不能再依賴人，而是要靠訂定法律，嚴格執行法律，讓國中所有人都服從法律，在法律的強制規範下只能有同樣的行為，這樣的國家最好治理，能夠創建出最整齊的秩序。

不過如果都依法統治，那君王要做什麼？君王就沒有權力角色了嗎？因應這個問題，法家展開了對於君王的新思考。最終律定的答案有二。第一是君王最大關鍵在於其威勢，高高在上的地位保障了法的權威。法來自於君王，君王和法所管轄的人民有著絕然的地位差距，如此保證人民不敢挑戰法，同時君王的威嚇可以更有效地讓人民服從。這是法家中「重勢派」的主張。

還有另一個答案，那是承認「徒法不能以自行」，法還是要由人來執行，統治仍要透過一定的權力組織。人與人在權力組織間必然會有爭鬥，追求得到更高的權力與地位，君王就要當這種統治組織最上層、最終的仲裁者與決策者。要有效地運用權力，君王必須學習一套「術」，最重要的是，絕不讓臣下可以倒過來掌控君王。因此君王必須「喜怒不形於色」，甚至刻意「喜怒無常」，免得別人找到了讓權力者高興或激怒權力者的方法，那就能藉由影響喜怒來實質上操縱君王的行動。這構成了法家中「重術派」的核心觀念。

環繞著君王的角色，在戰國後期掀起了熱鬧的討論。這反映了舊式封建領主的行為準則徹底失效，而總體的時代氣氛又渴望出現能統合局面、創造和平的領導者，因而積極摸索新典範。

新典範不可能憑空出現，還是要從舊模式中汲取經驗與靈感。法家最後興起，不只是充分吸收了過去實際的政治、法律等創新做法，還納入了儒、道、名等各家主張。韓非子有意識地承襲、轉化《老子》的內容，他的知識背景更透過從學荀子，也和儒家有直接連結。

荀子在儒家最特殊的主張是「法後王」。這主張的背後前提是肯定時代的變化，新的時代不能套用古老傳統來解決問題。雖然他仍然看重封建秩序，但他不認為依靠模仿、學習「先王」足以撥亂反正。這種現實主義態度，在戰國末年成了共識、主流。

法家最終完成了思想整合，找出君王的新定義，還有權力運作的新現實模式。法家理論大成於韓非子，但真正重要的不是理論，而是藉由將法家知識付諸實行，還推到極端，促成了秦統一六國，徹底終結封建制度，也促成了秦始皇在歷史上的崛起。

第二部

古代帝國

第一章

帝國成立的條件

01 歷史大哉問：秦何以快速滅亡？

地處邊陲的秦運用了最多戰國時期出現的新元素，包括普遍運用鐵器、發展農業、刺激人口增長、戰爭中動員平民……等，進行得最積極也最有效果。在秦王政，也就是後來的秦始皇登上王位之前，秦已經取得足以威嚇東方諸國的實力。

有秦崛起的特殊新局勢，才有了戰國末年風行一時的「縱橫家」。「縱橫家」是徹底的現實主義者，完全擺脫了所有封建制度的舊包袱，他們只面對、只討論最新的現實狀況，向各國君王提出最具體的外交因應辦法，並試圖說服君王相信他們有能力執行那些外交方案。

「縱橫」指的是「合縱」和「連橫」這兩種相反的外交策略。「合縱」是將秦以外的東方各國團結起來，一起抗秦。任何單一國家都無法匹敵秦，但如果各國能聯合起來，反過來變成秦絕對無從匹敵這聯盟，那麼所有國家就都安全，不受秦的威逼恐嚇。「連橫」剛好相反，認定對東方各國最有利的做法，是搶在別國之前和秦結盟，如此便不擔心被秦攻擊，還可以確保自身和秦相加的實力，一定高於任何其他國。

然而不管是「合縱」或「連橫」，對一項條件的評估是相同一致的，那就是秦的武力比其他各國強大，而且秦一定會使用強大武力進行擴張。這也就意味著，各國不管採信「合縱」或「連橫」的策略，都更改不了、逆轉不了秦強大且抱持侵略態度的事實。既然如此，「縱橫家」曇花一現，注定了下一步到來的應該就是諸國制度的消滅。

西元前二二一年，所有的國都被秦消滅了，一併徹底取消了存在幾百年的封建統治模式，取而代之的是帝國制。秦始皇是這帝國制的第一位統治者，他還為這新型態統治者訂定了「皇帝」這個名稱。在此之後，帝國的基本安排與「皇帝」的稱號，一直延續到一九一二年清朝最後一任皇帝遜位，長達超過兩千年的時間。

從此後綿延存在兩千年的角度看，帝國和皇帝制帶著超穩定的性質。但也因此對照出一項歷史的矛盾現象——最早建立帝國的秦朝卻一點都不穩定，自統一六國後只存在了十五年。為什麼會這樣？

秦何以快速滅亡？這是歷史上反覆拿出來追究的大問題，不折不扣的中國歷史大哉問，更在不同時代抱持不同態度來問這個問題。最早問、不能不問的，是取代秦朝建立漢朝的人。從漢高祖以下，他們親眼目睹秦始皇的不可一世，也親身經歷帝國的強大國力震撼。

挖掘始皇陵是現代考古的重大事件，然而最早兵馬俑出土時，很少人相信那是埋在驪山陵下的，因為地點離傳統認定的驪山陵所在太遠了。其實真正問題是，後來的人太低估了始皇陵的涵蓋範圍。還有，被項羽燒掉的始皇新建宮殿，歷史紀錄上寫的是「阿房宮」，其實宮殿因為規模宏偉而根本還未完工，並未正式命名，「阿房」是咸陽一帶的方言，意思很簡單，就是「那個」。因為建築實在太雄偉了，遠遠都能見到，還沒蓋好就進入當地人的日常語言中，大家經常會講到「那個宮殿」，才留下了「阿房宮」之名。

秦始皇所表現的、當代人所感受的，都是超越既有規模的誇張震撼。能夠如此表現的新帝國，創造了封建以外的新形式來統轄那麼廣大的國土，由中央輻射管理所有的郡縣，一切朝中央集中，聚攏了前所未有的權力與資源，怎麼會那麼快、在那麼戲劇性的激烈變化中就傾倒了呢？

這是縈繞在漢初人們心中揮之不去的大問題。司馬遷在《史記》中特別設了〈陳涉世家〉一篇，到後來固定的歷史印象也就是：秦的滅亡始自陳勝、吳廣的「揭竿而起」。凸顯的重點是他們甚至連像樣的武器都沒有，他們並未具備像樣的社會地位與資產基礎，和龐大集中的秦形成了最強烈對比，竟然是如同螞蟻般渺小的他們，發動了扳倒大象的力量。

司馬遷在《史記》中另外完整抄錄了賈誼的〈過秦論〉，作為對這迷惑漢代人「大哉問」最有道理的回答。〈過秦論〉是重要文章，也是好文章，不過「秦何以速亡」？在此之後仍然維持是中國歷史上不能不面對、不能不被解答的問題。

02 從始皇陵、築馳道看秦的驚人動員力

前面提到了始皇陵，也就是驪山陵，現在是一座遠近馳名的考古博物館，保存了考古挖掘原貌，讓大家能看到栩栩如生的兵馬俑所組成的龐大部隊。《史記》上記載，為了蓋驪山陵要發動七十萬刑徒，投入巨大的人力。

始皇陵的現代考古開始於一九七四年，在西楊村發現了兵馬俑。依照傳統古地理學知識，西楊村距離驪山陵所在處有一點五公里。配合古地理學的考據，當地人長期習慣將附近的一座山丘視為驪山陵，從西楊村到那山丘顯然還有一定的路途，所以最早出土的兵馬俑並未與始皇陵、秦代歷史有所聯想。

但因為出土文物的特殊性，不只動員了陝西省考古隊，甚至引來國家考古隊的重視。一九七五年間，陝西考古隊在那附近挖了許多不同探坑，因為持續有文物出土，探坑分布面積不斷擴展，到後來估計遺址的可能規模有兩百三十公尺乘六十二公尺。這已經是非常驚人的大遺址，超過陝西考古隊的挖掘能量，所以往上報到國家層級的單位。

國家考古隊以更精良的器具與技術，投入更多的人力資源，進行了好幾處的挖掘。在原來的一號坑之外，又挖了面積為一百二十四公尺乘九十八公尺的二號坑，再到三號坑、四號坑……

一邊挖一邊檢討，得到了一項驚人的新知。並不是傳統古地理學對始皇陵的方位考據有錯，錯的是一直以來對驪山陵範圍的認知，沒有人知道、甚至沒有人能想像，始皇陵涵蓋的範圍竟然到達西楊村。事實上，經過初步探勘發現，驪山陵的面積超過了五十平方公里！

也就是說，大家現在到陝西參觀秦始皇兵馬俑博物館能看到的，只是始皇陵很小的一塊區域，就連考古挖掘已經挖開的，也只占整個始皇陵很小的一部分。大部分的驪山陵，尤其是最中心埋藏秦始皇棺木的位置，還埋在很深的泥土底下。什麼時候會挖出來呢？不知道，因為現在並沒有進行挖掘的計畫。

不是不挖、不想挖，是不能挖。在挖掘二號坑時曾出現戲劇性的場面，讓在場的人都大受震撼。二號坑出土了表面還留有彩繪的陶俑，然而一挖出來，和空氣接觸後，短短一兩分鐘內彩繪就氧化了，在所有人眼前消失，完全來不及搶救。

不能挖，是因為以現在的技術水準，無法保證挖掘過程對保存了兩千年的文物是否會造成什麼傷害，更無法保證讓文物出土可以保持良好狀況，甚至潛藏水銀毒氣的開挖風險。因此，在有充分技術突破與準備前，就不要去改變時間形成的自然保護吧！

當現代考古確認了驪山陵的量體，看來《史記》所說動員刑徒七十萬的數字應該不誇張。沒有那麼龐大的人力，是無法在那麼短的時間內完成這座陵寢。以此為準，再看一下和驪山陵約莫同時進行的工程，還有建阿房宮、修長城、築馳道等好幾項。

秦一統後，推動的重要政策包括了「書同文，車同軌」。需要「車同軌」的背景是那個時代大多為泥土路，除了晴時塵土飛揚、雨時泥濘不堪外，其實還有一種晴雨之間的大困擾。雨天時車輪陷入泥濘，留下很深的轍印，等到晴時一曬乾硬了，道路就被車轍弄得高高低低，後面車子的車輪很難在如此崎嶇的道路上滾動，造成交通上很大的困擾。解決的方式是強制規定車輪間的寬度，讓所有車子在路上刻留出的痕跡都是等寬的，那麼後面的車只要沿著既有的車轍，讓車輪進入固定的凹槽中，便能順著凹槽滾動向前。

秦所造的馳道，和「車同軌」政策是相配合的。馳道很直、很長，目的在有效縮短帝國各地間的交通時間，皇帝、官員、軍隊可以迅速到達各地。要讓車輛在馳道上跑得快，道路要直、要寬外，還要鋪上硬石以避免泥路的不方便，更進一步還要在石上先刻出等於車輪距離的淺凹槽，讓車輛直行時就像走在軌道上。

每一寸路都要處理，得費多大工夫去打去造啊！而所有的工夫，都來自人力，都來自動員。

03 舉國皆刑徒，和秦始皇的狂妄想像

秦的立國基礎來自法家思想，以「嚴刑峻罰」為統治的基本風格。法家當道，秦立了許多法

令，又以極為嚴酷的方式執行法令。造成的結果就是人民動輒犯法，犯了法很難不被抓到，抓到了就處以重刑。重刑最普遍、最常見的形式是強迫勞動，也就是成為「刑徒」。

秦積極立法，卻不可能同樣積極教導人民知法，尤其對於在東方新征服納入統治的人民來說，他們何從了解秦法？而在郡縣制中，各地的官員都是從咸陽朝廷派來的，他們負有執行秦法的任務，對秦法的認同高過對東方之地。於是不知法的人民紛紛落入法網，執法者對他們沒有同情，高效地將他們從平民轉為刑徒。

法家治國強度持續提高，國內的刑徒人數就持續增加，終至「舉國皆刑徒」的程度。刑徒必須接受強迫勞動的懲罰，等於是國家的免費勞動力。有多少刑徒，就必須找多少勞動工作給他們做；反過來，有愈多的工程需要勞動力，從執法下手去創造免費勞動力的動機就愈高。法愈訂愈嚴、愈抓愈緊，愈多人犯法被抓，國家就擁有愈多集體勞動力，可以推行愈大規模的工程。

這樣的條件又遇上秦始皇的極端個性，他要追求空前的功績。從《史記．秦始皇本紀》描述他決定新封號的經過就看得出來。大臣的思考邏輯是從過去前例中尋找最高等級的稱號，但當時還是秦王的嬴政，其邏輯卻是要採用一個歷史上沒出現過、沒人用過的稱號。所以將至高的「皇」和至高的「帝」疊合在一起，有了空前的「皇帝」。

在「皇帝」尊號之上，又加上「始」，也就是第一。他就是空前的第一位皇帝，往後其他皇帝只要照先後順序排列就好，如二世皇帝、三世皇帝、四世皇帝……一路往下排。這個做法有三種用意。首先強調自己是開創者，在他的主觀意念中，他不只建立了新王朝，更重要的是，他創造了前所未有的新天新地，人類經驗在此隔開來，之前和之後絕然不同，他就是那條隔絕線。

第二是預示秦朝會長長久久，皇帝位子一直傳下去沒有意外。戰國時對於「數」的認識加入了「無限」的概念，數的增加排列沒有終點。

第三種用意是表示堅決反對封建制度中的「謚法」，每一位國君會得到一個載入正式紀錄的名字，像是齊桓公、晉文公、宋襄公等，但其實他們在世時從不知道自己叫桓、文、襄，那是他們死後由後人衡量他們的功過成敗傾向，所給予的「謚號」。

秦始皇徹底反對謚號，他無法想像、更無法接受由後世的人來評斷他，他不知道、也掌控不了別人給他的毀或譽。事實上，他受不了任何人以任何方式給他負面批評。他對儒家的高度反感，部分來自儒家的強烈歷史態度，認定最美好、最理想的時代出現在久遠之前，並以那想像的「黃金時代」聖王統治為標準，恣意批評現實君王與現實政治。秦始皇既不能忍受有比他更高的權威，也不能忍受被放置在這些古代聖王後面，他追求並認定自己已經成就的是空前的事業，超絕所有過去的人與事。

在一個意義上，秦始皇所完成的確實是空前的。他將封建制度送進了歷史的墳墓，他新創了取代封建的帝國體系。周代重視歷史，而他們所認識的歷史都是封建價值觀中認定的，以那樣的歷史來評價、規範秦始皇，確實有其扞格不入之處。

「焚書坑儒」最主要的目的是禁絕「以古論今」，摧毀這些儒生主張高於現實、也就是高於皇帝的權威根據，徹底消滅來自「王官學」與儒家的這種歷史觀念。

在秦始皇的統治下，法家式治理製造出眾多刑徒，助長了他的狂妄想像。作為類似開天闢地第一人的自我認知角色，他推動各種之前不存在、之前無法想像的大工程，將所有刑徒都派上用場，甚至還感到短缺，加強責成各地要更有效、更確實地動員送來更多刑徒。

04 秦帝國瓦解後的楚漢局面

如此急速、高強度、大範圍的動員，讓當時的社會支應不了。

前面提過，戰國時期產生了人口增長，但大量男丁在如此短時間內都成了刑徒，也就是被迫從生產系統上抽離開，農業部門一定還是會出現人力短缺的問題。人力不足立即引發荒歉，連續兩三年收成不好，人們吃不飽，也付不出朝廷要求的稅賦，此時地方上還被逼壓要將更多刑徒送到遠方去，或承擔許多刑徒押解過境的騷擾，雪上加霜，帝國秩序不得不從底層開始動搖。

從陳勝、吳廣到劉邦，他們之所以發起反叛或加入反叛，都和遣送刑徒有關。劉邦負責帶領刑徒前往關中，途中有部分刑徒逃了。依照秦法，押送刑徒卻沒有如期如數送到，負責的人要受嚴重處罰。劉邦索性將剩下的刑徒都放走，自己也準備逃亡去。那些刑徒覺得他有義氣又有豪氣，自願跟著他，於是他從逃亡者一轉而成為小股反叛勢力的領導者。

劉邦的經歷在那個時期很有代表性，到處都在發生類似的人口變動、流離事件，也到處製造了被逼得鋌而走險的群眾。咸陽朝廷看到的是源源不斷有更多刑徒送過來，參與不斷擴張規模的工程，卻看不到、意識不到這動員系統背後的社會已經無法支撐。人口增加速度趕不上動員擴張速度，造成了從根柢上同時破壞生產機制與社會結構的嚴重後果。

陳勝、吳廣「揭竿而起」後，出現了延續長達六年的戰亂時期，一度形成「楚漢相爭」的局面，最終劉邦領導的「漢」擊敗了項羽領導的「楚」，建立了漢朝。「楚漢相爭」可說是中國傳統上最為人熟知的歷史，因為被司馬遷精彩又活靈活現地記錄在《史記》裡。

《史記》中呈現的楚漢相爭，是一場性格對決。雙方陣營的領袖有著絕然不同的性格，項羽豪氣、衝動、善戰，劉邦則巧詐、謹慎、善於用人。更進一步，劉邦善於用人的特色，顯現在「漢」營中出了許多具備多元長處的異質人物，如此組構出錯綜複雜、充滿懸疑的情節和事件。

從較廣、較遠的眼光來看，楚漢相爭最重要的勝負關鍵點，以及對後世歷史影響最大的，應該是項羽在權力最高峰時所做的決定。雖然劉邦先率軍進入關中、打進咸陽，然而真正取代秦勢力、有足以號令各方勢力威望的，則是項羽。項羽的部隊被劉邦的守軍擋住了，項羽一怒就發生了「鴻門宴」，劉邦不敢不赴宴，還差點在宴會中喪命。

但項羽作為大亂中的勝利者，卻缺乏未來感，沒有意識到自己究竟面對什麼樣的時代，更不明白剛剛覆滅的秦帝國究竟是怎麼一回事。項羽頭腦簡單，他想的是既然推翻了秦帝國，就恢復秦統一六國之前的狀態吧！他封自己為「西楚霸王」，然後大封友軍將領、功臣、六國之後，乃至於降將，反映出他的心態未脫出原來的封建架構。他用「霸王」來定位自己，重建封建制度後，退居回故鄉當一方之霸。

他沒有意識到天下變了、人心變了，大家的共識已經是封建即亂源，封建意謂著戰爭。誰能接受大亂之後換來的，是早已失去合法性的封建重來？

劉邦取得了最終勝利，他至少知道時代不可能倒退。秦帝國十五年而亡，看起來不是最好的未來制度，但無論如何絕對不能、不應該再走封建回頭路。所以漢朝建立後，在周遭策士們的共同智慧設計下，採取了折衷混合辦法，那就是「郡國並行制」。一部分的疆土封給功臣和子弟，但保留最大一塊、最靠近都城、也擁有最多資源的部分，由皇帝領導的朝廷直接管轄，承襲套用秦代的「郡縣制」行政體系。

05 聚集中央、條件未達的早熟帝國

秦代最大的變化，也是帝國體制的核心，就是「廢封建，改郡縣」。縣是最底層的行政單

位，郡在縣上面，若干個縣隸屬於郡，形成了二級結構。

「縣」的起源可從此字的原意「懸」來了解。原本的封建制度層層分封，但出現了新的城或新的地區，不管是什麼來歷，因為距離較遠，難以納入分封體系中，像是一塊孤懸在外的領土，必須採取非典型的臨時治理方式，所以叫「縣」。後來發展成靠武力吞滅鄰國新併入的地方，為了建立穩固可靠的統治，就不分封出去，而由諸侯國君直接管理。

而「郡」原本是軍事臨時單位，因應軍事需要，進行軍事管理，同時因為軍隊是國君派去的，管理權當然隸屬於國君，跳過了當地的大夫。

郡、縣都是從暫時性的安排逐漸取得愈來愈高的重要性，也在各國統治上變得愈來愈普遍。到了秦始皇主政，他乾脆讓郡縣全面取代封建，也就是所有的疆域都由國君直接控制管理。

封建強調「禮」，因為其原則是由一層一層身分疊起來的；變成帝國，改為權力都由中央輻射出去，相對地人才與資源都由周邊向中央聚集。中央和地方之間拉出一條條的線，粗一點的從朝廷連到郡，細一點的從郡連到縣，所有的線頭都結在中央朝廷。

這項新制度從僻處西疆的秦推到原本的六國領域，立即創造了明顯的效果，讓東方的資源都向新朝廷集中。《史記・秦始皇本紀》中生動地描述秦始皇「收天下兵」，連各地的兵器都被沒收送到咸陽，一起鎔化後鑄成十二座「金人」。另外，各地富豪也被迫離開原居地，集中遷徙到關中。

西元前第三世紀末，在中國就出現了如此龐大、如此集中的政治體，是個「早熟的帝國」。

稱之為「早熟」，並不是因為相信一套必然的政制發展進化論，應該按照什麼順序，演化出什麼樣的政體，而是簡單著眼於要用中央集權方式統治那麼廣闊的區域，所需要的很多技術與配備，顯然在秦、漢時期並不存在。這個帝國是在缺乏某些必備條件的情況下形成、運作的。

例如帝國內部訊息傳遞技術。當發生了像是皇帝去世、至高權力轉換的大事，儘管有馳道等交通設施，消息通達到遠方郡守、縣令處，都需要很長的時間。更嚴重的是，從郡守、縣令官衙到一般村莊聚落，幾乎沒有固定的消息傳播管道，消息能不能傳到、要費多少時間傳到，帶有高度偶然性。從訊息傳播上看，並不存在一個涵蓋整個帝國的網絡，帝國幅員和訊息技術之間顯然有很大落差。從咸陽發送出來的皇帝詔令，要及時、有效地送到帝國廣遠地區並確實執行，是很難在這樣的現實條件下達成。

秦的快速滅亡，漢成立之後小心翼翼地進行調整，都和「早熟」的情況有關。秦朝那種朝廷大有作為、不斷立新法或改舊法、持續對地方進行積極管理的模式，在「早熟」不完善的情況中是無法支撐的。漢朝雖然繼承了這套帝國新制，卻進行了重大調節，改「郡國並行」以縮小郡縣制管理範圍是一項，將政治風格改為「與民休息」的被動消極是另外一項。

第二章

皇帝權威的確立與擴張

01 定朝儀：重造皇帝政權合法性

經歷了「楚漢相爭」，劉邦和他身邊的人建立了新王朝，但這個新王朝最大的特色，卻是記取了舊時代的種種教訓。他們仍然困惑於如此壯觀浩大的秦朝倏忽滅亡，也仍然驚疑曾經看起來比自己強盛許多的項羽勢力終究落敗。因而有新朝卻未有明確的新氣象，這個王朝真的不清楚自己的未來在哪裡，該往哪個方向走。

他們選擇在前人的錯誤中摸索調整。項羽的錯誤是大肆分封，徹底推翻帝國，而漢朝調整的策略就是改為雙軌，有一部分的封建和一部分的郡縣。秦的錯誤是過度役使民力，那麼漢朝調整的策略就是盡量讓人民生活回返平靜正常。

不過這兩項調整策略有著不同的過程，造成了時間差與不同結果。秦建立到秦末大亂產生了一種集體心理，可以用劉邦、項羽當年乍見秦始皇行列的反應來說明。劉邦認為「大丈夫當如此也」，項羽則忍不住說出「彼可取而代也」，雖然表達方式不一樣，背後卻是同樣的心態。封建制的身分約束完全鬆脫了，不只是平民與貴族的界線泯除了，更進一步地，誰能或誰該處於什麼地位、擁有多大權力，也就沒有不變的規定了。有野心的人，不管現實處境是項羽那樣的失勢楚國舊貴族，或是劉邦那樣的偏遠沛縣混混，都可以想像自己得到最高地位，握有最大權力。

再經過秦末大亂、楚漢相爭，這種情況只會變得更嚴重。劉邦成為皇帝，當然更多人抱持著「彼可取而代也」的看法、甚至實力吧！對於其中一部分的人，尤其是手中握有軍事力量者，像是韓信、英布、彭越等，劉邦不得不和他們共享新打下的帝國，也就是劃出部分領土分封給他們，獎賞並安撫他們。

關鍵在於要重造皇帝政權的合法性，形成只能由這個人當皇帝的心理效果。眼光準確的司馬遷在《史記》裡，為我們記載了這過程中的關鍵事件。其中一件是叔孫通「定朝儀」，規定了上朝的程序，還有每個人該站哪裡、該如何行為，然後將新朝大臣找來演練。其實，原本連劉邦本人都不覺得這有什麼重要，但在目睹、親歷了演練後的朝儀表現，他忍不住流露出真實感受：「吾乃今日知為皇帝之貴也。」（哇，現在我才感受到當皇帝原來是這種了不起的滋味！）

回頭對照《史記》對「鴻門宴」的描述，樊噲突然闖入帳內，大眼狠狠瞪著項羽，然後手執生肉，直接放在盾牌上，用手上的劍切來大口大口吃，項羽深受感動，稱為「壯士」。這些都是跟劉邦打天下的人，很多來自社會底層，在戰鬥中生活，在生活中戰鬥。現在他們轉化為朝上循規蹈矩、依照「朝儀」行動和說話的大臣，表現出對劉邦的高度尊敬，這是多大的變化！

朝儀的作用在於徹底區隔君與臣，顯現兩者間的地位差距，而且要拉開的距離愈大愈好，如此來保障皇帝的獨特性、唯一性。

02 與民休息：黃老的無為而治

建立皇帝的絕對地位不能只靠朝儀，文的一面之外，更艱難的是武的考驗。劉邦在位的七年間，不得不繼續進行了一次又一次的戰鬥，對象就是那些抱持野心又有實力的人，也就是當年跟他一起打天下的功臣，或是在楚漢相爭中帶著軍隊靠過來和他聯盟的人。新朝建立後，他將這些人封為王、侯，但他們沒有理由就安於當王當侯，而不伺機挑戰劉邦的皇帝地位。

因而實際的結果，等於是將本來封出去的國逐一收回。在經過了劉邦崩逝、呂后掌政一朝的動亂後，朝臣間形成了「非劉氏而王，天下共擊之」的共識。也就是明白劃分出基本條件——這是劉家天下，有人不接受這個前提就必然引發動亂，而要停止動亂，就需要以集體的力量嚴格衛護這個原則，斷絕其他人的野心，斷絕亂源。

「郡國並行制」在此出現了大轉型，封國仍在，但只限劉姓宗親子弟能夠得到分封。郡縣部分由皇帝統治，封國部分的最高管理者也都是姓劉的，如此貫徹了「劉氏天下」的原則，奠定了皇權獨特性、不讓他人覬覦的基礎。在這樣的安排下，到了文帝時，總算真正能夠偃兵息甲了，於是第二項策略才能上場實行。

那就是「與民休息」，將帝國的統治準則從原本法家的積極強勢介入，一轉而為相反方向的

「黃老」消極被動，「無為而治」。

如果不是發生了呂后朝的動亂，文帝不會有機會當上皇帝。他當時是「代王」，被封到很偏遠、與漢朝大敵匈奴接壤的地方，在高祖眾兒子中得到的待遇相對最差，他沒有野心、也沒有準備有一天要當皇帝。

較年長時才從代地進入長安當上了皇帝，漢文帝徹底逆反秦代的模式，能不作為就不作為，等於是皇帝帶頭躺平，朝廷不指使、不干預，讓人民依照自身利益考量去做事。

皇帝、朝廷不作為，並不表示這段時期什麼都沒發生。此時有了集體思想、價值上的重大改變——「黃老道家」興起。前面提過，如果認清其對國君發言提建議的性質，《老子》有其仁慈帝王術的一面，利用「道」的辯證反覆勸誘統治者，運用權力最好的方式就是不明顯使用，保存權力最好的方式就是不顯示權力，讓人家感受不到你的權力。

戰國的國君總想追求更大的權力、更有作為，覺得如果在獲取權力和運用權力上稍有鬆懈，就會落於人後，就會陷入失去權力與地位的危險。但老子說，認清楚，愈往前衝、愈有攻擊性、欲望愈深要得愈多，就會失敗得愈快；反過來才是對的，安靜下來，被動低伏，才能持盈保泰。而這樣的辯證論理方式，經過了「名家」的推衍琢磨，顯得格外有說服力。

在中國歷史上，《老子》的理論真正發揮最大作用，就是在漢文帝時。漢文帝是真正的「老子道家」。他不輕易動用自己其實沒有那麼穩固的權力，盡量與民休息，得以維護好自己的地位，還同時穩定了漢朝。這樣的價值觀、政治意識形態，在漢文帝去世後，又由他的妻子竇皇后堅持保守，延續主宰了下一代漢景帝的政治風格。

竇皇后的角色，甚至貫穿了漢景帝朝，再延續到孫子輩的漢武帝即位後。那時候她已經成了竇太皇太后，仍然不懈地看管、防阻朝廷上違反「無為而治」的主張和做法。

03 封建的迴光返照：七國之亂與《淮南子》

即使在「無為而治」的指導原則下，文帝、景帝統治期間，封國的地位與角色仍然發生了變化。漢朝成立之初由功臣武將統領的強大封國，於高祖在位期間基本上都除滅了，文帝即位時已經沒有「異姓王」，只剩下劉氏宗親子弟才有封國。但從文帝到景帝朝，原本從高祖劉邦那裡傳下來的親族，隨著時間必然變得愈來愈疏遠，不只是對朝廷能有的影響力持續下降，還被朝廷有意識地不斷削減其國力。

賈誼在司馬遷筆下成為漢初最重要的政治思想家，除了他準確「過秦」（分析秦所犯的主要過錯）之外，還有他提出了解決封國可能對朝廷威脅的方案，就是「眾建諸侯而少其力」。封國已經封出去了，每次要收回權力都大動干戈，讓朝廷大傷元氣。但如果放任封國坐大，又對朝廷不利，該怎麼辦？賈誼的方案是逆向思考，不減少封國，反而增加封國數量，但不增加給予封國的總權力、總資源，那麼每個封國能擁有的平均權力與資源就會相對減少。

如何達成這樣的效果？就是利用封國國君去世的機會，將其國平分給他所有的兒子。假若他有三個兒子，他死了之後，一國就增加成三國，但每個國的面積則減為三分之一。國的數量增加，但每個國的實力和朝廷間的差距愈拉愈大，朝廷要對付任何一個國也就愈來愈容易。

小心謹慎的漢文帝並未真正推動這個辦法，但到了景帝時，封國也在世代交替，於是有機會能「眾建諸侯而少其力」。不過經過這麼些年，賈誼的主張從為朝廷謀畫的陰謀，逐漸成為連諸侯封國也有所聞的「陽謀」，於是當朝廷開始將舊封國分割時，諸王間就產生了危機感。

為了阻止自身的實力不斷被分割減少，諸王聯合起來向朝廷進行實力示威，出現了景帝時的「七國之亂」。在衝突中，諸王聯軍開頭贏了面子，逼皇帝殺了晁錯，但接著由周亞夫帶兵替朝廷贏回了裡子。事實證明，諸王國的實力即使聯合起來，也無法抗衡朝廷，結果反而造成這些封國勢力進一步被取消了。

「郡國並行制」等於是封建與帝國間的延長賽，經過了半個世紀，有更清楚的動向，時代潮流還是朝向帝國那邊，「七國之亂」和淮南王劉安就成了封建制度與封建觀念的最後迴光返照。

淮南王劉安留下了一本龐大著作《淮南子》，從任何角度看都閃現著舊時代的回憶。從孔子、老子、孟子、荀子一直到韓非子，「子學」是春秋戰國最突出的現象，《淮南子》顯然是這個傳統中最晚出現的一個。不過《淮南子》並非個人著作，其性質更像戰國將結束時所出現的

《呂氏春秋》，是集體創作，而書名上顯示的人，是有條件、有本事可以聚攏一群門客的大權貴、大諸侯。

劉安確實和呂不韋一樣，召來了一大群門客在他身邊；他也確實和呂不韋一樣，想要編一本帶有統合性質的大書，找到一個系統將各種知識都放進去。只不過，呂不韋採取的是當時流行的陰陽五行觀當作架構，劉安及其門客則順應漢初的主流意識形態，以「黃老」思想為信念。

呂不韋已經是「養士」風氣的最後代表，劉安卻將這屬於封建時代的「養士」做法延續到漢朝，這個時候的帝國已經逐漸收拾現實政治的封建殘餘勢力，接著到了武帝朝，更進一步連思想、觀念層面也要予以整頓。

於是劉安的做法，就和武帝朝的帝國全面勝利抵觸了。他成了犧牲品，在他被整肅之後，封國就連象徵性的地位與活動空間也都完結消失。

武帝朝之後，管理封國有一種常見的方式，稱為「就國」，意思是「前往受封之國所在處」。這反映了一般正常狀況下，領受封王地位的宗親貴冑其實都還留在長安。「就國」是要你去自己的封地，這反而是一種懲罰。因為這種分封的諸侯沒有任何實權可統治封國，那裡的管理方式和帝國內任何區域沒有兩樣，都徹底聽命於朝廷。所以「就國」相當於流放到外地，失去了在長安可以擁有的種種富貴享受。

至此，「郡國並行制」只是虛文，有了更多時間過渡轉化，漢朝於是轉出了更穩固的帝國郡縣制。

04 獨尊儒術：掛上儒家招牌的陰陽思想

在這段逐漸轉化的時間中，藉著與民休息，朝廷不動員又減少開銷，於是生產恢復、人口增加，幾十年下來累積了相當的公私財富。

文帝、景帝是省儉儲蓄的皇帝，造就了武帝可以揮霍的歷史條件。《史記》中提到經濟相關事務，經常出現「漢興六十年」或「漢興七十年」的表述，那是司馬遷對漢朝發展的重要斷代觀念，也是他對自己所處時代的重要看法。這個時候的漢朝變得和以前不一樣了，從戰亂製造的貧困匱乏，變成了和平帶來的豐饒富足情況。

此時接替景帝即位的，是帶有擴張個性、雄才大略型的劉徹。往後的歷史習慣並稱「秦皇漢武」，點出了漢武帝所具備的野心和秦始皇同等級的事實。「雄才大略」這個形容詞最常用在對開國君王的描述，然而在漢朝皇帝中，確確實實只有漢武帝最符合「雄才大略」的形容。

漢武帝當然不是漢朝的開創者，不過換另一個角度看，卻也是到了漢武帝這一朝，清晰明確的漢朝個性才從原本猶疑不自信的情況中跳出來。直到漢武帝，這個朝代才擺脫了秦滅亡帶來的陰影，大方大步地走上高度中央集權的帝國之路。

劉徹在位時間很長，讓他得以熬過祖母竇太皇太后的看管。在祖母去世後，他展開對於朝廷的大扭轉、大改變，從「無為」而「大有為」。

武帝一朝影響深遠的一項改造，是「罷黜百家，獨尊儒術」，放棄原先「黃老道家」的指導原則，轉而尊崇儒家價值觀念。這件事放在現代討論中國文化，尤其放入中西歷史比較的框架中討論時，經常被突出強調。要批判中國文化，顯示落後西方的現象時，常見的論點是：漢武帝獨尊儒家敗壞了中國此後的政治。儒家是獨裁帝制的基礎，因而也是中國歷史發展上的最大罪人，連帶地，要救中國就先要「打倒孔家店」。

這樣的看法充滿了簡化的激情，經不起史料的檢驗。首先，漢武帝所尊崇的「儒術」，和孔子繼承「王官學」經過轉化建立的原始儒家完全不一樣。漢朝帝國所運用的「儒術」，從原始諸子學傳統來看，根本是大雜燴，混入了許多不同內容，卻掛著「儒家」的招牌。

武帝朝取代「黃老道家」的政治指導原則，核心的觀念是「天人感應」，這不是儒家，而是從陰陽家來的。陰陽家在戰國時期極為發達，但因為缺乏檯面上的知名代表人物，勉強留下名字的只有鄒衍，又沒有明確的代表著作，以至於很容易被忽略。但其實陰陽家的重點是一套解釋世界的信仰，滲透進生活層次，造就更大的影響，甚至因為沒有清楚的家派界線，到戰國末年反而得以進入每個家派思想中，形成了隱性的共同理論基礎。也就是說，陰陽信念成為戰國時期人們生活現實中無所不在的根本模式。

雖然沒有掛上陰陽家的招牌，然而《呂氏春秋》就是由陰陽五行觀念貫串組合起來的；後世被奉為儒家經典、但實際晚出的如《禮記・月令》，見證了陰陽觀念對儒家的滲透；司馬談綜論諸子學的〈論六家要旨〉，也將陰陽家列入最主要的六家之中。

05 天人感應、儒法並重的雙面性

「陰陽家」是總稱，其內容至少包括一種以「陰陽」二元互動看待世界的模式，以及另一種以「金木水火土」五種基本元素來解析世界的「五行」模式。「五行」的名稱，顯示了那不只是用五種元素來劃分，還強調其間的交互作用動態狀況。而不論是「陰陽」或「五行」，共同的特徵都是既運用於對自然現象的分析，也運用於人事上的解釋，進而將自然與人事密切連結在一起。

從自然與人事的連結生出了「天人感應」的觀念，到了漢朝，又進一步將「天人感應」建立為皇帝（天子）最主要、也最堅實的統治合法性來源。周朝最高統治者稱「天子」，來自周人的「天命」信仰；到了漢武帝時期，「天子」這個詞再度流行，皇帝就是「漢家天子」，不過其背後的信仰根據卻不一樣了。

皇帝是人與天，也就是人事與自然間的交界連結，他的身分是由上天超越力量所賦予、所保證的。這個身分的特殊性，甚至是唯一性，表現在上天（自然）會「感應」他的作為——他做對了，自然就有順暢的秩序；他做了不當的行為，則將刺激自然連帶出現失常狀況。以「天人感應」的信念，鋪墊了皇權的非人間高度，也顯示了只有皇帝能承擔這份責任的獨特地位。

不過，「感應」的方式也可以反過來看。如果風調雨順，表示有好皇帝，皇帝作為正確；如果突然颳大風、下暴雨，或自然間出現任何與季節不符合的現象，例如夏天不熱、冬天不冷，那也就指向了皇帝有不當的行為。表面上將皇帝抬到「天」的領域，實質上則將「天」壓在皇帝之上，皇帝的權力、地位不是絕對的，有「天」可以放送訊息警告、乃至譴責皇帝。

武帝朝在董仲舒手中完成了「天人感應」在政治上的雙面角色。皇帝的地位不容任何其他人挑戰，但另一方面，大家卻都能藉由觀察自然，尤其是凸顯不正常的自然現象來監督、責求皇帝。這部分解釋了為什麼漢武帝朝的宰相很難當，不只更替頻仍，而且很大比例死於職位。簡單說，宰相是皇帝的替罪羔羊，自然放送訊息表示政治有問題，理論上皇帝該負責、該受懲罰，但現實上誰都無法將皇帝論罪，因而罪就放到了宰相身上。

漢武帝時用朝廷的力量提倡「儒術」，然而這時候流行的是「今文經學」，這派學問中最醒目的現象，是在「經」之外，增添了輔助「經」、補充「經」的「緯書」。「緯書」是什麼？我們可以透過當時流行的名詞「讖緯」來了解。「讖」指的是神祕的預言，不知其來源，有著謎語般的內容，但不久之後會有特別的事件或事情的新發展，讓大家恍然大悟，原來那謎語準確地預示了這新事件或新發展。

和「讖」連結在一起的「緯」，也就用「天人感應」的方式去解釋儒家的經書，以及描述孔子和「天」的特殊關係。「緯」以當代流行的信念抬高儒家經典地位，並神化孔子。但很明顯地，其說法充滿「怪力亂神」，那明明是孔子強調表示厭惡、反對的啊！

夾雜在漢武帝朝的「儒術」中，還有濃厚的法家思想。漢代繼承了秦代的法令，「清靜無為」、「與民休息」的階段，朝廷不積極作為，也就意謂著並未對這套法令進行改造。秦的法令是在法家的精神指導下形塑而成，法很嚴密、嚴苛，違法的懲罰很嚴厲，漢朝建立後幾十年並未全面創新，只是消極地放鬆執法，在統治意識形態上其實保留了強烈的法家色彩。

即使經過了武帝、昭帝，到宣帝時，皇帝明白訓示兒子，說出了「我們劉家建立的漢朝是儒法並重的，不能只有儒術」這句名言。[9]

秦代的法家是光明正大攤在眾人眼前，正式作為秦帝國的指導原則，並且不許任何其他思想家派挑戰法家的獨大地位。到了漢朝，法家不能如此囂張，不只大幅收斂表面的能見度，乃至在思想、理論的層面都極為低調。但在統治執行的面向上，法家卻始終扮演著重要角色，甚至是高於儒家的角色。

漢文帝時緹縈救父的故事，顯示了殘酷的「肉刑」仍然在威嚇人民；表現得更全面也更深刻

9　出自《漢書．元帝紀》：「宣帝作色曰：『漢家自有制度，本以霸王道雜之，奈何純任德教，用周政乎！』」

的，還有《史記・酷吏列傳》，明白記錄了當漢武帝表面接受董仲舒「罷黜百家，獨尊儒術」的建議時，在官僚體系中真正得到皇帝賞識、真正有大權決定執法風格的，是像張湯、趙禹等無情的「酷吏」。

06 從〈報任少卿書〉看漢代酷吏之酷

《史記・酷吏列傳》是司馬遷的「傷痛之書」，他曾經親身面對「酷吏」帶來的種種恐怖遭遇。收錄在《漢書・司馬遷傳》裡有一篇千古名文〈報任少卿書〉，那是司馬遷寫給朋友任安的一封回信。司馬遷收到任安來信，到將近兩年後才回信。為什麼兩年都沒回，這時卻回了？因為信裡說到「涉旬月，迫季冬」這六個字。

這就牽涉到「天人感應」。皇帝和朝廷行事必須應和自然秩序，特別是要遵從季節變化規律。春夏是萬物生長的季節，相應地皇帝和朝廷就不能殺人。於是嚴重的刑罰必須放到秋冬才能執行，而且愈嚴重的就放到愈靠近自然也展現肅殺狀態的冬季。任安因為涉入「戾太子案」，被皇帝認定是「首鼠兩端」，也就是在皇帝和太子衝突時觀望算計，所以「下獄」判了死刑。這時候「迫季冬」，任安要被執行死刑了，如果再不回信，任安就再也不會收到。

任安下獄，寫信給老友司馬遷求救。司馬遷在他死前針對那封求救信，做了既詳細又感人的解釋。

首先，司馬遷絕對無法同意任安將他視為武帝身邊的紅人，所以來請他在皇帝面前美言拯救。司馬遷極沉痛地回顧、描述了他為什麼這時候會當「中書令」，可以進出宮中，常常見得到皇帝。那是因為他受了「宮刑」，失去了正常男人的身分，才得到這樣的資格。

他不是自願受「宮刑」，他甚至是在成年後冒著高度生命危險受「宮刑」的。事情源起於一次攻打匈奴的大型軍事行動，李陵帶領了五千人部隊，卻在大漠中遭逢匈奴大軍，寡不敵眾下，部隊邊戰邊退，最終李陵在幾乎盡失部隊後投降了。

消息傳回漢廷，皇帝大怒，當時朝廷上即使是平常和李陵相親近的大臣，人人噤聲不語，只有一個其實和李陵並不熟、遑論好朋友的人，卻發言表達意見。他的意見植基於他對李陵家世、尤其是他祖父李廣的認識。他認為來自李廣家的這位軍人，一來他投降前帶領的部隊已經「所殺過當」，也就是施加於匈奴比自身損失更重大的傷害；二來他不可能真的兵敗就投降，應該是像他祖父曾經做過的詐降，潛入匈奴軍中打算有所圖謀。他希望這樣的解釋可以幫助皇帝息怒。

這位白目的大臣就是司馬遷。所得到的結果非但沒有幫到李陵，皇帝仍然在盛怒下殺盡李陵家人，李陵也就再也不可能從大漠回來。而且皇帝的怒氣還延燒到司馬遷身上，將他「下獄」。「下獄」就意謂著要去面對那些「酷吏」，受盡屈辱折磨，等於判處死刑。司馬遷為了活下來，只好接受「下蠶室」的處罰作為代替。「下蠶室」這名詞來自當時養蠶的屋子要緊閉門窗，既保持高溫又不讓蠶受風。被閹割動了大手術的人，要放進像蠶室那樣完全封閉的環境裡，其實也就是隔離以降低感染的風險。必須要很幸運，才真能躲過傷口種種感染與併發症，挺過痛苦與折磨活下來。

司馬遷信中更強調，最可怕的痛苦與折磨還不是肉體的，而是精神的。那是無以復加最糟最糟的屈辱，其實比死還糟得多。換句話說，他應該乾脆坦然受死，都還比這樣活下來好得多。他並不怕死，不是為了怕死而去接受「宮刑」，是他不能死，因為他承擔要將《史記》寫完的責任尚未了結。他矢志要盡到的不是個人責任，而是來自他們司馬家多少代作為史官的職責，是從他父親那裡傳給他的工作。

司馬遷無法救任安，因為他不能再冒一次像救李陵那樣的險，何況經過了那一次，他怎麼可能不明白武帝是什麼樣的人。司馬遷當年沒能救成李陵，就算現在選擇到皇帝面前為任安說話，如何保證能救得了任安？而為任安說話卻很有可能再度刺激皇帝憤怒，使得他在尚未完成《史記》前就被殺了。

司馬遷因為李陵案而面對酷吏，任安也因為「戾太子案」而面對酷吏，兩人被下獄的結果，實質上都是死刑，那是酷吏之酷其中的一項。這是在漢武帝時建立起來的，酷吏是管官的，酷吏的存在、酷吏的做法不只鎮壓朝廷大臣，還瓦解了他們的個性與自尊。

漢元帝時發生的事，宰相出了事，人家建議的處置是「召致廷尉」，皇帝隨口同意了。過了幾天，皇帝問：「怎麼都沒見到丞相呢，他到哪裡去了？」得到的回覆報告是：「丞相下獄快死了。」皇帝嚇了一跳，更驚訝的是，人家提醒是皇帝自己下令的，他才知道「召致廷尉」是這個意思。早知如此，他是不會答應的，皇帝太清楚官員如果「下獄」，是很難活著回來的啊！

漢武帝施行了對帝國官僚體制的強控制。中央朝廷之外，已經沒有封國了；中央朝廷之內，又有新的工具來管轄官僚。那就不只權力往中央集中，更進一步權力再往皇帝一人身上集中。酷吏都是「上以為能」——皇帝認可所選出來的，其作用是幫皇帝威嚇並封密對官僚的管理，堵住官員違背皇帝意志行事的空間。

07 朝廷穩賺不賠的新經濟政策

李陵案之所以發生，來自打匈奴，也就是漢武帝朝在處理匈奴威脅時的新作風。

歷史上並列「秦皇」、「漢武」，確實前者造成秦朝快速傾覆的關鍵做法——大量動員，看起來在後者統治時隱隱然要復現了。一般遊牧民族和農業民族發生衝突，都是來自草原的遊牧民族採取主動，因為他們的生活與生產條件保證了較高的運動力。但在漢武帝時，卻出現了少見、近乎不可思議的逆反現象，就是農業民族組織軍隊向遊牧民族主動出擊。

漢武帝憑藉的，是祖父到父親幾十年「無為」累積的財富與人口增長。不過財富與人口主要是在民間，於是武帝朝另外的重要作為，便是找到方法，將民間的資源有效集中到朝廷，為朝廷所用。

這就牽涉到新的經濟政策，主要由朝廷利用統治權力去做穩賺不賠且必然大賺的生意。

這種為朝廷聚財的生意分成三大塊。第一是專賣事業，將一些民生必用品規定為專賣，也就是只能向朝廷購買。最主要也最成功的是鹽、鐵專賣。鹽是人要能活下去的必備滋養，沒有人不需要鹽；但另一方面，鹽的生產供應卻受到高度限制，只有在海邊透過海水，或極少數其他有岩鹽礦藏之處，才能得到鹽。在需求上如此普遍，供應上卻相反地極端受限，朝廷便很容易以統治權壟斷鹽的生產，所有人就都得向朝廷買鹽，鹽的定價也就完全控制在朝廷手裡，可以和成本脫節，純粹政策性定價。

鐵的情況也很類似。鐵器是農家主要的生產工具，沒有鐵具，生產程序無法順利進行，收穫會立即下跌，農家就要面臨挨餓、破產的悲慘狀況。鐵器生產需要多種條件配合，包括鐵礦、燃料、高溫風爐設備到打鐵程序等，於是朝廷也同樣能控制鐵器生產，禁止不在控制內的鐵器工坊存在。沒有競爭之下，抬高鐵器售價，而人民為了保障生產所得，仍不得不向朝廷購買。

朝廷生意的第二塊領域稱為「平準」。「平準」政策本身其實具備合理性，是以朝廷掌握的龐大公共資源，來進行產銷調節。道理上，在盛產的季節或盛產的區域，產品必然大幅降價，於是朝廷大量買入，要嘛運用倉儲等待較好的時機，不然運送到較遠的地方，就能賣到較高的價錢。賤買貴賣，賺取中間的差價。這辦法可以穩定物價，又可以為朝廷創利。

還有第三塊，是朝廷開放讓民間買爵。需要說明的是，這種做法和後世賣官有根本差異，關鍵在於漢代普遍實施的「二十爵制」，每個人都有「爵位」，爵級細分為二十等，只有七等以上才和官職有關。有許多特定情況，像是皇帝登基，朝廷固定會讓人民普遍升爵，另外像是遇到征匈奴大捷，皇帝也可能下詔普遍升級以為慶賀。還有，活得夠老，社會地位升高，也會反映在所得到的爵級上。

爵有什麼用？最主要是用於「贖」，當犯規、犯罪面臨法令責罰時，可以拿爵級換得減罪或免罪。李廣一生浮浮沉沉，立下戰功得到升爵，沒多久又因為冒進犯錯而被判嚴重刑罰，甚至處死，但他總是死裡逃生，靠的就是拿爵級去贖。死罪免了，他也就沒有了爵，在這個地位階梯上只得從頭來過。

到了漢武帝朝，先是開放讓人可以藉由「捐輸」，也就是向朝廷捐款來換得爵級。不久之後，這種做法就制度化了，變成一定的爵級有一定的價碼，可以進行買賣。

經由這三個管道，很有效地在短時間內，將過去半世紀保存累積在民間的財富，都變成朝廷能夠動用的資源。有那麼多資源可以用，漢武帝也就興致勃勃地開始了各種動員方案。

08 從輪臺詔到《鹽鐵論》，帝國路線的鬥爭

不過，漢武帝終究沒有像秦始皇那樣，因為過度動員搞垮了漢朝。關鍵的差異在於，漢武帝有機會在人生最後階段對這樣的做法踩了煞車。

他活得夠久、在位夠久，久到足以察覺從父、祖那裡繼承來的豐足條件已經揮霍殆盡。那時候朝廷習慣用耗費資源的方式處理所有問題，面對大臣建議在極為遙遠的西域輪臺新建對抗匈奴的據點時，武帝給了歷史性的「輪臺之詔」[10]作為答覆。他明確表示：夠了，我們擴張過度了，停止擴張、停止耗費，回歸讓人民休息的舊方法、舊風格。

態度上的大逆轉，決定性地影響了他在權力接班上的安排。他選擇了幼子來接位，更重要的是，選擇了霍光來輔政。霍光能進入朝廷得到重視，因為他是進擊匈奴的少年英雄霍去病的異母弟弟，但霍光的性格與作風，和霍去病徹底相反。他非常保守、謹慎，幾乎沒有任何一點進取擴張的野心。武帝明白地要用他來保障帝國會遵循「輪臺之詔」所指出的方向。

武帝去世後，在昭帝一朝，等於是武帝自己前後所相信、所建立的兩條路線展開了激烈的爭鬥。代表晚年路線的是霍光，而堅持繼承早年擴張風格的，則是替武帝設計主要國家經濟政策的桑弘羊。

兩人激烈鬥爭的實況，記錄在《鹽鐵論》[11]這本書裡。霍光策畫、設計了名為討論會，實為批鬥會的場合，找了一大群來自地方的「文學」、「賢良」代表，有備而來，在會議上言詞攻擊以鹽鐵專賣制度為象徵的經濟政策，要求推翻這些制度。而在另一邊，則由當時擔任御史大夫的桑弘羊單刀赴會，為自己過去參與設計、執行的制度展開滔滔辯護。

桑弘羊不可能不知道漢武帝已經不在，他的靠山倒了，然而從他一人舌戰眾人的氣勢，可以看出他對自己設計並執行的政策，從目的到手段都瞭若指掌並充滿自信。這場原本要讓桑弘羊難堪、將他和他的政策鬥臭的會議，最終結束時，桑弘羊竟然還昂然站在那裡，沒有放棄為自己和政策辯護。

不過終究他還是被霍光殺了。他的那個時代，需要他的經濟方案來支撐帝國動員的時代，已經明確地過去了。昭帝一朝導致桑弘羊被殺的鬥爭，不是單純的權力鬥爭，毋寧是帝國路線的大鬥爭，最後桑弘羊被殺也就不只是他輸了，他原有的勢力被瓦解了，而且他所主張的路線也被徹底壓制取消了。

浮現的新路線是「賢良文學」所代表的一種強烈復古價值觀，目的是要取消漢朝這段時間出

10　「輪臺詔」見於《漢書．西域傳》，言「上乃下詔，深陳既往之悔」，詔諭最後說：「當今務在禁苛暴，止擅賦，力本農，修馬復令，以補缺，毋乏武備而已。」

11　《鹽鐵論》由桓寬以對話體形式整理撰寫，共十卷六十篇。

現的種種新鮮做法，回歸想像中的古典黃金時代，一個安靜、簡單、純樸的時代。賢良文學是從民間選出來的代表，在《鹽鐵論》的紀錄中，他們連個別姓名都沒有。他們確實反映了當時人民的普遍心情，帝國的擴張、發展，帶給他們在不斷騷動中的被剝奪感，他們更想要追求自身現實上能安定繁榮，而不是抽象、空洞的帝國榮光。而霍光站在他們那邊。

第三章

東漢大姓大族大地主政權

01 經濟思維的保守與土地兼併的現實

政治鬥爭鬥垮了桑弘羊和他的勢力，逆轉了武帝一朝的經濟動員政策，不過在帝國的經濟活動上，有些情況已經無法取消，甚至無法阻卻其發展。

例如為了推動專賣、平準，必須有貨幣作為頻繁買賣交易的中介，於是隨著政策推廣，銅錢大量增鑄，一方面擴大了商業貿易範圍與規模，另一方面也含帶了通貨膨脹的威脅。兩項因素相加，農產品受到物價波動，直接影響農民生計，歉收當然迫使農民生活困難，但就算豐收時，穀賤傷農，農民還是有可能遭受負面衝擊。

增多的貨幣刺激促成了新交易活動與交易項目出現，於是農民在新的變動環境中的新選擇，是困難時出賣土地。土地成為可交易物件，進而土地買賣愈來愈頻繁、普遍。農民活不下去就賣出土地，要再有機會將土地買回談何容易，總的傾向必然是土地從農民手中賣給非農民的地主，也必然是落入地主手中的土地愈來愈多。

這就是土地兼併的現象。同時農業技術的發明改良，又使得大塊土地的耕種效率高於小面積農作。地主有條件收買土地，聚合成大面積農田，再運用新技術得到更大的利益。如此循環影響，也就能夠累積更多財富再去買更多土地。

農業與土地買賣帶來的變化，不是殺了桑弘羊，或善意站在人民立場執行賢良文學代表們的意見，就可以阻擋、扭轉的。

在霍光主政下，反對朝廷積極處理經濟，也就對經濟事務相對保守、陌生，造成的效果是使得政策上的假設與現實上的情況差距愈拉愈大。土地兼併帶來社會不安，而朝廷的主導意識形態卻是復古儒家聖王，帶有高度素樸平等理想。

王莽在這樣的分裂背景中崛起，得到了名聲、地位、權力，最終消滅了前漢王朝。從歷史的角度討論王莽有一定的難度，因為他所建立的新朝夾在前漢、後漢之間，而後漢（或東漢）繼承前漢（或西漢），當然對滅亡前漢的王莽和新朝抱持高度敵意，以至於現在能看到與王莽有關的史料，都經過後漢時一定程度的扭曲、醜化。新朝只存在短短十五年，後漢卻有將近兩百年，就更難有什麼材料，能夠原樣不受改造地從王莽時期穿越後漢存留下來。

不過將這樣的史料特性納入考慮，看到在後漢所呈現的王莽形象，最主要是一個「詐偽者」。或許我們可以合理地問：王莽假扮了什麼？他如何靠假扮能在那個時代騙到什麼？又為什麼能騙得到、騙得過呢？

最主要他將自己假扮成一個聖君，正好符合西漢末年大家所期待的政治楷模形象。換另一個角度看，也就是他顯現了《鹽鐵論》中賢良文學代表們期待應有的君王行為與思維。

02 身分是外戚，行事風格是儒者

王莽出身於當時最顯赫的外戚王家，他的姑姑是皇后、皇太后，父親一代兄弟八人，其中五人同一日封侯，是當時朝廷的大新聞、大事件。不過該補充的是，在五兄弟同日封侯前，其實另外兩兄弟先被封侯了，也就是他們一家同代出了七位侯爺。八兄弟中七位封侯，唯一少掉的是王莽的父親，因為早逝而來不及得到同樣的顯赫待遇。

也就是說，王莽的所有親叔伯都封侯，只有他家待遇最差，所以姑姑特別憐惜、照顧他。但王莽之所以受到注意，正是在這樣的家世背景中，格外突顯了他和所有家族貴戚的行為舉止完全不同。

他沒有貴族炫耀權勢的習慣，折節禮士，對別人、尤其是讀書人很謙虛有禮貌。這方面的記錄很多，後世資料中特別強調這就是他詐偽的部分，是他刻意演出來的。我們不妨看看他都演了什麼。

在處理家族事務上，他特別安排讓姪子和兒子同一天舉行婚禮，但在那最為喜慶的宴會上，賓客卻看不到王莽的身影，因為母親生病了，他留在屋裡伺候母親湯藥。這種事需要他自己做？是的，他不只孝順，而且家裡沒有奴婢，他不買奴也不蓄奴。

有一天長安傳言鑿鑿，說王莽堅持不了了，這種地位的人家怎麼可能沒有奴婢？他畢竟還是買奴了。後來發現，王莽買奴是事實，但買來的奴婢並沒有放在自家使用，而是用來服侍一位叔伯輩的老人家，以免老人家得不到適當照顧。

關鍵重點是，先不論王莽是不是偽詐地裝出這些行為，為什麼這樣的行為會替他贏來大名聲？根本原因在於漢代社會表面上與骨子裡巨大的落差衝突。表面上、理想上，這應該是一個「儒化」社會，大家都認同也都追求聖君所提示的倫理道德高標準；但骨子裡，明明到處可見的是土地兼併塑造了既有財富又有權位的人，而這些人的行為，距離倫理道德高標準是很遠很遠的。

王莽的現實身分明確屬於既有財富又有權位的這一邊，但他的行為，至少是讓人爭相稱頌的部分，和他應屬的那個群體如此不同，竟然比較接近概念中的高標準倫理道德。他沒有顯現富貴、特權的那一面，反而是站到自身階級利益的對反面，去體貼、照顧孤苦與貧病者，也就是符合讀書人所認定應該遵從的儒家經典道理。

王莽的崛起反映了漢武帝之後的政治與社會癥結。在愈捲愈緊的矛盾糾結中，人們高度期待能出現這樣的人，具備身分、具備權勢卻願意服膺理想，有機會可以利用他的身分、權勢，解開那讓許多人痛苦的結，帶來集體的改革。

西漢亡於王莽之手，最醒目的奇特之處是，改朝換代之際完全沒有戰亂，極為平順地就從漢朝變成了新朝。戰亂之起，反而是在新朝已經建立之後愈演愈烈，才鋪設了漢朝復興、從西漢變為東漢的條件。要解釋這奇特的現象，我們必須準確描述王莽是在什麼樣的社會氣氛與社會心態中，得到那麼高的地位。

03 王莽敗於詐偽？還是不顧現實的固執？

王莽是被一股強烈的政治、社會力量由下而上推到皇帝高位的。他得天下真的極為容易、極為平順，幾年間沒有遭遇龐大的阻力，沒有什麼挫敗，原有的漢王室步步退讓，王莽隨即步步高升，很快就成其開國帝業。

得天下如此之易，甚至沒有「馬上得天下」的爭戰過程，照理說就不存在要進行和平轉化，即如何「馬下治天下」的問題。然而王莽得天下多快，相對他治理天下也就多快呈露敗象，引發驚人的動亂。

要有效解釋這空前也近乎絕後的朝代興亡現象，必須先檢驗傳統上根深柢固的詐偽說。如果王莽的政治生涯是一場騙局，那要問：他都騙了些什麼人？這些人為什麼會上當呢？還有：他以詐騙手段獲取權位，當上皇帝之後做了些什麼事？那些事、那些做法，和他當上皇帝前詐偽表現出來的有什麼差別？

傳統說法是，王莽當上皇帝前一種面貌、一種態度，當上皇帝後不需要再騙了，便換上另一種面貌、另一種態度，因此挑激了民怨民怒，才導致新朝快速覆滅。但比對史料，即使是必然被修改過的史料，其中所記錄的仍然很難和這樣的因果敘述對得上。尊重史料並運用理性推論，毋寧我們應該將因果連結倒過來：王莽的失敗，王莽之所以掌權後引發這麼多紛亂，非但不是因為他背棄了原來的立場，反而是他固執堅持，將之上綱為信仰，近乎不擇手段急於推動所造成。

王莽奪權的條件來自於他強烈反對現實、批判現實，並且以對反己身階級利益的實際生活態度，說服許多人相信他的理想。他以此得到權力，也在取得權力後，將巨大的皇帝權力運用在推翻現實、實現理想上，卻也因此他的做法必然是違背現實，乃至於不顧現實到無法執行的。

從桑弘羊到霍光，已經是國家總體經濟路線的大轉彎，而王莽所揭櫫的理想，等於是《鹽鐵論》賢良文學意見的進階版。但那個時代並沒有總體經濟學概念，更沒有國家運用貨幣工具產生經濟後果的常識，換句話說，根本缺乏足可運作龐大國家財政的完整知識能力。而霍光到王莽這條路線的思考方式，更是明確地「反經濟」，他們甚至將桑弘羊那代建立起的初步國家經濟財政連動邏輯知識，都視之為邪惡的，必欲除之而後快。

王莽相信儒家經典的行為準則，並且不顧現實、放棄自己的現實既得利益，身體力行這些準則。藉由放棄、逆反既得利益，他贏得了信任；藉由宣揚照顧人民的儒家政治原則，他贏得了支持與期待。他被視為聖君的現實化身，對照出現實劉家皇帝、漢朝朝廷如此背離理想，如此不堪。

而這時候，就連劉家皇帝、漢朝朝廷都籠罩於儒家理想標準中，不只在人民心中快速失去統治合法性，連自己都愈來愈沒有把握統治權的基礎何在。所以會在那麼短的時間裡，內外壓力同時作用，王莽竟能在漢朝自身急速退縮、讓渡統治合法性的情況下，不需動用任何武力強迫手段，取代漢朝建立新朝。

新朝的「新」並不只是形容詞，形容有一個新的朝廷取代原來的「漢」；更重要的是動詞意義，這是一個要創新、要對大家受不了現實腐敗的舊漢朝，進行大幅改革的不同政權、不同時代。

04 食古不化的改革，復古理想淪為混亂收場

王莽當皇帝之前，他的言行形象確實極好；當皇帝之後，他的作為政績也確實很糟。傳統的解釋理所當然認為前面的好是裝的、騙的，後面的壞則是裝不下去而露出真面目的結果。

用這種方式看王莽，就完全錯失了從漢朝到新朝推動變化最大的力量——不斷升高的理想主

義傾向。王莽即位後推動的政策，其失敗之處都在於過度理想化並和現實脫節，這不就證明了他當上皇帝前後其實是同一個人，有著同樣的主張、態度？

針對現實的土地兼併問題，他立刻宣布徹底解決方案：土地收歸國有，號為「王田」，全面禁止買賣。針對嚴重貧富差距導致底層人民被賣為奴的問題，他立刻宣布禁止買賣奴婢。更進一步，針對有錢人累積大批貨幣造成財富分配不均的問題，他立刻推動讓後世大為困惑的貨幣改革方案。

王莽確實將本來簡單好用的單一銅錢制度改得亂七八糟，一共有五大類、二十八種，[12]不同材質、高低價格混在一起，有些彼此換算比例甚至對不上，這種貨幣要如何使用？從讓貨幣變得更好用、更有用來看，這樣的政策真是一塌糊塗；但依照王莽所信守的理想，根本就是厭棄貨幣，將貨幣視為社會問題與民生禍害的來源，這麼一改讓貨幣極度難用，不就達成了實質上取消貨幣，至少降低貨幣流通程度的效果？

這些大政策都符合那個時代復古的理想，也就是許多人想像、嚮往古代明君會做的事。事實上，我們看到的是一個真正信仰崇古、復古的人，他要用人民給予他的地位與權力，將許多人眼

12　《漢書．食貨志下》記載：「凡寶貨五物，六名，二十八品。」二十八品包含金貨一品、銀貨二品、龜寶四品、貝貨五品、布貨十品、錢貨六品。

中敗壞、墮落的漢朝徹底改造，改成符合復古、簡單、純樸的生活狀況。

所以他設計、推動的大政策都引起了大爭議，因為改革的幅度太劇烈、太不顧現實，尤其是一下子取消了社會既得利益者多少的既得利益！

王莽就是個「食古不化」的人。他是西漢流行的經學的產物，他將經學中的理論抬舉為理想目標，他對政治、社會的認識和理解幾乎全都來自書本，經學的根本價值觀既是那個時代的潮流，又成了他的個人信仰。他乘著那股潮流的力量當上了皇帝，也就抱持著責任感，要在最短時間內，用最激烈的手段實現理想。

結果卻是快速破壞、摧毀了原有的政治與社會組織，造成大亂。剛開始還有同樣受理想幻夢吸引的人肯定他、支持他，然而政治、社會再到經濟的組織進一步瓦解後，幾乎沒有人不受到失序狀況波及傷害，王莽的支持基礎便隨而消失。

有強烈動機反對王莽的，一部分是朝廷官員。王莽篤信的儒家今文經學，包括了「天人感應」的內容。「天人感應」配合經書崇拜，就產生一種可以藉由正確命名來創造上天好條件的想法。王莽將這套辦法全面運用在官僚的管理上，遇有哪裡出問題，首先的反應，也是最方便、最容易的反應，就是檢討官職名稱，發現不吉利、不對勁之處，立即予以改變。

新朝的動亂愈來愈嚴重，相應地王莽就愈勤於改名，以至於到後來往往連在那個官職上任官的人，都搞不清楚自己的官名到底是什麼。王莽忽略了官職的名稱並不是任意主觀的，有著結構上的規則與意義。官僚體制內的人，透過官名來認知上下關係與運作流程，改過了的官名就沒有這種作用，於是造成大混亂。

官先亂成一團，人民和社會如何不亂？西漢之亡，沒有引發強烈騷動，一部分是因為政治敗壞得很嚴重，社會問題也很明顯；另一部分是出現了一個提供希望可以解決問題的人選。王莽一即位就積極解決問題，然而過於急切、激烈的手段，所造成的混亂與帶來的問題，比要解決的問題還要更糟糕。

05 劉姓後裔擁立戰與背後的豪族勢力

王莽造成的大亂如何收拾？要憑藉什麼條件、什麼力量來重建秩序？從最終劉秀建立了東漢的結果回頭看，能夠處理亂局，顯然要靠兩項時代背景。第一項是西漢才剛結束，取代西漢的新朝就將許多人捲入亂局中，於是人們很自然地會懷念前朝，在對照中美化了前朝記憶。

王莽成為亂源，所以被王莽取代的劉家感覺上要好得多了，讓姓劉的回來當皇帝，換掉王莽和姓王的，就在亂局中有了特殊的號召力。

社會力量集結起來反對王莽，自然地會認劉家招牌，比較願意接受劉家勢力的領導。也就是有舊皇家的人帶頭，可以聚集、團結較多的人，匯集較大的力量。

劉縯、劉秀兄弟在南陽崛起，一部分就是靠他們姓劉，擁有舊皇家宗親身分。還有另一部分，則是靠他們的豪族背景，連結了其他豪族一起行動。豪族在地方蔚為勢力，最主要就是靠土地利益，他們是進行土地兼併的主角，也就在王莽的積極改革中承受了最大的打擊與傷害，因而他們反王莽的態度最強烈、立場最堅決。

王莽痛創大地主的利益，引發大地主聯合反對新朝。他們具備豐厚的資源可以在動亂中建構武力，等於是以社會現實力量，在眾人對理想感到幻滅時，直接推翻了理想，重建現實秩序，依循的當然是社會現實法則，如此誕生了東漢。

兩段都稱為「漢」，一段定都在西邊的長安，另一段定都在東邊的洛陽，以此分出西漢、東漢，傳統歷史是這樣說明的，習慣以四百年連續性角度來看漢朝。這樣的觀點首先忽略了王莽的作用；其次，更嚴重的是，忽略了西漢和東漢政治上的根本差異。

英國漢學家、史家魯惟一（Michael Loewe, 1922-2025）曾經為《劍橋中國史》寫過一篇文章，分析東漢的皇后。劉秀成功建立東漢之後，一度對後宮進行了改革。漢武帝在位時間極長，在他的時代將後宮弄得非常複雜，皇后以下一共分出十四個等級。光武帝大幅簡化，只剩「貴人」、「美人」、「宮人」、「采女」四個等級，並將後宮選拔制度化。但改革後出現的情況，卻是送進宮的女子竟然比西漢時還多。到桓帝時，後宮多達五、六千人。

魯惟一的論文提醒我們，在這項基礎上去注意非比尋常的比例。從地理上看，東漢分成十三州，用桓帝時期數字的十分之一來算就好，每一位東漢皇帝在位時，後宮有六百人，讓他從這些人選中挑出一名皇后，那麼連續兩位皇帝剛好選到來自同一州的女子擔任皇后的比率有多高？

檢查一下史料，東漢從開始到結束，一共有十三位皇后，其中有兩位陰皇后、兩位竇皇后、兩位鄧皇后、兩位梁皇后、一位郭皇后、一位馬皇后、一位閻皇后、一位宋皇后、一位何皇后。而兩位陰皇后來自同一州，兩位竇皇后也是同一州，兩位鄧皇后和梁皇后也都來自同一州。如此現象顯然不能以巧合來解釋。事實上，同姓在不同時代擔任皇后的不只出自同州，還有根本來自同一家的。

再來從史料中整理出更奇特的紀錄。東漢十三個皇后中，有十個沒生兒子。這是怎麼回事？依照慣性理解，皇后是由皇帝從後宮女子中挑出來的，當然獲選的是能得皇帝歡心的人，那怎麼會前後幾任皇帝都喜歡上同州同姓同家的女人？更不可思議的是，怎麼會他們都剛好喜歡上不會生育的女人？

06 東漢皇后不能簡單看作皇帝的妻子？

再細看十三位皇后的來歷。光武帝選了陰皇后，據說他還沒當皇帝時就有心願——「娶妻當得陰麗華」，那是遠近馳名的大美女。立陰麗華為后前，光武帝其實已經有一位郭皇后，她來自北方大族。劉秀來自南陽，和他一起打天下的還有很多潁川人，娶郭氏為妻和北方大族聯盟，有效地幫助劉秀擺脫了南陽、潁川一帶地方勢力的限制。

陰麗華的家世背景是和光武帝接近的南陽大姓。為了要立陰皇后，必須要廢原來的郭皇后，光武帝雖然廢了郭氏，卻保存她所生的長子仍為太子（後改封東海王），次子封為中山王，她則為中山王太后，仍極受恩待。

鄧皇后也來自南陽大姓，兩位竇皇后則都屬於竇融的後代。竇融是東漢初年河西地區的大軍閥，光武帝即位後，竇融盤據河西撐了九年才歸順。

直接說結論。東漢皇后的角色不是我們一般認定、想像的，尤其不是要和皇帝生小孩過日子的妻子角色。這些皇后將近四分之三沒有子嗣，因為在床上服侍皇帝不是她們主要的責任，甚至不在她們宮廷角色工作之內。

東漢皇后是重要的政治角色，扮演、承擔重要的政治功能。她們來自大姓大族，代表大姓大族入宮和南陽劉姓的皇帝聯盟。東漢政權表面上和西漢一樣，劉姓當皇帝，但內在的構成與性格已經和西漢有很大差別。西漢的開創奠基，確實是由高祖劉邦在戰場出生入死，帶領將領、文臣辛辛苦苦完成的。那是以劉邦為中心建立起的王朝，同時建立了劉家子孫當皇帝的合法性。

東漢成立過程中，劉秀的所作所為卻不是如此。他有效地將南陽、潁川一帶在西漢後期形成的大地主組織起來，對付他們痛恨的共同敵人——王莽。他們不能坐視王莽毀壞他們的土地利益、蓄奴特權、商業好處，一定要想辦法推翻王莽。土地兼併愈嚴重的地區，地主反王莽的呼聲愈高，但地主分別蜂起獨立作戰，卻一定成不了氣候。他們聯合組織的迫切需求，具備劉家宗室身分的人無疑有較高的號召力，於是有了「更始皇帝」劉玄。而劉玄忌憚劉縯、劉秀兄弟，終究殺了劉縯，也就是要阻止他們以漢皇家後裔身分挑戰自己。劉縯被殺，劉秀隱忍不發，他要努力團結大姓大族大地主們，最後取得了足夠的力量推倒劉玄。

這段過程清楚說明了：東漢其實是大姓大族大地主們的聯合政權。源於這個政權特性需要，皇后必須發揮連結劉姓和其他大姓勢力的功能。

不論後宮有六百人或六千人，那些都不是選皇后的對象；事實上，皇后也不是皇帝選出來的。重點是要衡量當時共創政權的這些大姓大族，他們協調找出一家的女兒來擔任皇后，由這位皇后代表、保護他們的共同利益不被劉姓皇帝侵奪。

出過兩位皇后的大姓，當然實力雄厚，那樣的外家絕對不是劉家可以輕忽對待的。陰家很大，竇家很大，鄧家很大，大到東漢的建立要靠他們的力量，當然也就大到皇帝都不能得罪。

甚至更進一步，皇后不生子嗣也有助於大姓大族協同合作。皇后不是只代表自家利益，她是幾家的聯合代表，如果她生了子嗣，表示他們家會取得突出的優勢，很可能就破壞了原本這幾家的合作默契，引來彼此爭鬥。皇后不生自己的子嗣，而是以皇太后的身分介入選擇乃至控制下一個皇帝，更符合這些大族在聯合政權中的利益。

從一個角度看，這些家族大到能送女兒進宮當皇后；換個相反方向看，皇后背後的家族當然形成了足以左右政局的外戚勢力。在政治統治上，東漢的皇帝比起西漢皇帝就沒那麼重要了；相對地，東漢的皇后很重要，比西漢皇后重要得多。也不是皇后重要，毋寧是皇后背後的大姓大族，也就是廣義的外戚力量，再重要不過。

西漢有外戚，東漢也有外戚，很容易被混為一談，實則兩者差別甚大。西漢的田蚡、衛青都是有名的外戚，他們得到權力的管道，是姊妹受到皇帝青睞、成為皇帝寵愛的女人，皇帝愛屋及烏，連帶提拔重用她們的兄弟、家人。換句話說，外戚權力源自皇后或寵妃，皇后或寵妃的權力當然還是源自皇帝。

東漢的外戚不是如此，他們的權力根源邏輯是倒過來的。有權力的是漢皇室聯盟的大姓大族，運用他們的權力選擇皇后送給皇帝，連帶他們就取得外戚身分，可以藉此進出宮廷、朝廷干預政治。先有勢力與地位，女兒才會成為皇后，等到皇后升級為皇太后，在沒有親生子嗣的情況下，外戚進一步介入由皇太后來選擇下一任皇帝。

由此埋下東漢政治非亂不可的變數。外戚勢力龐大，壓迫皇帝也壓迫朝廷，但名義上的權力在皇帝、在朝廷，這中間的緊張狀況很容易爆發為嚴重衝突。還有，皇太后背後有外戚勢力，皇后背後也有外戚勢力，當宮中既有皇太后又有皇后時，這兩股外戚勢力也會形成緊張關係。

07 從代田到水利，小農比不過大地主優勢

東漢有著清楚的政治循環模式。皇帝不情不願地接受身邊的皇后，皇后背後有皇帝忌憚的外戚，等皇帝死了，原來的皇后升為皇太后，加上外戚的力量，選擇了比較好操控、通常年紀較小的新皇帝人選。如此形成了外戚治國的局面。

接下來皇帝會長大，皇太后會老去，如果皇帝要擺脫原本外戚的掌控，最有可能的幫手就是宮中和他關係最密切的宦官。那將發生的會是皇帝聯合宦官對付外戚，外戚勢力被打倒了，通常也就代換成宦官專權，變成宦官治國的局面。

皇帝雖然藉由宦官協助行使皇權，收拾了一個外戚勢力，但他不可能打倒原有的大姓大族共治結構，等到他要娶皇后時，仍要接受大姓大族送過來的人選，於是新皇后背後又形成新的外戚。外戚要發揮作用奪得更大權力空間，就必須對付宦官；宦官被壓制了，又回到原來的外戚治

國局面。

東漢政治混亂，有外戚之亂、宦官之亂，然而事實上，亂並非源於壞外戚或壞宦官，更應該被看到的是結構性的亂因。

政治上的亂，還受到社會、經濟因素的強化。大地主聯盟創造了東漢政權，可想而知，東漢的主要政策明顯偏向保護和增加大地主利益。而這時候的農業生產技術，連帶的經濟制度，也偏向助長大地主財富。

進入鐵器時代，鐵具可以更有效地翻土，土翻得愈深，生產量愈大。這在漢朝又有了重大突破，從原本以人力拉犁翻土，普遍改成以牛隻耕田。鐵器和牛隻成為農業生產的基本配備，於是區分了能擁有鐵器、牛隻的農家，以及規模小、收入太低以至於無法擁有鐵器、牛隻的農家。

之後又發明了「代田法」，那是一種特別的種植方式。一塊土地在播種前，先整成一條一條高低間隔的長條狀。播種時將種子只撒進挖低的部分，高的部分留著當空地。種子長出了麥，但土地上同時也會長出雜草。本來若要保護麥子，就得進行手工除草，現在不用了，等麥子長得比較高時，挖開高處的壟土往低處、也就是麥子根部周圍堆放。如此一舉多得，既可鞏固麥子根部，又可提供新的土壤養分給成長中的麥子，還能藉由堆土將雜草埋進去，雜草被悶死了，在土裡腐化後提供麥子更多的滋養。

高的壟土被鏟下去，鏟後整片田地恢復平整，等麥子收成，然後在下一季播種時，再將田地整成高低間隔長條狀。這過程實質上是讓土地輪休，前一季低處播種麥子的區域，這一季則堆高起來，高處不播種，這樣又得到輪耕的好處。

這麼聰明有利的新技術，卻需要有相當面積的土地，才能有效區隔一半播種、一半休息。不管是鐵具、牛隻的運用，或「代田法」的推行，都是對大土地單位有利的。田地種作單位愈大，愈能運用這些新技術來提高產量。大地主土地規模大，生產力比較高；相對地小農土地已經很小、很少，那樣小小面積上的平均生產效率，當然比大規模種作要來得低。大地主已經享有政策上的優勢，在經濟生產面又更增加他們的優勢。

東漢農業和西漢的另一項差別，便是灌溉的普及。在純粹小農制的條件下，灌溉很難發展。從小農制改為大地主制，到處都展開了灌溉工程的興建與運用。灌溉系統的興建需要改動溪流、河川流向，要挖掘各種溝渠，因為水不可能直接到達特定單一的田地，一定有其流路，從上游往下游。小農無法動員足夠人力，更無法整合流域中的諸多田地、諸多農戶，但擁有大片土地的大地主辦得到。

大地主當然不會自己耕種大塊田地，通常在整合擴張土地所有權的過程中，就將眾多小農轉化為佃農，再加上部分雇傭的農人，如此形成了龐大的勞動力，可以現成用在挖掘溝渠、建造灌溉系統上。就算灌溉水道需要通過別人的土地，大地主和鄰旁的大地主在共同利益考量下，也比眾多小農更容易達成合作協議。

從政策到技術到灌溉到人力運用，方方面面都是大地主比小農更占盡優勢。於是大地主愈來愈大，小農紛紛破產，從自耕農降等淪落為佃農。

08 為什麼「豪左」都成了「豪右」？

還不只如此，另有社會面的作用。

東漢朝廷立有明確的社會地位分類名詞，一是「豪右」，二是「豪左」。兩者都是「豪」，表示都是大地主，藉由土地利益在地方上形成可觀勢力。「豪左」比較單純，勢力主要來自土地利益。「豪右」則是除了土地利益之外，還有其他的勢力來頭，最重要是具備一定的政治影響力。

「右」高於「左」，不過從朝廷的立場，最早區隔「豪右」是帶有警示性質的，意思是叫地方上提高警覺，要注意查看境內的大地主們是否維持單純地主身分，還是他們逾越了地主的社會位置，向外擴張他們的影響力。作為政權的主要基礎，相對無害的「豪左」如果轉為「豪右」，那就存在對朝廷統治的潛在威脅，地方官員必須小心防範。

然而才過沒多久，在東漢的一般日常用語中，「豪左」消失了，只留下「豪右」，以致後世講起地方勢力都總稱「豪右」，渾然忘卻了這「右」是怎麼來的，也忘了原本和「右」相對的應該還有「左」。

這現象表示，轉從地主的角度看，被歸為「豪左」可不是件好事。「豪右」固然要冒著被朝廷打壓的風險，但等於是官方認定你們家的勢力不只高於那些「豪左」，而且還承認你們是有辦法可以影響官府，不也就能帶來讓其他人、甚至官府都忌憚、敬畏你的效果？大家不甘於當「豪左」，必須力爭上游當「豪右」，忌諱人家稱他們為「豪左」，造成「豪左」這個名詞消失。

另外一項因素是，東漢的大地主要維持當單純的「豪左」，比升級成為「豪右」反而來得困難。因為大地主有太多管道，可以將單純的土地利益換成其他社會、政治籌碼。

東漢中葉，出現了一個他們可以運用的新籌碼，那就是朝廷的「太學」教育與任官體系。從原本的薦舉制度脫化出來，專為朝廷籌備人才的太學，很快就聚攏了大批地主子弟。地主有豐富的資源、方便的管道，可將子弟送進太學去，在那裡學「經學」，然後以知識、學問進一步提高自身地位，並進一步更接近朝廷權力。地主「豪左」被抬高為「豪右」，接著「豪右」中又劃分出得到經學加值的更高一階，到了漢末，這一階中的最高層級又特別稱作「累世經學」。

東漢的基本性格很清楚，是以地主利益為中心。王莽承諾要解決的問題沒有解決，地主大反撲創造了東漢，各方面條件都向地主階層傾斜，造成地主階層和其他人之間的差距愈來愈遠。

總體資源持續集中，分配愈來愈不平均，必定讓社會架構從底層開始動搖，終究使得上面的政治體系無法維持正常運作。

第四章

地方割據局面形成

01 漢末大亂：流民失離土地，地主武裝整合

按傳統中國史的說法，大家有深刻印象的是從「兩漢」接著進入「三國」。不過就像「兩漢」這個詞需要更仔細分疏一樣，「三國」也需要稍微小心一點來應對。簡單看待「兩漢」會讓我們忽視、低估王莽的重要性，也會錯失東漢大不同於西漢的事實。那麼「三國」呢？

首先，「三國」指的是魏、蜀、吳，作為理解漢末大亂後所形成的政治局勢。漢末為何發生大亂？那就是大地主獨大的情況嚴重極端化到一個程度，經濟、社會、政治都失衡了。經濟上有太多失去土地的人，他們無法掌控生產與生計間的連結，也無法有剩餘積累作為避險依賴，因此遇到了歉收或其他不預期的負面因素衝擊時，他們很快就失去溫飽保障。

於是開始出現流民，從土地定著情況中失離出來的人。中國文化以農為本，有強烈安土重遷的態度，離開了土地就沒有生計，然而東漢的發展不斷破壞人和土地間的聯繫，小農成為佃農，佃農耕種的不是自己的土地，收成和他的生計不再是直接關係，稍有荒歉生產不足，他的生計就沒有著落，相對地就容易離開不屬於他的土地，另尋生路。

東漢末年的流民起源於失衡的土地關係。流民如何另尋生路？靠集合起來，靠群體的力量流動到生產剩餘聚積之處，也就是去強奪別處的地主。不過他們搶走的地主財富，也是來自別處的

佃農生產所得，不可能只有影響地主，最普遍的結果是轉而使得那個地區的佃農又在困苦中轉為流民。

流民一旦產生，在當時失衡的土地關係下，必然引發連鎖反應。一個地區吃不飽的流民移到另一個地區，搶奪了那個地區的生產所得與積蓄，又將那個地區因此活不下去的農民逼迫成新一波的流民。都是流民，最直接的命運差別顯然是：個別的、單薄的會在流離過程中悲慘滅亡，但如果能聚集成較大的團體，搶奪資源讓自己活下去的機率就比較高了。於是流民必然互相連結，變成一個一個集體行動的團體。

為了保護財產與身家安全，地主必須相應地想辦法將流民阻在領域之外。一方面設出清楚的界限牢牢守護，另一方面要建立足夠的武裝力量，驅趕或阻擋可能侵入的流民團體。

土地規模愈大的，愈容易成為流民團體的攻奪對象，但相對地他們也愈有辦法組織武力來有效防衛。他們的土地上有許多佃農、農工，可以快速武裝起來進行防衛。進而附近其他規模較小的地主會過來尋求協防保護，最好讓自己的土地也納入大地主的武裝防衛範圍。於是為了因應流民團體的威脅，地主間有了一波整合，小地主投靠中地主，中地主投靠大地主，最後能夠有效組織武力的大地主，在時局刺激下就紛紛轉型為軍閥。

因為是由地主聯合反抗王莽而形成的王朝，東漢帝國本來就具備雙重結構。除了朝廷與地方政府組成的正式政治結構外，另外有各地「豪右」地主構成的隱性勢力網絡。這兩重結構有許多利益重疊、互相合作之處，但也不時會有緊張、角力的現象。例如朝廷雖然訂定了「打擊豪右」

的政策方針，顯然地方政府無論意願或實力都不足以真正推動這項政策，反而刺激、鼓動了地主們紛紛尋求讓自己從豪左「升級」為豪右。也就是朝廷意圖壓過地主，卻適得其反，讓地主在地方壓過了朝廷。

東漢末年在流民現象的考驗下，雙重結構進行了互動調整。地主們除了以規模向上整合外，武裝的大地主（準軍閥）彼此間又有種種合縱連橫，而納入合縱連橫互動的，也就包括了各地政府官員與原本屬於朝廷的軍隊、將領。

結果，不管是原有的官員、將領帶領地主進行武裝自衛，或是倒過來由地主將官員、將領的勢力包納進來，實質上都造成了劃分一區一區的勢力範圍，用武裝力量看守、防衛各大小軍閥。沒有武力是無法在這樣的亂局中立足自保的。

02 三國，一個大出人物的時代

從這個角度看「三國」，主要會看出「三」這個數字有問題。整個帝國大分裂，各地軍閥紛紛形成，數量當然大過於三。光看《三國演義》，裡面很顯然就有遠超過三個不同勢力在彼此對抗。開頭董卓是個勢力，袁紹是個勢力，袁術又是另一個勢力，曹操是在和他們對抗並瓜分勢力範圍中崛起的。

再往下看，劉備崛起過程有兩處關鍵，荊州是一處，益州是另一處，前者控制在劉表手中，後者由劉璋統治。

這麼多不同勢力並存，才是東漢末年的實況，卻因為《三國志》的歷史紀錄架構，在許多人心中的印象變成：原本一整個東漢帝國滅亡了，裂解成為魏、蜀、吳三塊。而真實狀況是，東漢先分解成多方軍閥並存、混戰，然後在一小段時間中，軍閥間有了魏、蜀、吳三股較大的勢力，也就是從《三國志》到《三國演義》提供給我們的圖像。不過一來，即使在「三國」鼎立的時間中，「三國」以外也還存在其他勢力；二來，這種「三國」狀態也沒有存在多久，很快就改變了。「三國」毋寧是漢末大亂、政治失序持續動態變化中一段短短的切片呈現。

《三國志》和《三國演義》對這段歷史的呈現有其主觀偏頗，不過這兩部作品前後連結、呈現了另一個極為突出的重點。明末清初毛宗崗曾假借老師金聖嘆之名，寫了一篇《三國演義》的序文，文中說：

古史甚多，而人獨貪看《三國志》者，以古今人才之聚，未有盛於三國者也。觀才與不才敵不奇，觀才與才敵則奇；觀才與才敵，而一才又遇眾才之匹不奇，觀才與才敵，而眾才尤讓一才之勝則更奇。

「眾才尤讓一才之勝」，這「一才」是超級天才諸葛亮。除了諸葛亮，另外還有「古往今來第一大名將」關羽，以及「古往今來第一大奸雄」曹操。綜觀歷史，在三國之前及三國之後有如此出人物的時代嗎？運籌帷幄的有徐庶、龐統，行軍用兵的有周瑜、陸遜、司馬懿，料人料事有郭嘉、程昱、荀彧、賈詡，步騭、虞翻、顧雍、張昭，武功將略有張飛、趙雲、黃忠、嚴顏、張遼、徐晃、徐盛、朱桓，衝鋒陷陣有馬超、馬岱、關興、張苞、許褚、典韋、張郃、夏侯淳、黃蓋、周泰、甘寧、太史慈、丁奉……，毛宗崗列了一百多個名字。這些人確實都在《三國演義》中出現。

毛宗崗稱頌《三國演義》的傑出，不過那並不完全是羅貫中的厲害，而是因為小說描述的是一個大出人物的時代。為什麼「三國」人才如此之盛？一部分原因是那個時代重視人物。

殘酷的事實是，和平時期、正常社會都比不上亂世適合出人物。亂世中原本固定的規則被打破了，人必須、也可以自己找出路，找到的往往是特殊、以前不存在或不醒目的出路，於是看起來格外顯眼、也格外刺眼。

除了普遍的每逢亂世都重視人物、比較容易有破格人物浮現出來，漢末到三國出人才，還和東漢的政治結構、政治運作有關。

03 外朝的集團認同與「清議」品評

前面解釋東漢的政治結構還少了重要一環。皇帝、豪族、外戚、宦官之外，還有外朝。西漢時外朝的地位遠高於內朝，到了東漢，尤其愈是到了後期，相較於外戚與宦官交互鬥爭掌權的內朝，外朝重要性大減，在政治上也失去了主體性。

東漢主要的事件都發生在內朝、宮中，外朝相對被邊緣化。不過等到地方「豪右」將子弟送入太學，藉由學問成就進入外朝當官，卻發現自己無法在政治上真正有所發揮，便感到失望與不滿。他們在太學學習了「古文經學」，吸收儒家的價值信念，產生儒生意識，加入外朝後，刺激產生了外朝自身的集體認同。

東漢中期，外戚與宦官爭鬥，邊緣化的外朝只能旁觀；但到了後期，外朝取得了新的組織力量，在政治上轉而成為三股勢力的拉鋸牽扯。外朝大部分時候和外戚聯合對抗宦官，少數時候也和宦官結合一起對付外戚。外朝持續捲入宮廷鬥爭中。

順帝時有了一項影響深遠的新政策——准許宦官養子。宦官最基本的性質是沒有子嗣，因而他們得到的權力與財富都必然及身而終，無法長久。但新政策卻讓宮中的宦官能有宮外的養子，建立自己的家族系譜，權力和財富就能由養子來繼承，並藉由養子和外面有更廣闊的聯繫。

另外，原本宦官的權力只能在宮牆之內行使的限制，也因為准許養子而打破了。宦官養的兒子當然不會也是宦官，必然養在外面，如此產生了和外朝及地方豪族間前所未有的關係挑戰。宦官養子代表宦官和外朝互動、衝突，進而也讓地方豪族感受到強烈威脅。

宦官、外朝、外戚三大集團的揪扭競爭，自然強化了集團意識。宦官和外戚都源自身分，基本上不會改變，也就有穩固的集團認同。豪族介入組構的外朝卻不是如此，在和宦官、外戚競爭中讓他們體會到，必須加強自身的集團性，才能有效和另外兩個集團抗衡。

集團意識的根柢，是分辨「我們」和「他們」。而「我們」是什麼？往往是由「他們」對照來顯示的。在漢末的環境中，豪族成員界定集團性質的一項關鍵因素，就是他們共同的太學背景，以及相關的經學知識。從儒學價值觀生出了一份強烈的集團區分意識，重點在於人格、原則，和其他兩個團體的現實、趨利對比。

這個集團強調人格，評斷人格高下，產生了「清議」。他們聚在一起最熱門的話題，就是比較誰的人格高、誰的人格低，進而人格該如何分等、誰屬哪一等……，「清議」的基本性質就是對人的品評、分等。

這種活動剛開始很清楚是針對「我們」和「他們」的劃分區隔，所以重點放在攻擊外戚、宦官等非我族類者的人格，藉以彰顯「我們」高於「他們」的地位。但隨著如此品評、分等愈來愈普遍，也就愈來愈細密，「我們」內部有了分裂。品評、分等不可能只用在「他們」身上，而對「我們」的品評、分等也不可能總是大家都是最佳、優等。所以「我們」中又分出小團體，「我們中的我們」品格比較高尚，「我們中的他們」則人格沒那麼高、沒那麼純粹。

「清議」、評人活動風行，使得這時代的集團意識更加高漲，卻也更加分解、碎裂。

04 以前以倫理道德看人，現在分成九種性質

「清議」評論人物高下，逐漸又生出關於如何對人分類的討論。沿著這部分發展，產生了這時代的一部奇書——劉劭的《人物志》。

從書名上看，很容易讓人誤會這是一部記錄各種人物故事的書。事實上，《人物志》幾乎沒有描述、呈現任何特定的人物，內容主要是講人的分類。首要的前提是：人有很多種，因而我們要認識人，必須找出對的、適當的分類原則與模式。

在魏晉之際出現的這本書，分類人的時候不再將重點放在區分高下，去講第一等、第二等、第三等……，其前提除了人有很多種之外，還更添加了一項——人的多樣性大部分是無法用高下排列來掌握的。於是如果將人分為九種，絕不會是像「九品中正制」的排列（上上、上中、上下、中上、中中、中下、下上、下中、下下），而是指出九種不同的性質；[13]每個人的內在都有

這九種不同性質，只是分量各自不同，如此造成了人的多樣性。

從這樣的眼光看人，聖賢的意義被改寫了。聖賢當然還是最高等的人，而聖賢之所以成為聖賢，是因為他們性格中的各種性質、元素不只通通具備，而且平均分配。但也因為這樣的構成，讓我們可以不必多討論、甚至不必多注意聖賢。畢竟聖賢如此稀有，而且完全平衡的聖賢沒有人格討論上的樂趣與用處。

現實裡絕大部分的人——真實的人——都是不平衡的。我們要了解人，重點就在於懂得去觀察一個人是如何由諸多元素組成的，哪一種元素、哪一種特性格外凸出，又有什麼元素、特性格外缺乏。換句話說，關鍵在於不平衡、在於偏頗，了解一個人就是要了解他如何不平衡、如何偏頗。

《人物志》的了不起之處，在於用了非常複雜的方式來看人，強調現實的「偏」比理想的「中和」、「平衡」重要；強調在真實的世界裡，「偏材」比「全材」多得多，而且重要、有用得多。

廣義的「三國」時代產生的新觀念包括：第一，不再相信人可以輕易被看清楚，可以隨意被描述與評論；第二，不再相信在極度複雜的環境中，會有走到哪裡都有用、有利的個性或能力。人有這麼多不同的可能性，必須應對不斷有變化襲來的外在考驗，在不同情境下會用到不同個性，所以在一個意義上，所有的個性與能力無論多麼偏頗，都是有用的。

從「清議」開始有了高度的「人物意識」，一路發展到「三國」時代講究人應該和別人不同，當亂世和重視人的複雜性這兩股力量加在一起，鼓舞、刺激了人的多面發展，也才會有反映在《三國志》到《三國演義》中的多元人才熱鬧現象。

三國時期的核心人物之一是曹操。《三國志．魏志．武帝紀》依照傳記慣例，開頭要寫他的家世，要寫他的父親。文字表面看來冠冕堂皇，但稍微細究便發現了其中的尷尬。最簡單的事實，曹操來自曹家，然而他的祖父是宦官，他的父親是宦官養子。就是說他根本不姓曹，強調曹姓家世與他何干？

這件事真正的歷史意義，在於從正式准許宦官養子才沒多久的時間，竟然就有一位宦官養子之子能夠攀升到那麼高的地位，一方面顯現了亂世對社會結構的深度擾動，另一方面也顯現了宦官勢力快速朝外擴張的力道。

曹操很有名的一件事就是下「求賢令」，那是他被後世評斷為「第一奸雄」的主要舉證之一。以曹操名義發布的「求賢令」，不只是明白地以才能而非品德為「賢」的條件，甚至更挑釁地表示：只要有才能，品德上有虧缺又有什麼關係？能力歸能力，品德歸品德，能力和品德不該混為一談。而且在他眼中、在這樣的時代中，能力比品德重要。

13　劉劭《人物志》共三卷十二篇，第一篇〈九徵〉提到從人的外在徵象來觀察內在氣質，指的是神、精、筋、骨、氣、色、儀、容、言。另外如〈體別〉篇將人的個性分為十二種，〈流業〉篇將人的才能分為十二種等等。

「求賢令」的用意在後世甚至被解釋為：曹操刻意找來一些敗德、失德的人，刻意要破壞人倫道德，那成為他最大的罪狀。如果將「求賢令」放回「三國」時代脈絡，我們應該看到的是：其真正的重點在於打破過去單一的道德標準，開放人的能力施展空間。道德拘束並窒息了亂世變動中所需的多元能力，這才是曹操所在意、要反對的。

以前看待一個人，看到的是以倫理道德為中心的一整個人；現在則採取完全不同的方式來觀察、分析。一個人可以切分為九種不同性質，由九種性質依照不同比例組構而成。無論是自我認知或去理解別人，都應該敏銳地如此反覆分析。這是全新的看人眼光，也呼應毛宗崗的意見：《三國演義》那麼好看，因為記錄的是中國歷史上一個少有的、人才人物概念多元開放的時局。

05 紛亂分裂才是常態的魏晉南北朝

傳統歷史認知中，「三國」之後是「魏晉南北朝」。不過「魏」、「晉」、「南北朝」和一般認知的朝代有不一樣的意義。

魏是一個很短的時代。讀《三國演義》時，一不小心魏就結束了，你可能都沒特別注意，更沒留下清楚印象。文學史上有個重要說法叫作「三祖陳王」，這是曹魏帝王家四位會寫文章、留下作品的人。「三祖」指的是魏武帝、魏文帝、魏明帝，「陳王」則是魏武帝的兒子、魏文帝的弟弟——「陳思王」曹植。

但魏武帝曹操其實並未真正即位，歷史上有名的「挾天子以令諸侯」，就指出了那時候還有為曹操所「挾」的漢獻帝，名義上漢朝還沒滅亡。要到魏武帝曹丕登基，才正式結束漢朝。

在歷史上同等有名的，是「司馬昭之心，路人皆知」。路人知道什麼？都知道司馬昭野心勃勃，要取代曹家當皇帝。《三國演義》後半本有一個反派角色，一直糾纏對抗諸葛亮，我們看到「空城計」那段感到大快人心，就是這個人被騙、被耍了。這個人是司馬懿，司馬昭是他的兒子，沒多久之後，曹魏就被司馬昭之子司馬炎給取代了。

正式的魏朝其實沒有比王莽的新朝長多少，為什麼可以被當作正式朝代，留在「魏晉南北朝」稱號中叫得那麼響亮？更進一步看，司馬炎建立的晉朝也沒存留多久。司馬炎死後，皇位傳給了惠帝，他最有名的故事是聽到報告說人民沒飯吃時，他疑惑地問：「沒飯吃，為什麼不吃肉粥呢？」他是真傻，根本無法處理政事，大權於是旁落在皇后賈南風手中，沒多久便引發「八王之亂」，接著北方遊牧民族趁機割據，亂局還沒收拾前，西晉就亡了。

那還有東晉呢。等等，名稱叫「東晉」，但從地理方位看，實則為南晉。越過長江遷都，也就統治不了北方，根本就進入「南北朝」的分裂狀態。重述一下重點，漢末大亂造成分裂，之後有魏和西晉這兩個看似統一的時期，但認真追究一下，「三國」中的吳國一直存在到西元二八〇年，而魏朝甚至沒有撐到那時候，在二六六年就被司馬家推翻了。接著的晉朝到二八〇年終於滅了吳國，形式上統一了，然而才三十年時間，到三一六年西晉也結束了。後面建立的東晉就只有南方的統治權。

這樣應該很清楚了吧，時代大改變，原本統一王朝的觀念與架構根本無法應用在這段歷史上。大變化時代的開端是漢末建安年間，各地開始紛亂分裂，缺少有效統一朝廷，到處政權與武裝勢力並立並存才是常態。一直動盪到西元五八九年，隋朝終於再次完成了一統，但僅持續三十多年，又掀起新一波隋末大亂，到唐朝成立才平亂。唐朝總算維繫了較長的一段統一和平時期，到西元七五五年爆發「安史之亂」，統一再度破裂，轉而進入軍閥割據的「藩鎮」時代，一直延續到北宋的成立。

第三部

中古時期

第一章

「中古史」的主要特性

01 中國歷史也能劃分大斷代架構？

從通史的大尺度來認識西洋史，一個最簡單也最普遍的架構，是分成上古史、中古史、近代史及現代史。

上古史的重點是希臘羅馬的發展，後來再往上推到近東兩河流域的文明源頭狀態。上古史結束在西元四七六年，西羅馬帝國被蠻族滅亡的那一年。蠻族帶來了長期失序，因而接著這段時期被視為「黑暗時代」（Dark Age），原本燦爛輝煌的羅馬文明毀滅了，基督教信仰籠罩整個歐洲，教會權威窒息了知識發展，造成全面停滯，無從進步。

而中古史的結束，是經過十字軍東征接觸了伊斯蘭文明，從那裡將失傳的希臘羅馬典籍、知識拿回來，開始了「文藝復興」。Renaissance這個詞其實就是「重生」或「復活」的意思，從此開啟了新的近代文化。近代史前期是文藝復興，後期是啟蒙主義時代，啟蒙主義潮流接著引發了法國大革命，翻天覆地的大騷動將歐洲帶入現代史階段。

這套架構很清楚也很簡要，提供了快速學習、記憶西洋歷史的途徑。民國時期，這套西洋史架構普遍為教育機構所採納，影響所及，當然就刺激許多人思考：中國歷史是不是也能劃分出這種大架構，讓學習者更容易掌握呢？

這是大哉問，經歷許多討論、許多試驗，沒有明白的共識答案。從西洋史上看，中古史進入近代史有一個突出的主題，就是信仰、神學逐步退潮淡出，理性、科學相對崛起得勢。這正是西方進步的開始，也是後來西方能如此強大主宰、壓迫中國的關鍵因素。中國明顯敗於西洋勢力，從歷史上看，那就是敗在沒有發展出理性與科學，再從科學發展出強力的技術。

更擴大來看，人家西洋的歷史有不斷進步的方向，是前進的；我們中國的歷史完全不一樣，是一個朝代接一個朝代，一廢一興，然後又一興一廢，不斷循環，一直在繞圈圈。這是中國歷史的基本型態，也是中國歷史的本質，是造成中國如此落後的根本原因。如果是這樣，中國歷史當然不會有西洋史那樣的大架構。

不過，也有完全相反的思考方式。其中最有力的，是馬克思主義的「唯物史觀」。「唯物史觀」號稱是馬克思運用了科學方法，消化研究歷史後得到的科學定律。歷史依照生產力和生產關係的變化，必然分為「原始共產主義」、「封建主義」、「資本主義」、「社會主義（共產主義）」等階段，而且必然是以這個順序變化推進。

這樣的架構既然是科學定律，也就不會只適用於描述、解釋西方的歷史，那麼東方的歷史、任何歷史，包括中國歷史，都一定依照同樣的模式進行。接受這樣的「科學眼光」，非得面對、解決這個問題不可：中國「原始共產主義」時期是從什麼時候到什麼時候？「封建主義」時期又從什麼時候到什麼時候？更麻煩的「資本主義」時期呢？是已經開始了，還是尚未來到？

這樣的思考模式，就是將中國歷史進行大斷代劃分。不必然都接受馬克思主義現成的答案，沿著這條思路而出現了種種對大斷代架構的提案，包括最簡單、最直接地試著將西洋史的架構照搬運用在中國史之上。

02 近世史接在什麼樣的歷史段落後面？

在這思考上得到突破性貢獻的，有日本學者內藤湖南（1866-1934，本名虎次郎）。他在一篇不長的文章裡整理「唐宋變革」，列舉了唐朝和宋朝各方面的現象，單純呈現相異之處，沒有太多的解釋。但光是這樣，就對中國歷史的認知造成了很大震撼。從政治、社會、經濟一直到文學、藝術，看起來唐朝是唐朝、宋朝是宋朝，相異之處如此之多，而且如此之明顯。

以這篇文章為起點，內藤湖南和同行、弟子開展了全面的討論，確定了中國歷史上唐、宋之際的大切點變化。宋代不只建立了自身和前朝很不一樣的面貌、風格，還帶領影響了後面的明朝、清朝。明清政治、經濟、社會、文學、藝術各方面和宋朝的相似性，遠遠超過和唐朝間的相似性。

於是有了堅實的理由，將宋代以下劃分出一段「近世史」，主張在西方帝國主義進入中國帶來下一波劇變之前，其實有這將近九百年的歷史大段落。不過將「近世史」概念與眼光確定後，引發了另一個不能不解決的問題，那就是在「近世史」之前是什麼樣的時代？「近世史」接在什麼樣的歷史段落後面，前面終結了什麼，才會浮現出「近世史」？

「近世史」的討論起源於唐、宋比較，但將近世史直接掛在唐朝之後，卻明顯不對等。「近世」不是一個朝代，綿延包納了宋、元、明三朝，加上清朝的一大半，對等地，應該要形成另一個跨朝代性的大斷代觀念。

最合理的主張是近世史之前有中國的「中古史」，而大斷代的中古史基本上始於漢末建安時期，也就是大一統帝國開始瓦解之時；中古史的尾巴則是紛亂的五代，由北宋予以統合起來，才進入了近世史。

建立這樣的中古史觀念有意義嗎？檢驗的標準在於，這斷代安排是不是能讓我們因此看到傳統朝代史所看不到的現象與重點？依照朝代史，這段時期涵蓋了漢末、三國、魏、西晉、東晉、宋、齊、梁、陳，另外還要加上北朝的北魏、東魏、西魏、北齊、北周，再到隋、唐，然後是後梁、後唐、後晉、後漢、後周。這樣列下來，有超過二十個朝代（時代），但這不是全部，像是北方在北魏建立前還存在許多其他政權，和「五代」並列的另外還有「十國」。

這段時期包括的時間有七百多年，還沒有近世史期間來得長，竟然就有那麼多列不完的朝代和政權，正顯示了中古史的特性——這是一段政權極度不穩定，朝代不再是固定、有效歷史中心的時代。

從西元第三世紀初一直到第十世紀，歷史的重心不是哪個朝代、哪個政權如何統治，而是分裂局勢中各方力量的互動衝突。即使有統一的時間，也不等於就是承平時期，由中央單一政權統治。這段時間中分裂是常態，統一是例外，清楚呈現了其特徵。

03 表面上是統一，骨子裡是變相的分裂

中古時期涵蓋了唐朝，一般被認為是興盛的大唐帝國。但從中古史的角度，更仔細地看待分裂而非統一的現象，我們會對唐朝產生不同的印象。從興盛、統一的角度看，看到的是初唐、盛唐的景象；換從分裂的角度看，卻看到了唐朝明明還有相當長的中唐、晚唐時期。

將唐朝分為四個時期，在文學史上最彰著。初唐的陳子昂、王勃、駱賓王等人，作品風格明顯不同於盛唐的李白、杜甫，他們沒有李白的氣勢，也沒有杜甫的深邃。不過在李白、杜甫之後，唐朝還有李賀、白居易、李商隱、溫庭筠等人，他們的作品又非常明顯不是李白、杜甫的風格所能籠罩的。不同的作者、不同的關懷、不同的視野，寫出了不同風格的作品。

除了作者的個性與才能外，背後有著時代更大的作用。分界點是「安史之亂」，也就是大唐

帝國成立後一百多年，盛唐結束了，事實上，唐朝中央統治的有效性也隨而結束。形式上唐朝在亂後繼續存在，然而在中唐、晚唐的政治場景上，現實統治卻是以動態妥協的方式，由中央和地方藩鎮共享權力。

也就是表面上統一，骨子裡是變相的分裂。換從另一個較長時間架構看，也就是唐朝之前紛亂分裂的一些根本因素，並未在初唐、盛唐的一百多年間消失，在大動亂後重新浮出檯面，將唐朝的實質政治部分推回了唐朝成立前的狀態。

這裡有歷史更長期的延續個性，不只是跨越那些存在短暫、變化頻仍的朝代，甚至連唐朝一統的百餘年，都不足以真正逆轉這樣的延續個性與長期結構。

西元七五五年爆發「安史之亂」，關鍵因素是安祿山控有了北方三大鎮，而之所以將具備強大武力的三大鎮交給安祿山，部分原因是要借重他的外族身分，來建立唐朝北方的防衛。只是情勢一轉，安祿山將武裝力量用來反抗長安朝廷，朝廷無法支應，只能節節敗退，連玄宗皇帝都必須倉皇出亡，隨後不甘不願地退位，由太子在靈武即位來收拾局面。

安祿山的崛起壯大，當然和之前的胡人南下及政權分立現象密切相關。「安史之亂」後，戰爭中形成的軍事勢力又各據藩鎮，如此的唐朝非但不再是興盛的大帝國，甚至也不是承平、統一的。

依照朝代史來看，唐朝之後是「五代」，五個朝代。之所以併合而有這個名稱，是因為五個朝代加起來才五十幾年，用朝代來看其實根本看不見歷史事實。比較有效的方式還是得跳脫朝代，將「五代」加「十國」視為中唐以降藩鎮問題惡化到另一個層次，中央朝廷連表面都維持不住了。唐朝不存，後面掙扎要繼承唐朝的朝廷也都個個無法真正勝過割據的地方勢力，如此亂象頻生、動亂不斷。

04 皇權沒那麼強，無法直接統治人民

宋朝在中國歷史上最突出的現象，是出了許多精彩的文人，發展出輝煌的文人文化。文化史上一定要講述具代表性的「唐宋八大家」，然而在「八大家」中，唐人只有兩位，宋人占了六位，甚至眉山蘇家父子蘇洵、蘇軾、蘇轍就占了三位，比整個唐朝的名額還多。趙匡胤成立宋朝後，訂定了「重文輕武」的大策略，建為「祖宗家法」，是文人文化躍出的堅實因素。

但也因此產生了文人和朝廷間的特殊關係。宋代這些留下經典作品的文人，幾乎毫無例外都同時是朝廷官員，而且他們生涯的主要事件，不外就是參加科考，考上了在朝當官，然後升官、貶官、升官、貶官……，直到退休或去世。每一位宋代的文學作者都在官場度過了一生，沒有做過其他營生。

以一個標準看，文人的地位很高，文人的態度也很強悍，范仲淹的名言「先天下之憂而憂，後天下之樂而樂」，反映的就是文人的自覺與自傲，認定文人要管天下事，天下不是帝王的，而是由文人和皇帝共治天下。但這是文人的群體地位，相對地如果看任何個別文人，就出現完全不同的圖像。大部分的人都無法在官場得到穩定待遇、平順升遷，而是遭遇多次打擊，從京城被外放，往往還愈放愈遠、愈貶愈低，然後再反向逐步朝著靠近京城的職位調動，愈調愈近，終於回到京城。但回到京城並不表示就會一直留著，仍然隨時可能再來一次外放貶謫的歷程……

從這個角度看，看到的是至上皇權。儘管皇帝需要文人協助，有效共治天下，但文人沒有任何權力可以挑戰皇帝。文人幾乎等於完全依附在朝廷官僚體制中，和朝廷外的社會沒有直接的職業關係、社群關係，所有的聯繫都經過朝廷，透過朝廷才能接觸社會。

擴大來看，整個政治權力模式徹底改變了，皇帝和他所統治的天下之間，不允許有任何其他集團力量中介，不能存在具備政治權力與影響力的中間階層，就連和皇帝共治天下的文人，都無法結成這樣的權力團體。

以近世的皇權狀況可以回推、對照看出中古史的另一項特徵，那就是皇帝和所統治的人民之間，相反地存在很多中間層級，並發揮作用。皇權沒有那麼強大，無法直接統治人民，必須被許多介於其間的群體干預，也必須和這些群體合作，在權力上向他們妥協，才能維持皇權與朝廷運作。

05 世族才是亂世中的庇護勢力所在

介於皇權和人民之間的一股勢力，源自於東漢的豪族。大地主控有愈來愈多的社會資源，都從「豪左」變成「豪右」，再進而增加對朝廷的影響。豪族的發展並未隨東漢滅亡而停止，反而在亂世中更上一層樓。外族力量大舉進入中原，形成「五胡亂華」現象，眾多人口為了避難而遷徙。人口移動的方向主要是往南和往西，連帶促成了豪族的轉型。

豪族擁有足夠資源可以選擇自己的去留。選擇留下來的，就必須組織武力來對抗南下的胡族侵犯，於是在北方有了「塢堡自守」的大族中心；選擇離開的，則必須安排行進去向，並確定遷徙後能落腳的地方與條件。一旦缺乏豪族能聚攏、運用的資源，面對胡族的入侵騷亂就根本無從選擇，只能任局勢宰割。因此，當然促使許多人想辦法依附豪族，隨豪族自守或遷徙。

豪族在亂世中更擴大了規模，又推動了人口集體移動。由豪族組織的遷徙會帶著大批的生產戶，稱為「佃戶」；另外有大批的武裝護衛，稱為「部曲」。事實上，佃戶和部曲都是只能依附豪族求生存的無助人口，豪族分配他們做什麼，他們就做什麼，佃戶和部曲的身分有著很高的互換流動性。

靠武裝保護移動，離開受威脅的舊地域，到達新地點之後，就轉而以武裝力量占下大塊土地，交由「佃戶」生產部隊來利用耕種。這種做法當時稱為「封山占澤」，一聽也就知道他們占領的土地面積驚人，領域內有山有水，如果不是帶領強大武力搬遷過來，是不可能做得到的。而既然具有封山占澤的條件，搬遷後也就很快能在新地方定居下來。

如此產生了從北方移到南方、比原本豪族地位更高的「世家大族」，或稱「世族」；也因為他們利用這種方式移居，很短的時間內，不只在政治面，連帶經濟面、社會面都帶給南方巨大的變化。

和原本的豪族不一樣，轉型後的「世家大族」自身控有強大武力，不再受朝廷地方政府的約束。事實上，他們遷居所到之處往往根本還沒有地方政府，或是地方政府的統治範圍、統治能力還小於這些世族。

其次，封山占澤的結果是世族的經濟型態也改變了，從大地主農業轉型為莊園生產。原本兼併的土地當然以農地為主，現在還有了「山」、有了「澤」，也就表示生產多元化了，而最主要的實質效果，是使得莊園內可以高度自給自足。木材、野味、漁獲，甚至到簡單的礦物提煉，從原料到燃料都不假外求。莊園是更堅固、也可以更封閉的自足單位，在經濟和軍事上等於形成了小王國。

如此必然改變了政治結構。亂世中朝廷保護不了人民，相對地也不可能有多大的統治力。朝廷的力量別說要進入世族莊園內，倒過來看，如果沒有這些世族的貢獻與協助，朝廷根本無法成立、無法運作。受到胡人強大衝擊時，晉朝南遷，自保不暇，雖然都叫「晉」，但西晉和東晉大不相同。

東晉只能在一個條件、一個基礎上才可能在南方站穩腳步、重建政權，那就是連帶轉型為這些世族聯合組織。世族扶持朝廷，換來彼此間相對穩定的互動模式，避免兵荒馬亂之際還爆發嚴重內鬥。因而他們和朝廷間絕非下對上的關係，維持了半獨立的形勢，認真說，朝廷依賴世族超過世族需要朝廷。

世族取得了極高地位，他們的社會地位很高，有那麼多佃戶、部曲依附在莊園中，離開莊園就無法在陌生新居地生存；他們的政治地位也很高，朝廷的權力大小取決於世族的支持程度。這樣的結構決定了這段時期的分裂本質。從政治到經濟到社會，都沒有大一統帝國的條件。

06 鐵打的世族　對上流水的朝廷

需要「中古史」大斷代概念，是因為這段時間的政治狀況，和之前、之後都如此不同，卻受到之前、之後大一統帝國形式的包夾，以至於常常遭到想當然耳的誤解。

例如，想當然耳認定傳統中國的政治，必然是皇帝具備絕對高位與絕對權力。一切命令、一切決定源自皇帝。皇帝從中央朝廷指揮龐大官僚體系，將權力、指令貫徹到帝國各地。

中古史的中國政治完全不是這樣。如果從時間尺度來看，會看到「鐵打的世族」對上「流水的朝廷」。世家大族有能力自保，有莊園提供自給自足的經濟條件，需要時選擇性地幫助特定的勢力，讓特定的人可以建立朝廷。但朝廷要靠世族合作才能維持，而且世族的社會地位一直都高於皇帝與皇家，皇帝、皇家若保不住世族的聯盟地位，很可能就會被取代。朝代換了，世族仍然根深柢固站得穩穩的，不會動搖。

這是南方的基本情勢。在北方同樣形成了世家大族，但他們的性格與策略和南方不同。他們必須應對胡人、外族，先取得「塢堡自守」的防衛保障，然後還是要找出和胡人、外族共存共處的方式。他們藉由提供人身、財產保護，收攏了大批流離人口，再憑藉這些人口的生產力與戰鬥力，和具備草原民族優勢移動性武裝的外族周旋，試圖建立比較長遠的安全架構。

從社會史角度看，無論南方或北方，重心都在世族而不在皇朝。當年宋武帝劉裕掌握東晉的政治與軍事大權，帶兵北伐後秦時，在陣中收到寧州地方官送來的貴重禮物，是一個琥珀枕頭。琥珀的尺寸大到可以當枕頭，這是多麼難得啊！而他的反應呢？因為當時的醫學知識認為琥珀可以治皮肉創傷，正要去打仗的劉裕就將琥珀打碎，分發給部隊官兵，讓他們拿去磨成粉帶在身上。這個故事流傳下來，重點是要記錄劉裕鬧了個大笑話，他不識貨，竟然將那麼難得的琥珀、那麼精巧的工藝品如此糟蹋。

還有宋文帝劉義隆的故事。《宋書・蔡廓子興宗傳》說，一位能在宮中進出的中書舍人王弘，得到宋文帝的賞識，皇帝很替他著想，告訴他要想辦法提高自己的地位，最有效的途徑是去結交關鍵人物，那人就是從王導、王敦一路傳下來，世族中最顯赫的琅邪王家代表人物王球。能夠到王球家拜訪，當他家的賓客才算數。宋文帝交代這件事時，甚至明白表示：「要攀就得攀王家，攀姓劉的或其他姓都沒用。」（皇帝自己就姓劉啊！）

王弘姓得好，如果混得進去，人家誤以為他是那個王家的，地位就往上翻了好幾番。皇帝教了他做法，還特別提醒：「去王球家，就說是皇帝要你來的。」結果呢？王弘碰了一鼻子灰，來跟皇帝告狀，說王球不接受他參加宴會啊！這時皇帝如何反應？皇帝嘆口氣搖搖頭說：「那就沒辦法了。」

「舊時王謝堂前燕，飛入尋常百姓家」，這是出自唐朝詩人劉禹錫有名的詩句，這樣的感慨源自於南北朝時期王家、謝家地位之高，讓人很難想像他們和「尋常百姓」會有什麼共同交集。連皇帝都自知也自覺，他們劉家比不上王、謝，不是憑恃皇帝身分就可以壓得了他們。就算當了皇帝，也沒辦法強迫他們尊重你，給你和他們平起平坐的地位。

而且世家大族還發展出特殊的貴族生活與貴族文化，可以不斷考驗、區隔比不上他們的人。王弘如果成功地進入王家當賓客，他很可能進廁所時看到旁邊擺放了看來香甜可口的棗果，很自然地拿了一顆來吃，結果被人家看到，就傳開了說他竟然連那是用來塞鼻子防臭的都不知道！

第二章

世族勢力與貴族文化

01 講求高度炫耀效果的貴族文化

武人出身的皇帝，一直都意識到那些世族們對自己的看法，卻也總是拿他們沒辦法。因為要維持王朝和皇位，需要他們的認可與協助。看看南朝宋的變化：劉裕死後少帝劉義符即位，但兩年後就被徐羨之和傅亮等人連手廢除。劉義符之後是廬陵王劉義真，他認真經營和世族名士的互動，他可以進出謝家，和謝靈運有交情；他的朋友還包括了從北方來的顏延之和名僧慧琳等人。但反而又因為這樣，讓徐羨之等人擔心他挾著對世族的影響而有太大的權力，索性將他殺了以阻止他當皇帝。

劉義符死時十九歲，劉義真死時十八歲，那時代的皇帝真不好當。這樣的皇帝，基本上世家大族的人是不願當、甚至不屑當的。世族那麼穩當，地位那麼高，還有由莊園經濟撐起來的貴族生活、貴族文化，他們怎麼可能羨慕皇帝，拿這些去換皇帝位子？

從「五胡亂華」接到南北朝，出現了許多不同朝代，每一個王或皇帝真正握有權力、能行使權力的時間都很有限。看王朝，看到的是一個接一個的替換，快速變動又高度不連續，亂成一片；不過當時的歷史事實上是亂中有序的，那「序」與「續」（秩序與連續）存在於世族那邊。

世族的秩序與連續性，特別反映在文化上。他們除了有政治、經濟、社會方面的優位，還有文化勢力。中國從近世以降，形成了平鋪的社會，沒有貴族，也就沒有貴族文化，幾百年下來，變得相對難以理解、想像六朝的貴族文化。然而貴族文化是六朝最具特色的歷史面貌。

也許大家應該聽著莫札特的音樂，想像創造出那種音樂的歐洲宮廷環境。提到那個時代的宮廷，腦中浮現出的莫札特模樣應該是戴著假髮吧！不只莫札特，那時代進出宮廷的男人都戴假髮，而且都穿著誇張、華麗的衣飾。和莫札特同時期的海頓，擔任宮廷裡的樂長職務，留下來的合約中清楚羅列了他的工作項目，其中就包括管理他自己和樂團成員的衣著外表，假髮是絕對不可或缺的一環。

大家也可以參考《製作路易十四》（*The Fabrication of Louis XIV*）這本書。「太陽王」路易十四是那個時代留下最多畫像的人，透過對他畫像的研究，可以看出國王的外表如何經過精心設計、注重多少細節，不只戴假髮，還要穿絲襪、穿高跟鞋，連手上拿什麼都有設計。

這就是貴族文化的精神——講求高度炫耀效果。其實包括海頓、莫札特的音樂，在那個時代也都是宮廷炫示的一部分，並不是要表達作曲家個人的感受或想法。貴族文化充滿了表演性質，一個作用是明顯將貴族和一般人區別開來，讓一般人看得目眩神迷，從意識底層接受、承認自己和貴族間的巨大差距，只能仰望、崇拜、羨慕貴族。

中國中古史的文化面相，最醒目的現象之一就是魏晉「名士」。對於「名士」最簡要、最精到的描述是魯迅寫的文章，凸顯了「酒」與「藥」。尤其是「藥」，使用得最普遍的一種叫「五石散」，名稱就指向了這種藥是從多種礦石中提煉出來的。這種藥的主要成分之一是砒霜，少量攝入會造成皮下微血管破裂，表現在外就是皮膚顯得白裡透紅。這是六朝最流行、最受歡迎的化妝效果，由內而外，不單純是外在的化妝。

吃「五石散」實際上是輕微中毒，皮膚表面變得很敏感，稍微用力摩擦就會破皮流血，因而吃了「五石散」的名士要穿寬鬆柔軟的衣服，免得走路、行動中衣服把皮膚磨出了血。

另外，吃了「五石散」後，體內會發熱讓人坐不住，最好的方法是到外面通風處走路。在當時有特別的名詞稱「行散」，既是服食「五石散」後讓「散」作用的意思，又是走路來幫助發散熱氣的意思。

02 「清談」談什麼？為何是老莊易「三玄」？

既是化學家、也是業餘歷史研究者劉廣定先生曾全面檢驗六朝史料，確認了那個時代有許多人是因砒霜或汞中毒而死，帝王因此而死的比例甚至高達三分之一，其他非帝王的也都是貴族。

這種風氣源自世族，因為「五石散」製作不易且價錢昂貴，一般人吃不起。一般人也沒有閒工夫準備特殊衣服，去走路「行散」。一般人做不了的，他們做了，從皮膚、面容到衣裝、舉止都因「五石散」而不同，真是最佳的貴族地位區別手段。即使因而中毒、送命也在所不惜。

這些穿著寬大衣裝的名士，最常做的活動除了「行散」外，就是「清談」。「清談」之「清」有兩個重點，一是要清閒才能那樣談，二是談的內容都是非功利的，不是為了商量什麼事務、為了達成什麼行動共識而談，所談不涉及任何現實目的。

「清談」源自漢末的「清議」，但「清」的意義有了微妙的轉變。原本強調的是清高，表示對於是非議論採取了高標準；後來變成了突出地和世俗保持距離。不過那種高於一般人的姿態，畢竟是一致的。

作為貴族文化的一環，「清談」也同樣要炫示差異。參加「清談」的人都吃「五石散」，相貌不一樣；穿上高級軟質材料做的寬袍，衣裝不一樣；手上還拿著可以上下左右揮動的麈尾，說話時的姿態、手勢也不一樣。還有，甚至連「清談」的談法都不同。

「清談」絕非閒聊，不是隨便什麼人都能聚在一起閒聊，貴族要聚要聊，當然也得有特殊形式。「清談」有規範、有主談者，談了之後，有特別的人負責「難」，也就是提問質疑，然後主談者再針對「難」的內容回應、反駁。參加者要嫻熟形式規範，當然更要具備高超的言詞能力，才能上這舞臺，有適當的演出。「清談」過程中通常會有觀眾，他們同時擔任評判，盯著看誰在論辯中贏了或輸了。

「清談」談的話題，是完全和現實無關、卻又極其高深奧妙的「三玄」（老、莊、《易經》）和外來的佛理，當然不是一般人會談的，一般人根本聽不懂。漢初道家風行一時，甚至成為朝廷官方的意識形態準則，不過那是「黃老」，和魏晉六朝流行的「老莊」內容大相逕庭，流行的理由更是完全不一樣。

「老莊」最大的特色，例如和儒家相比，在於其出世的性格。《老子》還有帝王術，以逆勢思考來擴張權力、保有權力的一面；《莊子》則不然，強調「逍遙」、強調「齊物」，就是要超脫世俗的約束。《莊子》不只不說現實的事，而且大量運用寓言，用一般的讀法會讀得迷迷糊糊、一頭霧水。除了脫離現實之外，還多加了不容易理解的門檻。

相對地，儒家一直在現實裡。《論語》所顯示的孔子，講來講去都是因應現實發生的事而來的解說，比如記錄了日常生活中兒子孔鯉怕爸爸，看到爸爸站在庭中便快步走過，偏偏被爸爸逮住問他功課；也記錄了孔子自己說「吾少也賤，故多能鄙事」，連學畜牧、學會計這種瑣事都出現了。孔子浸潤在現實中，相對地，莊子如此超脫，比老子還超脫。一般同樣浸潤在現實裡的人，能理解孔子；但要有可以超脫世俗一定條件的世族，才能理解莊子。

在亂世中讀《莊子》、談《莊子》，還有一層作用，因為莊子明確表白人世間沒什麼值得留戀。人應該毅然離開現實，到現實之外去追尋完全符合自己個性、不需委屈自己配合他人標準的「齊物」境界，得到「逍遙」解脫。世道愈亂，當然愈是讓人認同莊子，產生意欲超脫日常的強烈衝動。

《易經》則代表了亂世的另一種態度。「亂」意謂沒有秩序、沒有規律，也就是難以預期未來。人被拋擲在高度不確定中，會更想得到一些面對未來的依據，削減不確定感。

《易經》是占卜之書，本來就是運用在預測未來上。《易經》的書寫、表現風格，又是碎裂、間接、如謎語般的短語。有一個超越性的大架構，又有神祕兮兮的字句，也很適合貴族文化以一般人會好奇又無法弄清楚的內容來炫耀的基本做法。

03 輪迴與因果，佛教教義的新鮮迷人

這時期「清談」的主要內容，還有佛教。

佛教進入中土，經歷了幾個不同階段。剛開始在東漢時期，重點放在「佛」和祈禱。「佛」被視為一個新的、不同的神，從遠方傳入中國，有著特殊的神通，如果虔誠信仰、祈禱，就能得到保佑。

到了魏晉南北朝，由於和西域互動更為普遍，從西域來了一些深入了解佛理的僧人，讓佛教擺脫了素樸、粗糙的原始信仰性質，介紹佛經、翻譯部分佛經內容。從零開始翻譯佛經絕非易事，需要對照的詞語和文法，剛好這段時期「老莊」和《易經》在世族間流行，得以提供近似的詞語和文法供佛經翻譯之用。

佛經也因此被視為和「老莊」、《易經》有許多相似之處，在「清談」的情境中併合而為玄談內容，從表演與區隔凸顯貴族身分的價值上大獲重視。

「清談」的表演重點在於奇言怪論，這種風氣可以溯源到東漢末年。一度蔡邕備受矚目，引來許多好奇，因為在「清議」的聚會中，他常常講出各種似是而非或似非而是的道理。例如信天而不信鬼，例如打雷其實是天在打呵欠等等，當然讓人聽得一楞一楞，留下深刻印象。不過後來蔡邕的祕密被揭露了，這些奇言怪論不是他自己想出來的，而是他因緣際會收藏了一本奇書，將那本書裡的論點搬來作為談資。

那本書是當時很少人聽過的《論衡》。作者王充的學問和思考路數都大異於主流，形成了對主流來說的「奇言怪論」，卻在「清議」的環境中特別招引注意。當大家發現蔡邕的許多說法原來是從《論衡》中擷取來的，一時間對《論衡》產生了高度興趣。

這種求異的精神在「清談」中更為發展，外來的佛教教義在這方面最為突出。佛教除了從完全不同的文明脈絡中得出其主張，對中國人來說這些主張新鮮刺激，背後的推理也極其曲折迷人。另外，佛教具備了嚴整的「因明學」，講究複雜卻井然的論理邏輯，這一方面也是中國文明在戰國「名家」沒落後就少見的思考方式，另一方面又剛好符合「清談」的表演形式，尤其是要評斷勝負時所需要的。

佛教教理最新鮮、最迷人的，是無窮輪迴的時間觀，以及嚴密的連環因果架構。因果在輪迴時間中運作，打破了人壽的限制，開拓了視野，提供了很不一樣的人事解答。例如亂世中人人不安，無法建立行為與遭遇間的關聯，做了什麼會得到什麼樣的相應結果，似乎完全亂了套，無法解釋。

佛教卻堅持有果必有因，因果一定是連結的，表面看來的因果錯亂（例如善人有惡報，戰爭同時間將災禍一起降臨在好人和壞人身上，突發偶然變化力量遠大過人所能計畫與控制的……），是太短的時間尺度所造成的。人不只活這一生，你的這一生是之前無限輪迴的前生作為因所造的果，你這一生所得到的，也不是由單獨這一生的行為來決定，還要加上數不清的前生所為，因果相連積累變數。如果從無盡輪迴的尺度看，一切都是果報，任何行為、任何意念、任何現象都有果報，都在因果之鏈中。

佛教教義展現的方式，在論理之外還輔以寬闊、極致的想像力，牽涉到印度文明和中國文明最大的差異所在，是無限與有限的不同傾向。中國文明建立在周文化基礎上，有非常明確的關照範圍，以人世為限，以現實為思考對象；印度文明從神話到數學的發展，不斷地探索、突破至大與至小的極端領域。佛經中呈現的時間是無限延展的，空間亦如此。

佛經中常見「三千世界」的說法，我們所處、所認識的世界不是唯一的，不是一切。想像在此之外，存在著諸多其他的世界，我們可以也應該透過佛念超脫現實世界，用更大的諸世界群相、無窮空間的尺度來思考、來體會。「三千」也不過是方便指稱「極多」的意思，另有常見說法是「恆河沙數」，那當然就是極大、無限多。

04 「三武滅佛」的對象是佛寺而非信仰

佛教以人生之苦為前提，承諾為人解脫痛苦，不過尋得解脫的方式，很重要的一部分是透過改變來認識。你以為自己的苦是莫名其妙無法解釋的，那是因為你以為自己活了五十歲，卻無法從五十年的因果中找出答案，但其實你活了幾百歲、幾千歲，看了幾百年、幾千年的因果，那就都清清楚楚了。

還有，你從自己所處的世界來理解因果，這也錯了。你所知道的只是世界的四分之一，而在這個世界以外，還有三千、乃至如恆河沙數那麼多的其他世界。和無限大相比，任何實體都是無限小。

佛教具備中國傳統中從未有過的豐富想像力。既然一般人不會有這樣的想像力，他們也就聽不懂佛教所描述的種種道理，這符合貴族文化所需要的區隔作用。所以「清談」將這部分的佛教，納入成為當時貴族文化的重要內容。

佛教如此在亂世中和世家大族關係密切地發展，又形成了特殊的組織。中古時期和佛教、佛寺有關的大事，歷史上稱為「三武之禍」。「三武」指的是北魏太武帝、北周武帝和唐武宗，這三人都以政治權力對佛寺進行打擊，無情地要「滅佛」。

這三位皇帝這麼剛好名字裡都有「武」。其實應該倒過來看，他們的「武」是謚號，是死了之後才由後來的人依照他們統治期間的行為、功過定下來的。表示那個時代的朝廷大臣將他們強烈打壓佛教的做法，視為符合「武」字謚號的評價。「威彊叡德曰武」、「克定禍亂曰武」、「刑民克服曰武」，「武」代表很高的評價啊！

所以他們符合以軍事行動擴張國力的作為，在位期間要打仗，還要經常打仗、能夠多打勝仗，關鍵在於要有足夠的資源運用在軍事領域。「滅佛」和他們愛打仗、能打仗是直接關聯的，他們「滅佛」、「廢佛」最主要的對象，不是佛教信仰，不是佛理傳播，而是佛寺。

中古時期，佛寺形成社會上的大勢力，和世族關係密切。近世之後，「叢林制度」[14]下佛寺是化外的「僧伽」（saṅgha），和世俗保持相當距離。然而中古卻非如此，佛寺招引了許多人，進入佛寺系統中就不受朝廷管轄，其生產所得也都貢獻給佛寺，與朝廷無涉。朝廷本來就管不到世族的莊園，又多了佛寺也脫離國家的管制與動員體制。更有甚者，佛寺和莊園還會連結起來，包納更多人民，相對掏空了朝廷的統治。

如此形成了拉鋸。朝廷弱勢時，莊園和佛寺聯合坐大；倒過來當朝廷有條件強勢時，就必然

14 「叢林」源於梵語「貧婆那」（Pindavana），本義為樹木叢聚為林，佛教借來指稱僧眾居住與修行的場所，後來泛指所有的佛教寺院制度。

要想辦法從莊園和佛寺動員出可用的人力與資源。

北朝壯大軍事實力，對世族產生了威脅，世族拒絕配合繳交資源的一種辦法，就是將土地與依附的人民捐給佛寺。形式上捐了，不屬於世族莊園，朝廷就無可如何，因為認定了皇帝不敢、也無法對付佛寺。對佛寺的捐奉愈來愈多，佛寺愈來愈大，事實上是世族與佛寺的聯合系統，以朝廷為代價，維持、甚至增加其勢力。

北周武帝所做的，就是要打破宗教所形成的禁忌壁壘，以他培養的強大武力直接攻擊佛寺，沒收佛寺聚積的財產，更重要的，搶奪原本屬於佛寺的人口。

05 玄奘vs六祖惠能，兩個極端佛教人物

佛教進入中國，一度特別吸引世家大族，參與了他們貴族文化的形成。不過，佛教畢竟另有比較簡單承諾解脫、刻劃西天極樂世界的那一部分，所以也會吸引一般人民投入。從世族那裡取得了土地，加上投靠依附過來的人民，佛寺很快就建立起社會上的特殊勢力，和世族一樣，都有土地、有人民而可以和朝廷抗衡，同時也引起朝廷對其土地、人民的覬覦。

北朝國家體制有較強的武力，到了一個階段，要進一步取得更多資源來拓展朝廷統治，就非得對付佛寺不可。北魏、北周先後都爆發了「滅佛」的激烈衝突。到了唐朝之後，佛寺不得不調整其社會性質，尤其與朝廷間的關係。儘管唐武宗時又有一次「滅佛」的做法，不過那時候的佛寺其實已經和南北朝時很不一樣了。

唐朝在建立之初就刻意凸顯自身的姓氏，和同為姓李的老子李耳牽親戚，藉此以國家力量抬舉、崇奉道教。以宗教對宗教，壓抑佛教的影響，削弱佛寺的勢力。這個政策有效地裁抑了佛教佛寺，不過其後遺症卻是道教、道觀隨之興盛，而且這些後起的道觀明顯模仿佛寺的經營方式，逐漸又在各地形成朝廷無法掌控的勢力。唐武宗之所以又發動「滅佛」，其對象並非都是佛寺，毋寧是要一併整飭佛寺與道觀。

改變唐朝佛寺性質的另一項因素是，佛教中思想的地位逐漸取代了社會影響力。這項改變的核心代表人物是玄奘法師，也就是通俗小說所稱的唐三藏。玄奘西行到印度取經，出發時等於是潛逃出境，但等他回來時，卻極度風光，皇帝都接見他，正式成了他的施主。

前後遭遇的戲劇性差別，主因是玄奘選擇了國家朝廷認可的佛教重點。朝廷打壓佛寺，主要忌憚佛教的社會動員影響力；但朝廷也不可能真的取消佛教，對策就是鼓勵佛教往教理而非信仰的方向發展。

玄奘為了教理而千里跋涉到印度取經，而且他最感興趣、最為投入的，又是佛教教理中最艱深的「法相宗」。法相宗的起點是違背常識的，主張「萬法唯識」，即所有的一切都來自人的意識，我們無法越過意識去肯定任何外在事物，因此對意識的形成與運作進行了極度詳密、複雜的分析。

「唯識論」形成了一個完整的感官與外界交互作用系統，教導人經由如此高度思維性、知識性的理解，擺脫對外物有實體的幻相，取得智慧通向解脫。雖然終究的目標是涅槃解脫，但其過程需要非常艱深的思辨能力，幾乎沒有單純信仰儀式方便依隨的部分。

這是佛教知識建制化的發展，只能吸引有思考能力、有學問背景的人，對一般人築起了很高、難以跨越的門檻。這樣的宗派、這樣的高僧值得景仰；這樣的宗派、這樣的高僧不會有狂熱的信眾追隨，也就不會有動員社會、威脅朝廷的潛力。

佛教在初唐、中唐時期，受到帝國政策壓制、引導，教理地位提高，相對地與民間關聯性不斷下降，佛寺也逐漸和社會疏離。一直要到唐中葉，禪宗興起，才又出現了另一番不同方向的變化。

唐朝最重要的兩位佛教人物，他們的形象天差地別，像兩個極端——玄奘法師是大學問家，掌握最艱深的佛理；六祖惠能卻來自蠻遠地帶，甚至不識字！玄奘法師到佛教源頭之處求經，就是為了確保得到不受轉手扭曲的佛教真理，回到唐朝後得到皇帝資助，成立了龐大的譯經機關，他自己孜孜矻矻地擔負起最困難的教理翻譯工作。透過他的智識努力與影響，使得中國本土的華嚴宗、天臺宗在唐朝昂然興起，形成了和印度佛教不同的思辨系統。

完全不識字的六祖惠能當然不可能了解法相、華嚴、天臺等任何一個知識系統。禪宗在他手中確立了「不立文字」的途徑，強調「頓悟」，也就是為和他一樣不具備高度知識、思辨準備的一般人，開放了一條進入佛教、成為佛徒的道路。如此才讓佛教重新和社會連結，對廣大的眾生說話，尤其重要的是，在唐帝國開始混亂、分裂的時代，得以提供眾生一定的心理安慰，給予解脫希望。

禪宗徹底衝擊、改變了原來的佛教體制。從以佛經為中心，變成以「公案」為中心；從用文字道理傳教，變成注重法師現場身教；從強調追求一個普遍的佛教真理，變成重視因人因事的即興應對彈性；從維持既有秩序的力量，變成破壞固定安排、破壞成規的高度感染因素。

惠能之後的禪宗，重新塑造了佛教的社會個性，讓佛教再度進入民間。

第三章

北方部族南下

01 亂華的「五胡」從哪裡來？

中古史還有一個主題，就是外族人口進入中國帶來的巨大衝擊。過去傳統上統稱為「五胡亂華」。需要提醒的是，「五胡」不是嚴格的民族學分類，我們也無法從史料上確切分辨這些外族的民族身分；還有，「五胡」並不都是草原遊牧民族，他們之中最早南下的，其實已經相對熟悉農業文明，甚至有長期與漢人相處的經驗，也受到漢文化相當程度的影響。

也就是說，「五胡亂華」並不是那麼突然，而是有其來歷的。可以遠溯到漢武帝雄才大略對匈奴出擊，結果摧毀了匈奴原有的組織，迫使匈奴分裂為好幾支。其中一支在大漠往西遷徙，跨過中亞草原，成為西方歷史上所稱的Hun。Hun這族輾轉延伸到了歐洲，是匈牙利（Hungary）名稱的來源。

另外一支則南遷成了「南匈奴」。南遷的動機是因為在大漠動盪中受到挫敗，占不到好的水草環境，索性藉著有過和漢朝交接的經驗，靠近農業地帶。漢朝允許這支南匈奴進入原來的防禦線界，讓他們定居在那裡形成緩衝，也就是協助漢朝在更前線示警、抵禦。

南匈奴來到了雨量稍微比大漠多的草原地帶，又和農業民族密切互動，生活方式就改為半遊牧、半畜牧。一段時間之後，再加入農業生產元素，成了半畜牧、半農業。

東漢國力衰微，顧不到周遭邊界地帶，就有更多部族移進來。鮮卑在東邊，氐、羌在西邊，他們得到更好的生產條件，居留下來與漢民族、漢文化固定互動。具備這樣的長遠歷史準備，「五胡」才有了可以「亂華」的能力。

如果他們是遊牧民族，會不時侵入農業民族領域進行劫掠，只是生產狀況的巨大差異，使得遊牧民族難以留在農業地帶。他們缺乏農耕知識，他們的生活型態無法定著，因而必定是如狂風而來，又如狂風而去。

漢末大亂發生時，中國周遭包圍著一圈非漢人民族，他們已經受到農業生產、受到漢文化相當程度的影響改造，所以才造成極其嚴重的問題。他們適應了草原以南的環境，進入中原後，經過一番調適就能留下來不離開了。

中國各方政權無力阻擋他們，更好的條件吸引他們長驅直入，進來之後造成了大混亂，那就是歷史上「五胡十六國」的現象。

他們先調整適應農耕生產方式，接下來還需要調整相關的社會、政治組織，在這段過程中出現了北朝及快速更迭的各個地方政權。混亂的諸國林立逐漸形成了較清楚的中心，產生較強大有效的統治，那是鮮卑拓跋氏的北魏。北魏仍持續面對胡人與漢人的統合考驗，後來沿著胡、漢界線有了嚴重裂縫，北魏分為東魏、西魏，拓跋氏政權瓦解後再蛻變為北齊和北周。然後在北周這邊的關隴集團裡，興起了建立隋朝的楊氏和建立唐朝的李氏，再由他們挾北方勢力統一了南方。

02 與西方蠻族不同的「五胡」形象

中國中古史可以分成前後兩大段，以隋唐建立為分界。如果和西洋中古史對照來看，很容易看出的相似處就是中古前期的蠻族入侵。今天留下了一個英文字vandalism，意思是嚴重的蓄意破壞行為，甚至帶有以破壞為樂的殘酷心理表現。這個字的來源是西元五世紀進入羅馬境內的一支蠻族Vandals，一般譯作「汪達爾人」。以汪達爾人為代表，蠻族在西洋歷史上留下最清楚的印記，就是所到之處帶來巨大、徹底的破壞，原有的文明短期內被化為廢墟，於是輝煌的羅馬時期轉而變成被黑暗籠罩的中古時期。

不論在歐洲或在中國，外族進入帶來破壞，開啟了中古時期；此外兩邊中古開端的共同現象是，不同文化的外族之所以入侵，都是原本就羨慕、覬覦羅馬和中國的富庶享受，卻被羅馬和中國的強盛阻擋在外，但羅馬和中國都因為內部的嚴重問題削弱了防禦能力，「物必自腐而後蟲生」，政治、軍事力量下降，維持不住周邊防禦，那些部落就紛紛躍馬南下。

中國內部的主要問題，根本上是土地兼併造成社會貧富不均，貧者無立錐之地，當然很容易動亂，稍有荒歉，活不下去的人就轉成流竄的盜匪。社會分裂矛盾必然感染、影響朝廷政治，朝廷失能、癱瘓，動亂如野火燎原，燒垮了原本的帝國秩序。

龐大的、統整的帝國秩序瓦解了，控有資源的豪族能夠準備武器，又可以動員人力，很快地轉型為地方武裝勢力。這部分的變化和西羅馬帝國滅亡很類似，內部階級問題惡化造成社會動盪，帝國政治體制鬆動，邊防布置隨而失靈，抵擋不住包括汪達爾人在內的各族侵入帝國境內。然而中、西歷史同中有不同。蠻族騎著馬、帶著武器突破防線，進入羅馬帝國境內，大肆破壞，形成恐怖的vandalism；但在中國，突破漢帝國防線進來的，是像劉淵、劉曜這樣的人。他們的種族身分是匈奴，但他們有漢名，而且已經對漢人與漢文化很熟悉。

劉淵的族子劉曜在西元三一一年帶兵攻入洛陽，擄走了晉懷帝，五年後攻打長安，又擄走了後來立的晉愍帝，到此西晉滅亡。《晉書．劉元海載記》中如此描述劉淵：七歲喪母，他哀號痛哭，在鄰居間得到了孝親的讚譽，引起王昶這位漢人縣官的注意，特別送錢給他以資鼓勵。劉淵從小好學，師從北方大姓——崔家的崔游，受過完整的經學教育，旁及史學、子學。之後劉淵有了不同的感悟：「平常讀書讀到的歷史人物中，我看不起隨何、陸賈這些文人，他們都不通軍事；我也看不起周勃、灌嬰這些武人，他們沒有受到文化的薰陶。人主要的任務是弘道，無所不知才能夠弘道。」於是他轉而追求讓自己能夠文武兼備。

這不是我們一般想像的「五胡」形象，也不是西漢時李廣、李陵他們所面對的匈奴。

再看劉曜，這位先後攻入洛陽、長安，帶來破壞的匈奴人。他將劉淵所建立的「漢」改名為「趙」，表示他認同的自家來處是中國傳統的趙地，那已經是農業地區，並不在草原上。因為他所屬的南匈奴在中國北方定居，已經有百年以上的時間。他的族群記憶來自趙，而不是來自大漢。

再看同樣是《晉書》中的內容。〈劉曜載記〉中說他即位後的重要作為之一是大建學校，從百姓當中選擇十三歲以上、二十五歲以下有基本資才的，一共選了一千五百個人，又找朝廷裡在經學及其他方面有特別學問的大臣擔任老師。這種作為也顯示了對於漢文化的熟悉與尊重。

03 草原民族的慕漢與文明重心的南移

再看氐族李特、李雄，他們建立的政權是「成」，「成都」這個地名，就是從「成」的國都所在而來的。氐族來自西南，漢末大亂時，他們先依附五斗米道進到關中，在五斗米道張魯失敗後，就搬到今天的四川北部，所以稱為「巴氐」。李雄建國稱帝之後，就立他的姪子李班為太子。《晉書》中描述，李雄的兒子都追求奢華，生活浪費，而李班則常自省自勉，身邊圍繞的都是名人文士。他經常和董融等一群漢人認真蒐集中國各朝的太子事蹟，予以比較品評，來歸納作為太子應具備的條件。

後來李雄病重，李班悉心服侍，甚至李雄舊傷發作潰膿，他的兒子們避之唯恐不及，李班卻願意替叔父吸膿，這很顯然是中國式孝道的最高表現。

再來，羯族中最有名的是石勒，他在戰場上的形象極為凶殘，符合人們對於蠻族的印象。他建立的國也是「趙」，史稱「後趙」。而《晉書．石勒載記》中說：石勒建國後，新造宮殿、城門，制定了嚴格的法令，最為重視的禁令是不得有人將「胡」字說出口。有一次，一個醉酒的胡人闖進禁區，石勒很生氣，將管宮門的執法馮翥叫來，嚴厲質問：「我下的命令全天下都要遵守，現在連自家宮門都守不住，是誰闖進來？你給我說清楚！」遭到皇帝嚴厲逼問，馮翥驚嚇中脫口而出：「是一個喝醉酒的胡人騎馬闖了進來，我拚命叫他罵他阻擋他，他完全聽不懂我的話。」看起來馮翥是罪上加罪了，從口中說出「胡」來。沒想到石勒聽了卻說：「唉，沒錯，跟胡人語言不通，講不通。」就赦免了馮翥。

這故事顯示石勒不願意被看作胡人，而胡人最糟糕的地方就是與漢人語言不通。石勒自己不是語言不通的那種人，他才格外受不了人家以胡人身分歧視他。

他當然聽得懂漢語，他還會叫人唸中國史書的內容給他聽，聽到《漢書》裡酈食其勸漢高祖分封六國，他立刻驚訝反應：「不行！採納這建議，就不可能得到天下了。」繼續往下聽，聽到張良反對酈食其的意見，他鬆了一口氣說：「對啊、對啊，要不然不會有漢朝天下！」石勒漢化程度比不上劉淵、劉曜，但仍然吸收並認同漢人文化與漢人的價值觀。

再看極端的例子。石閔是石虎的養孫，將原有的國號「趙」取消，改稱「魏」，是為「冉魏」。那是因為石閔立國後恢復了原姓，從石閔改回冉閔，他根本原來是個漢人。

史稱「五胡十六國」，這十六國並不都是胡人建立的。史稱「五胡亂華」，然而他們「亂華」的力量並非來自遙遠的遊牧民族，他們多半是早與漢人長期相處、長期互動，已經受到漢文化影響，也就是部分漢化的部族。

他們的主要生產型態是農耕與畜牧並重，畜牧業給予他們運用牲畜的能力，在軍事行動上還是優於純農業地帶的漢人。從東漢末年到魏晉，他們集結起來往南走，受到衝擊的部分北方人口，藉著豪族的資源與組織，被壓擠而往南遷徙，造成了中國文明重心南移。這是個重要的開端，之後中國的生產、經濟、社會重心持續由北向南移動。

此時的南移人口並不像是來到臺灣的「羅漢腳」，或是從廣東、福建渡海移往南洋或夏威夷的那種零星、個別行動。他們是挾帶龐大家族資產遷移，於是相應地，六朝時期對中國東南的開發，在這些有組織移民的主控下，獲致了飛躍式的進步。

南方自然條件較佳，經濟生產的繁榮程度很快就超越北方。南北朝時南北分立，南方的生活就遠比北方富庶。隋煬帝大舉「南巡」，背後其實被一股羨慕南朝的心理推動，一定要親眼目睹南方到底有多繁華、有多奢侈，而且看了、經驗了，也就很難不沉迷。

南方的開發使得生產能力、生產系統與北方造成的差異，隨著時間愈來愈大。這又部分解釋了中古時期的分合現象。南方愈發達，愈沒有動機要和北方統一；然而北方一直維持著武力上的優勢，不斷由北方發動統一戰爭，因為他們既羨慕又嫉妒南方繁榮，要以軍事行動奪取南方。

04 從鮮卑拓跋氏看草原部族的選擇

「五胡」之中，匈奴和氐族因為很早就進入中國邊境，已經部分漢化，所以最早突破防線。匈奴離開原先的根據地，就有鮮卑人從東北方移入占居。鮮卑人離開的地方，又有鞢鞨族人移居過去，引發了連環遷徙運動。基本方向與模式是：愈北方的部族，機動性愈高，軍事行動愈有優勢，可以征服較南方的部族，尤其是農業生產程度較高的。不過征服之後，北方來的部族必須面臨抉擇：如果要維持自身原有的生產模式，他們就要在劫奪一番後回到原居地；如果要占領、換到征服的地區，他們就要調整生產乃至社會組織，進一步向農業靠攏。

「五胡十六國」為什麼那麼複雜？因為有些部族征服後建立政權選擇留下，但也有些部族之後選擇退回。當然選擇留下的比選擇退回的要多，但這中間會有時間差，他們要能領會以政治、軍事力量控制農耕地區的人民，比退回去繼續過農牧並重的生活要有利得多。

在歷史的描述與分析上，應該區別一下農耕化與漢化。這些部族通常是先受到生產條件影響，朝向農業變化，有了生活上的農耕化。配合農耕生活，他們也就很容易和鄰近的漢人農業聚落互動，模仿漢人的生活方式，能更快地從農牧並重轉型為農耕型態，因而自然地漢化了。

而過程中必然要付出的代價是，農耕化、漢化削弱了原來的武力優勢，於是面對下一波從北方南下的部族，換作他們成為人家征服的對象。一、兩百年間，在這地帶有了一波又一波、來來去去的糾結變化。

北方匈奴先進來，其後是鮮卑慕容氏，他們進入中國後所建立的政權，一般都以河北一帶傳統「燕」字命名。他們的武力強過先進來的匈奴，但很快地，他們又被跟在後面的拓跋氏勝過了。拓跋氏從大興安嶺歷經較遠的距離才進到中原，需要更長的時間適應農耕文化，同時有意識地進行漢化。在他們之前的匈奴和慕容氏部族已經有漢化基礎，漢化的歷程沒有像拓跋氏受到那麼大的衝擊。

拓跋氏以較強武力整頓了原本混亂的北方局面，成立了統治範圍較廣的北魏。當然在總括的政權涵蓋下，存在著許多獨立性質不一的大姓塢堡，他們也就以不同方式、不同積極程度和北魏政權合作。

其中涉入最深、對北魏朝廷影響最大的是崔氏。拓跋氏握有武力，卻嚴重缺乏在農業地帶統治的經驗與準備，欲維持偌大政權，就必須依賴更多漢人大族的協助。於是原本的鮮卑政權逐漸轉化為胡漢聯合政權，到了孝文帝時，進一步成了更高度漢化、並積極推動漢化的政權。從一個角度看，積極漢化可以更有效地統治漢人，將政權勢力不斷往南推；但換另一個角度看，這個政權的鮮卑部族性質與認同也必然快速流失。

北魏孝文帝深受漢文化吸引，他先擺出大舉南下進攻的姿態，走到洛陽停了下來，宣布將北魏的都城從原本靠近草原的平城，遷到完全農耕環境、更是漢人的歷史古城洛陽。然後在這裡推動了激烈的漢化措施，包括改姓名（如改國姓為元）、禁胡語、禁胡服等，要徹底再轉化為漢化胡人與漢人共同統治的政權。

05 反漢化而起的六鎮之亂與北魏分裂

孝文帝帶往南方的團隊，基本上都接受、配合他的做法，但另外還有被留在北方的鮮卑人，他們的感受與態度可就大不相同。前面提過，在鮮卑族後方興起了韎鞨人，對鮮卑原居地造成了很大威脅，為了防範北邊韎鞨、柔然迫入，在邊境設置了防衛重鎮，一共六個，稱為「六鎮」。

「六鎮」比平城還要北邊，配備的是拓跋氏的精銳部隊。突然間拓拔氏其他重要人員都隨著孝文帝去南方定居，平城不再重要，留在「六鎮」的人當然會有被拋棄的相對剝奪感。之後的傾向又必然是南北差異愈來愈大，南方漢化的鮮卑人回過頭來瞧不起遺落在北方的舊親戚，引發「六鎮」的挫折與憤怒。

心理上的落差累積愈來愈難解決。「六鎮」之人認定自己是純粹的鮮卑人，而且擔負防衛北魏王朝的重責大任，那些受到保護的南方人逐漸失去鮮卑模樣，卻自以為高人一等，以睥睨的眼光看待北方人。而南方人在帝王偏好與朝廷政策的引導下，快速採納了漢文化的標準，以此衡量就覺得北方的鮮卑習慣落伍得令人尷尬。

王朝中心移到南方，進入徹底農耕化的環境，南來的鮮卑貴族更是被漢人世族包圍影響，接受了他們所強調的「禮」。他們學會了各種禮儀，有朝廷儀節、官品劃分、宮室規範等等，從中得到了強烈、明確的文明感，並依隨著以漢人之「禮」來區分文明與野蠻。

北方生活條件遠不如南方，還要忍受韎鞨、柔然的侵擾，後來就釀成了「六鎮之亂」。原本應該擔負防守任務的鮮卑部隊，調轉方向改朝南方進攻。他們的武力狀況在防禦北方時很受考驗，相對地用來對付南方自家鮮卑王朝部隊就輕鬆多了。他們與朝廷互有勝敗，彼此多股勢力也陷入混戰，在征戰過程中形成了兩個主要的領袖。

一個是胡化的漢人高歡。他有漢人血統，先世父祖很早就和鮮卑人合作，幾代下來充分吸收鮮卑生活與文化內容，與鮮卑人之間的差別愈來愈小。另一個是漢化的胡人宇文泰，血統上屬鮮卑宇文部，但身邊圍繞著許多漢人，受漢人擁戴，也受漢人影響。高歡帶領的勢力占據了東方，宇文泰的勢力則在西方壯大。既有的北魏朝廷抵擋不了變亂，沒多久北魏分裂，高歡和宇文泰各自擁立皇帝，變成了東魏和西魏。

不過東魏和西魏並不對等。高歡的勢力占據了東方鮮卑起源地，一直綿延往南到洛陽，也就是北魏孝文帝開拓的北魏政治基礎。西魏雖然也立了一個元氏皇帝，但掌控的領土在重要性上比不上東魏。

再下來，高家廢了東魏皇帝建立北齊，宇文家也廢了西魏皇帝建立北周，而這兩個新立朝代和東魏、西魏一樣不對等，但之後發生逆轉，北周的勢力凌駕了北齊。在北魏之後崛起，最終得以統一中國的隋、唐，並不是延續繼承較好條件的北齊，反而是從西邊原本看起來不起眼的北周陣營裡延展出來的。

第四章

唐朝及其北方淵源

01 隋唐的政制血統來自北朝而非南朝

中古前期中國分裂為「南北朝」，南朝比較簡單，從東晉到宋、齊、梁、陳，國土侷限於南方，朝代更迭方式比較接近傳統模式，即後面的朝代推翻、取代前面的朝代。

北方就複雜多了，有各種政權，包括胡人、漢人在不同地方、不同時間建立的，維持的久暫也都不一樣。經過了長期震盪涵化，後來總算出現可以統合北方的北魏。北魏的統合時間長達一百多年，但孝文帝去世後僅三十年就分裂為東魏、西魏，再變化成為北齊、北周。

中古前期進入中古後期，一方面由分裂而統合的傾向更進一步發展，另一方面則繼續維持著原本根深柢固以世族為核心、為基礎的社會組織。

整理出這條大脈絡，我們得據以檢驗一些歷史上的刻板印象。例如從簡單的朝代表上看，尤其是從化為口訣的背誦方式，往往在東漢、三國之後，接上西晉、東晉、宋、齊、梁、陳、隋、唐……，隋滅亡了陳完成統一是歷史事實，但隋、唐絕對不是接續南朝而來的。這樣的單線朝代記誦法漏掉了北朝，也就錯失了隋、唐和北齊、北周間的密切傳承關係。隋、唐得以收拾中古前期混亂的力量，是從北方來的，而不是從南方接續宋、齊、梁、陳形成的。

稍微細膩一點看，加入了北朝的變化因素，就看到有北魏、東魏、西魏到北齊、北周，再到隋、唐。這樣的理解還是有值得商榷、補充之處，因為隋、唐並不是平均地從北齊、北周兩個政權中脫化出來的，它們都來自北周，和北齊沒有那麼密切的連結。

回到歷史關鍵時刻，「六鎮之亂」後，北魏分裂為東魏、西魏，雙方勢力懸殊，東魏和北齊有高得多的機率可以吞併西魏和北周，重建統一。

這就要認識西魏、北周建立後的三代領袖——宇文泰、宇文護和宇文邕，他們前後相銜持續推動了幾件事。第一件是整頓兵制，創設了「開府」[15]。宇文泰帶著「六鎮」殘兵往南走，占領了偏西比較困難的區域。高歡占領的東魏包納了大部分鮮卑人定居之處，相對地容易動員鮮卑人進入他的軍隊，因而他維持了原本鮮卑軍隊的組成和系統，不用改變，也不會費事去改變。

宇文泰則不行。他到了西邊後發現這裡沒什麼鮮卑人，如果維持既有的鮮卑部落軍事系統，將無從進行人員補充。於是他進入關隴地區，和這裡的漢人世族合作。他採用的方式是對漢人世族開放政權，讓他們可以帶著自己的武裝人員進入西魏組織，獲得相應的地位與影響力。交換條件是：加入的第一代漢人要改鮮卑姓，如此降低仍對漢人不滿的「六鎮」人員反對。這條件表明清楚，改姓只限第一代，第二代之後聽任改回漢姓。

15　西魏的軍事最高階層是「八柱國」，其中六柱國之下有十二將軍，每位將軍負責兩個「開府」，每個開府底下有兩個「儀同」，每個儀同大概含括一千人左右的軍隊，形成了層次井然的新編制。開府的領導者稱為「宗長」，軍隊有一部分是從鮮卑部落組織來的，另外一部分則來自漢族世家大姓。

到宇文邕時，為增加兵源，規定六等以上民戶，家中每有三名男丁，就出一人來當兵，除了給予「不入縣籍」的待遇，所有相關的徭役一併免除。這項做法得到很好的效果，於是「是後夏人半為兵矣」，漢人中有一半都搶著當兵。發展到後來，徵調兵額愈來愈多，具備軍人身分卻不用上前線的人也愈來愈多，朝廷就讓他們回去種田以貢獻生產，「開府」就是一個生產和戰鬥在一起的組織單位。

這制度由隋繼承，正式完成了兵農合一，又再傳到唐朝，是「府兵制」的前身。一直到「安史之亂」之前，「府兵」是唐朝的軍事骨幹，也是唐朝保有龐大武裝力量的關鍵。

02 「均田」加「府兵」，讓人、地重新統整

「府兵制」的重點在於兵農合一，軍隊平時種田，有戰事時才去打仗。類似的精神也貫徹在從宇文泰到宇文邕兩代間持續推行的「均田制」。

「均田制」的關鍵在於「授田」，也就是將國家掌控的土地分給人民。「授田」的方式有明確規定，每個男丁與婦女會得到定額的土地，[16]人人都一樣，是平均分配，所以稱為「均田」。

「授田」的做法有兩項背景條件。第一項是長期戰亂中人民流離，到處荒地很多。當人口大遷徙時，北方的人大舉搬到南方去，於是北方有很多無人耕種照顧的土地，尤其是北周統領的區域，那是古老的秦、漢發源處，也是幾次歷史性大亂中最受蹂躪之處，幾百年間人口與生產狀況都沒有恢復。

第二項條件是世家大族控制了大量人口，不受國家朝廷直接統治。朝廷用度不足，也無從動員足夠的軍隊，與世族的關係相對弱勢。因而國家有強烈的動機和世族或佛寺爭奪人民，而「授田」是讓人民願意離開世族或佛寺的有利誘因。

一般農人依附在大族家或佛寺內，亂局中可以得到保護，但不會有自己的土地。如果改投朝廷，可以得到土地，而且只需要向國家提供甚輕的賦稅與服務。

「均田制」有效地讓人口向新立的國家體制靠攏，從朝廷得到「授田」，同時也就成為朝廷的「編戶齊民」，納入戶口管制中。國家擁有愈多的編戶齊民，就有把握得到愈多的稅收，國力就會愈強。

「均田制」又和「府兵制」結合在一起。得到授田的人民同時被編進特定「開府」，成為

16　「授田」分為露田和桑田。男丁可得露田四十畝，婦女二十畝，死後田地需歸還官府；男丁另得桑田二十畝，屬自己的財產，不用還官府，但不可買賣。

「府兵」，平常就在分配到的土地上耕種生產，遇有戰事則到「開府」報到，轉變身分為國家軍隊。藉由「授田」建立的資料，確保每個「開府」之下都有固定可以動員的人數。

靠著這兩項二而一緊密關聯的制度，北周有效地在其統治區內，重建了自漢末三國之後在北方就不曾有過的社會組織，和國家政治體制有效連結。原本西邊關隴地區相對不良的現實條件，得以逆轉為讓人、地重新結合統整的優勢。

在這過程中，北周政權有意識地拉攏在地漢人世家大族，和他們保持良好的合作關係，也是新國家體制能夠順利產生不可或缺的條件。

03 從皇朝制度、公共工程看被嚴重低估的隋朝

到了宇文邕統領北周時，面對由東魏蛻化而成的北齊，雙方衝突對陣，北周已然大占上風。隨著北周逐漸壓過北齊，作為北周政軍骨幹的「關隴集團」實力也愈來愈強，後來建立隋朝的楊堅、建立唐朝的李淵，都屬於這個「關隴集團」。

背後得到由漢人世族組成的「關隴集團」協助，這是北周有而北齊沒有的；靠著「均田」

和「府兵」重造了國家部隊的堅實經濟、社會基礎，這也是北周有而北齊沒有的。基本上就是靠「均田」和「府兵」，不只使得北周逆勢勝過了北齊，還使得隋、唐得以整頓中古前期的亂象，打開中古後期的新帝國局面。

西元五八九年，仗恃著新打造成的國家軍隊，隋朝南下滅亡了南朝陳，統一了從東晉南遷就分裂的南北疆域。經過漫長的分裂，當南北再度統一時，如何處理雙方差異，就成了這段歷史最重要的課題，也決定了歷史發展的方向。

最醒目的現象是南方遠比北方富庶、繁榮，必須找到方法將南方的資源送到北方。這裡產生了從通史角度看待隋、唐需要有所修正之處。秦漢、隋唐經常被相提並論，看起來極其類似，前面一個短暫的朝代，後面展開了一個輝煌強大的帝國，於是秦和隋看起來像是漢和唐的前奏。不過即使秦與隋之間，因為秦結束了周代八百年的封建，又有狂人秦始皇流傳的種種戲劇性故事，在歷史上受到的注意遠遠超過隋。可以說，和唐相比，隋不重要；和秦相比，隋更不重要，於是傳統觀念中隋朝被嚴重地低估、忽略了。

漢朝的帝國體制並不是自己建立起來的，從郡縣制到中央集權到重法態度，都是從秦那裡繼承來的；相同地，唐朝的基本制度精神與規模，也不是自己建立起來的，大部分都是從北周或隋繼承而來。從北周那裡，經手隋朝，唐繼承了打下帝國基礎的「均田」與「府兵」；那麼從隋朝那裡呢？

隋文帝在位二十四年，如果從統一後算則有十五年，當皇帝的時間不算長，但認真看，他主導進行了許多重要的建設與改革。建立隋朝之後，他著手訂定皇朝制度，包括五省六部、科舉，重整律令與禮儀。大幅吸收了中古前期世族「禮學」知識而形成的《隋律》，突破了之前從秦漢沿襲下來的法家架構，供後來的《唐律》可以運用、小幅修改。唐代的主要制度內容保存在《唐六典》裡，其中大部分典章也是最早成於隋代。

隋文帝在位期間，也開始了幾項大型公共工程，先建長安城（隋稱大興城），然後還開挖了運河廣通渠。日本在西元八世紀末建造的平安京（京都）是刻意模仿唐朝長安城的，而唐朝長安城其實最早是在隋文帝時所擘劃打造的。

意義更為深遠的是隋文帝、煬帝父子相繼投入的運河網開鑿。廣通渠之外有通濟渠、永濟渠、江南河，這幾條彼此相連的運河最大作用，是將南方物資可以透過便利的水路送到北方。水路運輸成本比陸運要減省得多，更適合運送大量物資，但中國自然地理形成的河川主要都是東西向的，因而需要以人工方式來開鑿能承擔南北運輸的水路，從計畫之初便直接標舉其功能而稱為「運河」。

由隋文帝開始，隋煬帝接續，早早看清楚了南北統一後立即該進行的物資流動大規畫，一直到明代大運河疏濬完成，這項工程進行了幾百年，主要貫通了長江、淮河和黃河，將南北水運的範圍延伸到山東、河北。沒有這項規畫，中國絕不可能一直維持統一，更不可能一直有政治中心擺放在北方的情況。

04 隋煬帝的南方情結與過度役民

隋朝只存在了近四十年，從隋文帝傳到隋煬帝、恭帝就終止了。造成隋朝滅亡的一個重要因素，也和南北統一有關。

從史料看得出來，楊堅、楊廣父子都有「南方情結」，意思是對南方的嚮往，並且對自己的北人身分抱有自卑感。而楊廣的嚴重程度遠超過父親。煬帝即位後，為什麼要鋪張南巡？南巡極盡奢華之能事，耗費了大量的人力財力，間接造成隋朝滅亡。

鋪張、奢華、浪費的根本原因在於到南方去這件事。前面特別提醒，千萬不能用宋—齊—梁—陳—隋—唐這樣的固定朝代觀來看歷史，因為那就錯失了對於隋煬帝身為北人、從北方來的重點事實。煬帝有強烈動機南巡，他對南方既好奇又羨慕，一定想去看看。但除此之外，他對南方帶有北人的自卑，擔心以北人身分到南方會被他們瞧不起。所以他一定要撐起驚人的排場，浩浩蕩蕩地對南方炫示自己的氣派。

他刻意安排坐船南巡，那船不是用風帆或人力划槳提供動力，而是靠岸上拉縴的。一群人排在岸上兩邊一起拉，船以步行速度在運河中慢慢前進，既顯示了運河的功能，又讓人看到皇室在豪華船上的享受。

這樣一趟旅程，耗費難以想像。前面先挖運河，再來造大船，接著動員拉縴人力，這都是原本皇帝出巡不會有的，是多加出來的人力物力大動員。

隋文帝能夠發動大工程，隋煬帝能夠浩蕩南巡，這都要靠人力，以「均田制」開發出來的新人力。從朝廷的角度看，這些人力原本不存在，是控制在世族莊園或佛寺系統裡，因為可以得到「授田」，他們才轉為國家編戶齊民，也才對國家提供義務勞役。

這裡又看到秦朝和隋朝以通史比較的特殊意義。秦之滅亡，根本原因是過度役使人民；隋之滅亡，一部分原因也是過度役使人民。秦始皇過度役使人民，因為在新建的法家體系嚴刑峻法下，許多人淪為刑徒，突然冒出眾多義務勞動力。比較之下，刺激隋文帝、隋煬帝作為的，是「均田制」有效增加了朝廷編戶齊民，同樣出現大量的義務勞動力。

和「均田制」配套的是「租庸調法」。人民得到了「授田」，同時必須承擔對國家的義務，即繳交作物與織品，還有被徵調服勞役。每年中男丁有一定的天數（三十天，後減為二十天），必須依規定自備糧食、自行安排交通運輸，到特定的地方報到服役。服勞役是人民的義務，而朝廷也就需要安排勞役項目，自然刺激了各種公共事業與公共工程。

尤其到了隋煬帝統治時，義務勞動力持續成長，更難抗拒運用這股力量的誘惑。人力可以用來挖運河，可以用來拉縴南巡，也可以用來征伐高句麗。造成北魏分裂到滅亡的「六鎮之亂」，等於是鮮卑人撤守了北方邊境，東北靺鞨人移進來，而高句麗則在靺鞨人後面。

北方防衛問題從北魏一直留到隋朝，既然有足夠可以役使的人力，煬帝就動了一舉解決的念頭，就像漢武帝在國力充沛時決定遠征匈奴一樣。隋煬帝發動了三次征伐高句麗的戰爭，由南往北進攻。他的父親隋文帝的主要軍事成就是由北往南攻滅了陳朝，兒子煬帝走相反方向，但往北和往南的行動有著根本性質差異。

仍然回到南富北窮的基本情況，北方軍隊往南，一路進入較富庶的區域，只要武力夠強，很容易就地得到補給；相對地軍隊往北，就算一路勝仗，愈走則後勤補給的難度就愈高。軍隊仍要靠從南方運送過來的資源才能維持，而這條運輸路線就得延伸得愈來愈長，出狀況的可能性也就倍數增加了。

05 李密獻三策，楊玄感為何選下策？

導致隋朝之亡的直接事件是楊玄感之亂，發生在隋煬帝御駕親征打高句麗時。

關於楊玄感，歷史上留下一段他和策士李密有名的對話。李密給了楊玄感上、中、下三策。上策是楊玄感將本來要負責補給北方前線的部隊，用來切斷隋煬帝的退路，將他阻在關外，自己則襲取隋朝江山；中策是帶著部隊與錙重往西進攻關中，占領長安，據守險要地帶向東控制諸侯；下策則是往東攻打洛陽，占據東都。楊玄感聽了建議，對李密說：「你的下策是我的上策。」

這個歷史故事的重點在指出，楊玄感錯在沒有採納李密的上策、中策，卻選擇了太保守的下策。不過考慮當時的現實狀況，不難理解為什麼楊玄感如此選擇。煬帝陷入困境，給楊玄感叛變的動機與機會，正就是因為北征過程補給難以安排，楊玄感難道不會想到，如果照著李密的上策走，他自己不就落入和煬帝同樣的麻煩了？

那中策呢？一路到關中有太多變數了，最大的變數是其他人的勢力會不會在此時同樣挑戰隋朝皇權，楊玄感就要冒著進入別人的地盤、和別人起衝突的危險。在各地局勢未明之前，這風險到底有多高，甚至無從評估。

如果楊玄感採取了李密的中策，帶領軍隊往西，他等於是對關隴集團侵門踏戶、公開挑釁，以關中為根據地的關隴集團不可能沒有反應。這不只是隋朝楊家起家處，關隴集團還有像李淵那樣的勢力，去惹他們、直接與他們為敵，會是楊玄感要建立自身勢力之初的好辦法？

相對地，打洛陽是軍隊最容易補給、最有把握能成功的做法，所以是楊玄感的「上策」。李密沒那麼神算聰明，楊玄感也沒那麼笨。這種歷史故事常常高度簡化到反而誤導我們錯失了真正的重點。

再將隋末亂局和秦末相比，從秦到漢，之間有楚漢相爭，劉邦必須先辛苦擊敗項羽之後，才得以確實當上皇帝。但即使項羽敗亡後，劉邦也沒辦法坐著、躺著在長安享受。到他去世的七年之間，他仍然多次帶領軍隊東征西討，討伐對象變成了自身漢朝所封的一些王國、侯國。

有一次要發兵打彭越，本來已經指派了英布帶兵，漢高祖劉邦因為生病也確實不能再親征。沒想到呂后去找了高祖，直接問他：「你覺得別人有足夠本事能幫你打贏彭越嗎？」高祖認真想了想，即使生病，還是決定自己來。

要收拾從秦末大亂延續到楚漢相爭的局面，沒那麼容易。漢朝成立後，沒多久韓信反了，然後彭越反了，然後英布反了，然後韓王信北奔投靠匈奴去了……，高祖劉邦都必須自己帶兵收拾。

類似的情況也發生在唐朝剛建立時，前五年一直戰亂不斷。但很不一樣的是，唐高祖李淵並沒有像另外一位高祖那樣疲於奔命，連生病都不能休息。因為劉邦的軟弱兒子——後來的惠帝——絕對沒有能力在軍事上幫父親分憂解勞。李淵不同，他的其中三個兒子李建成、李世民、李元吉都能打仗，三個人在五年間打過的戰役列出來，比劉邦七年內的戰績還輝煌。

隋末大亂是真的很亂，許多地方豪強各自為政，要重新統一為唐朝，中間經過了很辛苦的過程。李淵靠兒子能打仗終於成就了新王朝，卻也因此付出了慘痛代價。三個兒子分成兩派，李建成和李元吉一派，李世民一派，彼此角力相持不下，最後老二李世民動用了極端手段，將哥哥和弟弟殺了，那就是「玄武門之變」。

還不只如此，接著李世民逼迫父親去當太上皇，在李淵還沒死之前就將皇位讓給他。

06 玄武門之變的代價與後遺症

隋朝只存在四十年，然而從開皇元年、開皇三年、開皇七年、開皇九年、開皇十二年……，一直有重大的改革案訂定與執行。相對地到了唐代，初唐時期有七十年，卻維持在緩步形成朝代制度與風格的階段，和隋朝建置、改革的速度構成了強烈對比。

初唐的相對停滯，部分源自於「玄武門之變」帶來的嚴重後遺症。李世民心狠手辣，殺兄弟、迫父親，冒犯了中國文化、中國社會的基本人倫信念。他的政權因而在統治合法性上有著嚴重陰暗空缺，隨時會被質疑、挑戰。

李世民統治的貞觀年間，留下了《貞觀政要》，更留下了後來在歷史上多所傳頌的魏徵故事。魏徵是諍臣，敢直接頂撞皇帝，而皇帝竟然也一次又一次都忍下來。魏徵是誰？他最重要的資歷、身分，是原本太子李建成身邊的近臣。李世民藉由重用魏徵，特別優容魏徵，一方面平息建成、元吉派系人員的驚恐、猜忌、憤恨，另一方面也對外彰示他對建成並無私怨，「玄武門之變」不是為了奪權，而是為了是非。

「玄武門之變」的另一項後遺症，是創造了皇帝與太子間、太子與其他兄弟間的緊張關係。李世民以武力脅迫，從父親那裡將皇位奪過來，他要如何放心、保證自己的兒子不會有樣學樣，藉著厚植自己實力，有朝一日發動政變，強迫自己去當太上皇？

在「玄武門之變」的陰影下，太子這個角色多難啊！自覺弟弟們可能不服，可能暗中有所圖謀，還自覺父親可能對自己不信任，如何作為、如何自處？

李世民立嫡長子李承乾為太子，李承乾的同母弟弟魏王李泰就心有不甘，繼續培植勢力逼壓李承乾。兄弟相爭愈演愈烈，李承乾的動作愈來愈大，試圖殺掉李泰，也曾謀畫逼父親退位，但都失敗了，以致被廢為庶人。

李承乾被廢，李泰也不被信任，於是改立長孫皇后第三子李治，也就是後來的唐高宗。到高宗時，立的第一位太子是李忠，第三位太子是李賢，兩位都被皇帝自己廢了。後面唐中宗立過太子李重俊，被殺；唐玄宗立過太子李瑛，也被殺。很清楚地，唐朝初年宮廷內部問題重重，兄弟宗親之間嚴重內鬥，而且鬥爭的對象甚至包括了還在位的皇帝。有李世民逼迫父親退位的前例，使得現任皇帝也無法安穩自外於兒子們的種種算計。

這段時期，皇朝的主要精神、力量都內耗在宮廷鬥爭上，最終甚至因為繼承問題無法解決，而出現了中國歷史上唯一的女皇武則天。

武則天貫串了唐朝皇家三代，當才人、當皇后、當皇太后，然後在李家繼承狀況一團混亂中，索性自己登上皇位，成立了新的周朝。她能建立起非常實力，一方面反映了北方受鮮卑人影響，寬待不同的性別權力關係，另一方面還是要追溯到「玄武門之變」給李家帶來的無窮後患。

對照隋文帝在位時所推動的改革，不誇張地說，「玄武門之變」等於使得唐朝晚了半個世紀才真正開始發展。《貞觀政要》中確實記錄了許多有意思的故事，以及對皇帝權力的提醒與反思，然而在歷史現實上，唐太宗李世民在運用權力新建王朝方面，其實並沒有那麼大的建樹。

唐朝個性的確立，要到唐玄宗在位時，也就是進入了「盛唐」。但唐玄宗還在當皇帝就爆發了「安史之亂」，帝國情勢急轉直下。最嚴重的，是從北周延續下來的「均田」、「府兵」兩制在戰亂中更進一步敗壞，到中唐以下，再也無法恢復建立在兵農合一基礎上的國家統治，於是中古前期的分裂主題再度登場，主宰了唐朝後段歷史。

07 「五代」概念來自說書？亂局中的過渡政權

講唐史有兩個弔詭的尷尬。一是這個朝代並不如傳統印象那樣是統貫的，其實分成很不一樣的前後兩段。從各方面看，初唐、盛唐這一段都和中唐、晚唐那一段很不一樣。但受限於朝代史觀，以每個朝代為理所當然的單位，往往就忽略了事實上為期甚長的中、晚唐局勢，誤將初唐、盛唐模樣視為一直延續到唐朝結束。

另一項弔詭是依照朝代史觀，唐朝結束之後是「五代」，五個朝代快速更迭，讓人看得眼花擾亂，和前面持續了將近三百年的唐朝形成強烈對比。然而要認識、討論「五代」最好的方式，就是觀察從中唐以降的政治、社會強烈延續性，尤其是地方分裂、藩鎮割據的情況。這個關鍵因素使得唐朝滅亡，同樣的這個關鍵因素塑造了「五代十國」，被朝代史嚴格區隔開來的時代，其實反而有著一脈相承的關係。「五代十國」是中唐以降分裂局勢發展到最極端的結果。

以朝代系譜來說，這段歷史是唐、後梁、後唐、後晉、後漢、後周、北宋、南宋……，但細看一下，後梁成立於西元九〇七年，到趙匡胤「陳橋兵變，黃袍加身」結束後周，那是西元九六〇年。五個朝代加起來總共只有五十多年。再看五十多年間，後梁一朝占了十七年，是最長的；最短的是後漢，前後只傳了兩任皇帝，僅存在四年時間。

四年也算一個朝代？依照朝代史的慣例，歷史理所當然的內容是敘述一個朝代如何成立、開國君主是誰，然後又傳了哪個皇帝、在朝代中出現幾個有特別事蹟的皇帝，後來又有哪個亡國君主如何行事荒誕、德行有虧而葬送了朝代。想想，只有四年的後漢，要如何套用這個模式去敘述？敘述了又有多大意義呢？就連存在十七年的後梁，難道承擔得起這種朝代敘述模式？

要了解歷史，不只將「五代」拆解開來詳細去看一個一個朝代意義不大，甚至就連將五個朝代併合在一起當成一段來看，仍然無法真正彰顯意義。要將尺度再拉大一點，從中唐、晚唐連到「五代十國」，如此可以看出清楚的歷史動向——安史之亂後，唐朝中央的控制持續減弱，「節度使」到處林立，統管地方軍事與民事，先是幾個強大的藩鎮只在名義上歸屬朝廷，實質上獨立；然後獨立的藩鎮愈來愈多，朝廷權力愈來愈小，終至朝廷徹底覆亡。而且在往後的半世紀中屢起屢仆，無從建立穩定的政局，那是「五代」；於是在有限中央控管之外，到處都有獨立的地方政權，那是「十國」。

明明是亂局中的過渡政權，並不是五個合格的朝代，卻在北宋時某種特殊的情境下，留下了「五代」這個歷史斷代說法。北宋以降，中國歷史變化很醒目的現象是城市的發達。宋朝之後，中國傳統以政治、軍事功能為主的「城」，轉型為具備高度商業、貿易繁榮景況的「城市」。唐代城內到處高築里牆，里門、坊門夜夜要關閉的長安城，蛻變為我們在《清明上河圖》裡看到滿街店鋪人流不停的汴梁城。

商業城市中有很活躍的市民生活，出現了豐富的娛樂活動，其中一項在整個近世文化史上關係重大，那就是說書。

文學史上，不同時代有不同的代表性文類，漢賦、六朝駢文、唐詩、宋詞、元曲，到了明代則有小說獨領風騷。而小說的歷史淵源來自宋代的說書。《三國演義》的高度文學與娛樂成就，背後最主要原因是在成書定稿之前，內容先以說書形式面對不同觀眾說過千百場次，藉由觀眾反應不斷進行修改、調整，千錘百鍊後的樣貌當然就能有效吸引眾多讀者。

北宋年間，「三國」就已經是熱門的說書題材，很受歡迎。除了「三國」，當時也很流行的則是「說五代」。「說三國」或稱「說三分」，和「說五代」成為說書場的票房保證。

「說五代」會受歡迎，毋寧是自然的。對宋朝來說，那是剛剛結束的前一個時代，老輩人家甚至親身經歷還留有印象，在訴說不久前的記憶時，會特別挑選、突出最具戲劇性的人與事。而五代又在短時間內政權流轉不息，人與人的關係變動不居，含藏了許多祕密，流傳了許多內幕。「五代」這個詞及其概念，剛開始其實並非歷史性的，而是說書商業娛樂活動中的一塊鮮明招牌。

「說五代」拿來說書很有號召力，然而作為歷史斷代視角，「五代」可就不夠用了。

08 藩鎮行統治之實，「武人治國」的時代

比較嚴謹地對待從唐滅亡到北宋建立這段時期所發生的事，在「五代」之外，還必須加上「十國」。這「十國」和之前「五胡十六國」的「十六國」，在考試記誦上讓學子們很苦惱，但其實不需要硬背到底是哪十國，比較重要的是看到、認知幾項特別的事實。

首先，「五代」中最長的後梁存在十七年，最短的後漢是四年；但相對地，「十國」中存在時間最短的是「前蜀」，從建立到消失共二十三年，已經比「五代」中最長的朝代還要長。而「十國」中存在最久的是「吳越」，一直到北宋建立了一段時期後才結束，前後有七十二年的國祚。七十二年，已經遠遠超過「五代」的總和了！

如此對比，可以看出所謂「五代」在歷史上的高度偶然性。梁、唐、晉、漢、周在性質上和「十國」沒有太大差別，都是較為強大的地方勢力，在較有野心的人手中建立為新的政權，只不過梁滅亡了唐朝，後面接續幾個政權前後更迭，就被凸顯納入朝代史觀的系譜中。

其他性質、來源相似的政權沒有列入朝代系譜，就成了「十國」。在唐朝時，這些政權的前身往往和中央朝廷的關係更疏離，也就是更有條件獨立，因而唐朝滅亡後，他們延續存在的時間也就超過了「五代」。很諷刺地，梁、唐、晉、漢、周被當作正式的朝代，正因為它們很短命，前後相銜沒有重疊，那些比較韌命的政權存在時間彼此重疊，就不符合傳統線性概念一個接一個的朝代。

於是對待這段歷史可以倒過來看，明顯從藩鎮延續存在許久的「十國」才是骨幹、主軸，他們是穩定的、有道理的、容易理解的部分。反而「五代」是例外。從歷史地圖上更容易看出這變與不變的原因。「十國」的分布大多在南方，相對地，「五代」在北方。中、晚唐以降，北方各地藩鎮持續戰亂，因為必須搶奪有限的資源，缺乏像「十國」那些個地理位置能提供的較優條件，來建立穩定的政權。

將時代眼光放大就會清楚看到，其實從中、晚唐時的中國政治、社會，已經被推回中古前期的狀況了。也就是地方分裂的現象愈來愈明顯、愈來愈嚴重。只不過中古前期魏晉南北朝分裂的力量掌握在世家大族手中，而中唐貫串到五代造成分裂的，則是握有武力的各個藩鎮。

大約從西元第九世紀開始，往後延續了將近一百五十年，是一段「武人治國」的時代。從安祿山據領北方三鎮開始，各地藩鎮領袖都靠軍事力量維持半獨立或獨立地位，這些武人架空了朝廷，也是這些武人在地方上行統治之實。

這是宋朝成立的重要背景。

第四部

近世時期

第一章

中國政治、社會性質大轉向

01「陳橋兵變，黃袍加身」的真相

有名的「陳橋兵變，黃袍加身」，確切究竟發生了什麼事？

一份具有高度參考價值的史料，出自《涑水記聞》，那是編寫《資治通鑑》的中國近世大史家司馬光的私人著述。司馬光的時代距離宋朝建立大約百年，他一生積極參與朝政，在黨爭中是「舊黨」的主要領導人物，對自身的朝代有很高的認同。

當司馬光論及宋王朝建立的史事時，如果呈現了正面肯定、可歌可泣、出以歌功頌德的態度，以他的身分與相應立場來看，毋寧是理所當然的，可以不必多加理會。但相反地，以他的身分、立場卻寫出了不是那麼冠冕堂皇的內容，就值得我們注意了。

後周世宗柴榮極為信任趙匡胤，在他死前任命趙匡胤為「殿前軍都點檢」，也就是衛護皇宮精銳部隊的總指揮。世宗剛去世，就傳來北漢聯合契丹將入侵後周的消息，為了抵擋外敵，由趙匡胤率領精銳部隊出征。部隊出城往北行進，才走到陳橋這個地方，軍中就出現騷動，一群人帶著武器直接闖入「都檢點」的營帳中。他們對趙匡胤表達了不願意出征的態度，因為不知為何而戰，後方皇帝剛死、幼主即位，根本不知道政局會如何變化，就算打勝仗了能得到什麼？有誰給出任何承諾、任何保障嗎？而且還得冒著生命危險。他們只願意在一項條件下出征，就是趙匡胤取代幼主當皇帝，確定會照顧這些部隊，確定去打仗能夠得到相當的報償。他們沒有給趙匡胤拒絕的機會，立即就將原本準備好的黃袍套到他身上，對他高呼萬歲，然後簇擁著他，全軍不再往北走，掉頭往南進入京城。

這是「陳橋兵變，黃袍加身」的正統版本。然而《涑水記聞》裡有一條大致是說：一天，趙匡胤回家，緊張兮兮地對家人和姊姊表示：「怎麼辦，怎麼辦？外面有人說我有野心要當皇帝！」他的大姊當時正在擀麵，拿起手中的擀麵棍便朝弟弟身上招呼，一邊罵他：「你要當就當，不要當就不要當，回家嚇我們女人家幹什麼！」姊姊如此把弟弟給打出門去了。

南宋王稱的《東都事略》裡也有一條，說發生了「陳橋兵變」事件後，立即有人到趙家通報消息，趙匡胤母親的反應不是驚訝，更沒有慌亂，而是評述：「我兒素有大志啊！」

這兩條指向了同一個應該是北宋初年許多人知道、卻不方便說的事實：趙匡胤對「黃袍加身」並不是真的沒有預期而無從拒絕，整件事是預謀的。包括本來為了防阻北漢與契丹聯軍而出兵，但軍隊回頭入京後，北邊的威脅隨而消失，顯見恐怕連敵人出兵的消息也是這預謀中的一部分。

02 軍事政變危機感：杯酒釋兵權到金匱之盟

有「武人治國」一個多世紀的歷史，加上趙匡胤自己當上皇帝的方式，深深影響了宋朝的走向。

為什麼有預謀地成功當上皇帝，後來卻必須以「陳橋兵變，黃袍加身」作為官方說法，而司馬光又為什麼一定要以筆記方式隱微地留存事實？從後來文人文化的標準來看，那牽涉到趙匡胤取得皇位的方式，一來是欺負孤兒寡婦，二來是背叛了後周世宗的信賴與託付。

至於從趙匡胤自身的角度看，他最在意的應該是這份警惕吧：自己藉由和其他武將串通將皇位奪過來，而光是自己記憶中所及，就已經見過許多次同樣的改朝換代奪權運作，那要如何有把握自己當皇帝時，不會也有其他武將正在圖謀用類似方式奪權？

他決心以「杯酒釋兵權」的手法，先解決當下、立即可能有的威脅。他將一起打天下、手上領有重兵的夥伴找來，說是要喝酒聚會，趁這些人沒有防備時，關了門不讓其他人進來，然後開始抱怨皇帝多難當，非但不是享受，還天天睡不著覺。接著將話題引向所擔心之事，就是有兵權的人會炮製推舉新皇帝。與會這些人此刻意識到宴無好宴，皇帝竟然想要殺他們，當然害怕得不得了，趙匡胤才又給了他們別的選擇：交出兵權，不只可以逃過今晚一劫，還能確保往後生活富貴並蔭及子孫。怎麼選擇？這些人當然只能選擇吃敬酒，將兵權交出來換當下活命啊！

不過，這些人答應交出兵權就沒事了嗎？當然不可能，但趙匡胤自己能帶兵，他弟弟趙光義也能帶兵，他們率領夠多夠強的部隊，至少創造出穩定的軍事局面。但另外一個「金匱之盟」的故事，又讓我們知道當時那種情境的凶險之處。

故事是趙匡胤的母親，宋朝建立後成為杜太后，她在政治上的最大作用，是堅持趙匡胤一定要安排將皇位傳給弟弟趙光義，而不是傳給兒子。這是母親偏愛小兒子的感情用事嗎？不是，杜太后有她清楚的考量與立場——宋朝要能延續，一定要避免開國皇帝死時留下孤兒寡母，讓人有機可趁，畢竟趙匡胤自己就是因為柴榮將皇位留給幼子才當上皇帝，如果柴榮有成年並有政治、軍事經驗的弟弟接位，後周的江山應該可以保得住吧！

也就是說，大家都明白有更根深柢固、難以解決的結構性問題。那就是長期武人各擁武力造成皇權不彰，王朝隨時都受軍事政變陰影所籠罩，無法安定。趙匡胤決心改變這個威脅王朝存續的根本結構，他選擇的大策略就是「重文輕武」，因而不只徹底改變了宋朝的走向，甚至賦予了從此以下的中國歷史完全不同的文化性格。

03 身為武人，終生受到輕視

趙匡胤自己是武人出身，熟悉武人的世界觀與行事習慣；他所處的時代，又給了他充分的經驗理解長期武人治國（或該說武人亂國）所形成的種種弊病。「杯酒釋兵權」處理了既有將領的威脅，但在那樣的結構下，隨時可能再出現新的軍頭，也就隨時可能有軍頭要挑戰皇權，想建立自己的王朝。

釜底抽薪之計就是瓦解武人的權力基礎，以文人來制衡。武將愈靠近朝廷，在朝廷中就得到愈大的權力，對王朝構成愈大的威脅，所以應該要盡量區隔武人和朝廷大權，而最適合運用安排的，就是由文人形成緩衝，阻擋武人太靠近朝廷權力中心。依照趙氏兄弟的經驗，沒有軍隊的文人對皇帝的統治相對要安全多了。

「重文輕武」的扭轉，需要長時間來建立，幸好趙匡胤去世後，確實將皇位傳給了有同樣經驗、也有同樣意識的弟弟趙光義。從宋太祖到宋太宗兩任皇帝的接續努力，有效地在制度上裁抑武人。

在「輕武」部分最重要的，是以制度性做法使得武人的地位比不上文人。首先是嚴格「文武分途」，文官與武官有完全不同的官職官階系統，不能等同看待。武二品就是武二品，既不等同於文二品，也不必然就高於文三品，武二品也絕對不可能改敘為文二品。從此之後，朝廷有平行兩個系統，各自敘官職官階，沒有互通管道。

其次是在武人身上以刺青方式明顯標示其身分，將武人特殊化。不只在朝廷體制中武官不能改為文官，就連在社會上一旦從軍成為武人，就無法變回原來的平民身分，一直都有特殊印記擺在臉上，走到哪裡都會為人所知。近世之後，中國社會有句俗諺說「好鐵不打釘，好男不當兵」，反映了當兵的地位不只低於文人，甚至低於一般百姓，同時也是因為一旦當兵有了臉上的刺青，等於失去正常平民身分，光從外表就被看輕了。

臉部刺青的做法不是始於宋朝。那是長期武人亂國的一項產物，為了搶士兵、維持自身部隊的規模，嚴格禁止逃兵，極端的手段就是在臉上或手上刺青，讓人不敢逃也無從逃。宋朝依舊維持這種做法，不過作用改變了，變成讓軍人成為明顯的、無可掩藏的社會身分，藉由社會上對軍人的輕視，加強「輕武」的效果。

宋朝著名武將狄青（他臉上就有刺字）建立功績後，結交文人努力讀書，還仿效歷史上關羽的前例，用功讀《左傳》，但在已經「重文輕武」的朝廷裡，他仍然是個武人，這無法改變，即使皇帝支持，他都沒辦法從武官換為文官。

還不只如此，「重文輕武」成立後，武人沒資格和文人站在一起，但反過來文人卻在制度上可以管武人，而且管得理直氣壯，意思是就連武人系統中最高的位子，都要留給文人擔任。

04 文武分途，文官全面性壓倒武官

宋初最大的外患之一是西夏，歷史上講到對抗西夏，推崇的是韓琦、范仲淹的功勞。留下名文〈岳陽樓記〉的范仲淹當然是文人，韓琦也是文官，都不是武將，然而對抗西夏的軍隊，卻是由他們指揮的。這是「重文輕武」的一個鮮明例證。

為了徹底避免再發生「陳橋兵變」的事，辦法就是只讓武人練兵，要出戰時卻由絕對不會和士兵們有密切關係、也就絕對不會成為「黃袍加身」對象的文人來領軍。如此杜絕了將領把部隊私有化的可能性，「將」和「兵」在真正軍事行動中是分開來的。

武將花時間訓練軍隊，長期和士兵們相處，對朝廷來說很危險。所以在前線必須有別人壓在武將之上，作為實質的指揮官，而這樣的位子就保留給像韓琦、范仲淹這樣的文人、文官。

再看另一個例子。文武分途，武人有自己的系統，朝廷中這個系統歸屬於樞密院。狄青靠著他的軍功，加上他增進文人修養的努力，又得到宋仁宗的賞識，當上了「樞密副使」。可是接下來，皇帝要將他進一步提拔為「樞密使」，卻引來軒然大波。因為依照宋朝制度，樞密使是主管軍事的最高職務，必須由文人擔任，文官們便群起反對破例讓狄青升上這個位子。

再往下跳到南宋初立時期，看看名氣更大的岳飛。岳飛被殺，一般認定的頭號大反派是秦檜，岳王墓前不是鑄了秦檜夫婦在那裡謝罪的跪像？當然這有很不對勁之處，不管秦檜多壞，就算他是歷史上頭號大壞蛋，他所做的事為什麼要牽連妻子？為什麼要他妻子也跪在那裡？她是無辜的啊！

不對勁的還不止此。認真檢驗史料，岳飛是誰殺的？又是為了什麼被殺？最關鍵的角色應該是宋高宗趙構吧！岳飛的〈滿江紅〉詞如此慷慨激昂，特別強調「靖康恥，猶未雪」，「靖康恥」指的是北宋滅亡那年——靖康二年，金人大軍南下打進汴京，擄走當時的皇帝欽宗和太上皇徽宗二人。岳飛要雪靖康之恥，就是要北伐。如果成功救回徽、欽二宗，那讓現在當皇帝的高宗情何以堪，馬上面臨必須將皇位讓回去的問題，不是嗎？

從高宗的角度，聽到岳飛的志願顯然是「誓將在你前面當皇帝的你父親和你哥哥找回來」，高宗會樂意看到這樣的結果嗎？所以最想阻止岳飛北伐的，怎麼會是秦檜？

秦檜用來將岳飛入罪的，其實就是宋朝「重文輕武」訂下來的規矩。岳飛是武人，卻表現出要自主帶兵北伐的意志，而且他還一度介入高宗立太子的朝廷紛爭，都是明白越過了武人分際的行為。朝廷將岳飛召回的理由叫「莫須有」，意思不是沒有理由、沒有罪名，而是指岳飛的行為如此公然違紀，不需要再給特定的罪名。

「莫須有」就是從文人角度，表現對一名武將敢於無視朝廷防範武人傳統的激憤。換句話說，秦檜是以「重文輕武」的文人立場來執行皇帝處死岳飛的決定。即使到了南宋，即使經歷北宋的滅亡，「重文輕武」的價值信念仍然如此深植在朝廷運作中。

05 宋代的積弱不振肇因於「重文輕武」

原本為了解決武人亂國情況設計的制度，到宋真宗、宋仁宗時，已經刺激造就了許多政治、社會、文化的相關大轉變。范仲淹的名言說：「先天下之憂而憂，後天下之樂而樂。」清楚表現了文人的高度自我責任。最值得注意的是，代表文人的范仲淹理所當然將「天下」當作是自己的責任。

「天下」是誰的？中國傳統政治觀念中，「天下」是皇帝、皇家的；但到了宋朝，在「重文」政策激勵下，文人有了新的自我定位，產生「與君王共治天下」的新意識，因而強烈感覺到「天下」除了是皇帝的之外，也是士人的。

君在上，士人不可能挑戰這個權力安排，但士人得到了一份自信，相信君王沒有士人的集體協助，就無從治理天下。更重要的，就連皇帝都接受這個想法，產生對士人的倚賴、甚至敬畏。

宋真宗時遇到遼朝大軍迫境，在宰相寇準的堅持下，皇帝違背自身意願勉強御駕親征，到了前線，甚至又被寇準逼著往前到更靠近敵陣、更危險的地方。不是皇帝指使大臣，毋寧是作為文人大臣總代表的宰相讓皇帝在緊急狀況下順從配合。

皇帝其實不同意寇準的意見，如果不能改變寇準的看法，那為什麼不換掉寇準？因為皇帝和士人間的關係不是完全上對下。還有，到此時文人已經形成了集團認同，皇帝知道拔掉寇準改換任何其他有資格當宰相的人，都一定不會讓步，仍會採取和寇準同樣的立場，如此又何必換呢？甚至在集團意識作用下，接替的人有壓力必須比寇準更凶、更堅持，他才能維持在文人集團中的地位。

我們所熟悉的、構成以往教科書內容的民族史學觀點，看到「重文輕武」時必然看到「積弱不振」，特別是在對外關係上。面對西夏、遼、金、蒙古，宋朝都不只是採取守勢，而且節節敗退，表現對外來威脅卑躬屈膝。

北宋發生過的情況，是察覺金人興起迫近遼朝，就派出使者去安排「聯金抗遼」，和金人約定好南北夾擊遼朝。結果從北方下來的金兵勢如破竹地快速占領遼朝領土，相對地從南方北上的宋軍和遼朝的戰役卻屢戰屢敗，以至於到後來金朝洞悉了北宋的實力，滅了遼朝後，幾乎沒怎麼停留便繼續南下，接著釀成了「靖康之禍」。

幾乎完全同樣的情況在南宋又發生一次。這次是蒙古在北方崛起，南宋去聯絡蒙古形成「聯蒙抗金」策略，南北夾擊金朝。同樣地，蒙古人打金朝進展迅速，南宋部隊遭遇金軍卻節節敗退，所以蒙古人征服了金人後，也是不停留地接著展開對南宋的進攻。

這真是很荒唐的 déjà vu（既視感），同樣的事發生兩次，造成北宋和南宋的終結。會有這種不可思議的重複發生，凸顯了宋朝「積弱不振」到什麼樣的程度。從民族史學的角度看，尤其和唐朝形成了再強烈不過的對比。唐朝的長安是國際都市，有許多外國人定居，更有許多外國人來拜訪，唐太宗還得到「天可汗」的尊稱。當然民族史學更重視的，是宋朝和清末民國時期現實的對照，同樣都是飽受外侮，同樣都是在外國勢力面前矮了一大截，無法以武力自我防衛。

這是一種看法，對宋朝充滿負面評價的看法。

06 憑藉南方經濟力量，宋朝歷史並非一頁屈辱

但看待宋朝，不能只有這個看法。例如可以從中古史延續看下來，特別是看南方的興起，從南北經濟實力的落差持續拉大，來理解宋遼關係與宋金關係。

北宋時期，從「澶淵盟約」簽訂之後，和遼朝有了明確的經濟關係。盟約是軍事上缺乏信心的結果，不過換另一個角度看，也是具備充分經濟資源的結果。民族史學看到的是宋朝在名義上屈居在遼朝之下，但我們也應該看到，盟約的條件是宋朝對遼朝致贈龐大數量的幣帛（每年銀十萬兩、絹二十萬匹）來換取和平。

一直到南宋，看起來國土大幅縮水，和金朝的基本關係模式卻維持一樣，以每年提供幣帛的形式將南方生產資源不斷送往北方。從政治的角度看，這是兩國、兩個朝廷一強一弱的關係，

是歷史上的新現象；然而從經濟的角度，看到的卻是很熟悉的長期狀況，也就是用南方資源來補助、扶持北方。

這種狀況其實早就存在。隋、唐時在帝國架構下，透過新建好的運河，每年將南方的生產剩餘運送到北方去，沒有這些資助，北方就無法維持繁榮。現在北、南分屬不同朝廷，但情況仍然一樣，由南方資助北方，因為北方的經濟無法自給自足。

遼朝保有一定的軍事力量，主要用於威嚇宋朝不得中斷將資源送過來，也就是說，遼朝在經濟上透過「澶淵盟約」高度依賴宋朝。宋朝在軍事上打不贏遼朝，但遼朝也相對依賴宋朝，如果得不到南方資源挹注，遼朝的政治、軍事運作都會陷入困境。

同樣也是「既視感」，卻比較少人看到、意識到。後來金朝和南宋的關係，在這方面複製了早先遼朝和北宋的關係。南宋偏安江南，金朝的需索大過遼朝，南方開發隨之進入新的階段，讓南宋仍然足以支應。但金朝快速南下，自身的政治架構來不及調整，對北方經濟的管理更無辦法，難怪很快地朝政便收拾不住，而被新興的蒙古勢力輕易打敗。

這就是換另一個角度看到的——兩宋藉由南方經濟力量，先後敗壞了北方的遼朝和金朝，在自己「積弱不振」的同時，卻也直接促成了這兩個王朝的傾頹。

關鍵重點在於：從前民族史學訂定下來的史觀，不是、不應該是唯一的觀點，因而我們也就不必每次講到宋朝歷史，想到「積弱不振」，就覺得是一頁屈辱史。相反地，宋朝明明有許多值得讚許的輝煌成就啊！

07 貴族消失，平民崛起，宋朝「更自由」了

宋朝當然弱，但它的弱相當程度上是朝代策略有意造成的。以「重文輕武」作為指導原則，就不會將人才與主要資源放在軍事領域，而是將國家的集體關懷分到別的領域去，促成這些領域的長足進步。

像是和北方的關係，不是將生產資源用在養馬、養兵、建構訓練常備兵上（王安石的「新政」曾如此主張，但始終無法落實，也就不可能成功），而是用在賄賂收買敵國，以此換取和平。在這過程中，國家當然不強，但各地的經濟生產效率卻大幅提高，奠定了中國近世時期全新經濟系統、商業體制的基礎。

當然，最大、最醒目的成就更在於創造了輝煌的近世文人文化。我們一般習稱的中國文化，我們認定中國文化中最有代表性的內容，很大一部分和宋人開創的文人文化脫不開關係。

回到之前提過日本學者內藤湖南那篇討論「唐宋變革」的文章，其中提到了宋朝時貴族制度的瓦解。宋朝的情況變成是皇帝和朝廷官僚直接統治人民，沒有了貴族的牽制，因而皇權高漲；但另外一面，卻也讓人民得到更多的自由、更大的發展空間。

內藤湖南直接將宋朝的人民稱為「自由民」，能讓他們自由活動的重要空間是新興、新型態

的城市。人從土地、從嚴格的社會組織中游離出來的機會多了，於是相應城市的人口增加，城市的規模也擴大了。循環效果造成更多、更大的城市，又提供更多人可以游離出來追求自由、運用自由的空間。

宋朝以降，中國社會階層上下流動也變活潑了。一方面是貴族消失，身分制不再有那麼大的限制，另一方面是科舉帶來的效應。宋代科舉和唐代科舉有根本的差異，考試辦法上更嚴格規範考取機會不受考生身分影響。反觀唐朝，考生經常去拜謁可能主考的官員，送上各種文章試圖給人留下印象，增加考取機率。

唐代文學特色文類之一是「傳奇」，其中一位傳奇作者是「牛李黨爭」中「牛黨」領袖牛僧孺。牛僧孺寫「傳奇」的動機不是要成為文學家，不是要追求以文學名世，而是為了創造「行卷」的效果。「行卷」就是透過管道，將文章送給有名的官員。大家都在送，但可能的考官收到那麼多送來的卷子，要如何讓自己的文章脫穎而出、受到注意，進而讓考官對作者有印象？其中一種方式就是不能寫四平八穩的無聊文章，最好是有著奇特、聳動內容，讓人一開卷就被吸引，會想讀下去，讀完後還忍不住查查這麼有趣的文章是誰寫的。

「傳奇」具備奇異、聳動、詭譎、生動的特性，成了「行卷」的熱門寫法，因此在中唐後大為流行。而出身世族的考生聚集在明經科，和主要為寒門出身的進士科彼此對抗，後來形成了「牛李黨爭」，兩黨間最根本、也最難解決的，就是出身差異。

這種現象在宋代完全消失了。宋代考卷採取「糊名制」，批改考卷的人不會知道卷子是誰寫的。北宋時就發生過歐陽修當考官猜錯卷子的事。他看到一份讓他激賞的卷子，認為必定是曾鞏寫的，因為曾鞏和他有師生關係。為了避嫌，歐陽修只好刻意拉下那篇卷子的名次，不讓那份卷子排第一名。後來才發現，卷子不是曾鞏寫的，而是倒楣因為卷子寫太好而被連累的蘇軾所寫。不只是考官無法確知考生的卷子，即使知道了，在當時的原則信念壓力下反而要避嫌。

宋代也有黨爭。但新、舊黨之間所爭的是主張、是政策、是意識形態；另外一種爭執則來自地域之分，例如有洛、蜀黨之爭，都與身分無關。

內藤湖南也提到了唐詩與宋詩的差異。唐代盛行有嚴謹格律規範的近體詩，形式上很短，只有四句或八句，聲韻要講究，平仄要講究，對仗要講究，各句之間的關係也要講究。到了宋朝，詩的格律規定仍在，但主要的創作精神轉了一個大彎，從如何合乎規律，變成如何刻意、有道理、有巧思地打破規律。宋代詩人喜歡談「拗救」，「拗」是不合律的部分，「救」則彰顯破格是故意的，會在別的地方予以彌補、平衡。

這一部分也是因為原本唐代被視為障礙的詩律，在宋代發達的文人文化中不再是門檻作用，大家都輕易就能跨過去，於是要顯現本事，寫符合格律的詩是不夠的，必須自建更高的門檻，也就是在規律中玩出不同的花樣。

規律中有自由的風格，更表現在宋代流行的「詞」中。「詞」又稱「長短句」，原本是配合固定旋律而填寫的，長長短短的句子隨著音樂流動的聲調，變化的空間比詩要大得多。

在音樂方面，唐代之前重視的是「樂」，指由樂器發出的聲音；到了宋代之後，焦點轉移到人所發出的歌聲，以及配合歌唱的舞蹈。王國維《宋元戲曲考》中溯源戲曲的出現，要有口白、有角色、加歌唱，戲曲的形成是近世史的特殊發展。從樂到歌，差異在於專業訓練的難度，樂比歌要難得多。

類似的情況也出現在繪畫上。原本流行的金碧山水讓位給文人畫，專業技術的要求明顯降低了，繪畫的難度也同時降低。

內藤湖南主張，這些都是平民崛起帶來的相應變化。貴族式、講究身分資格的文化內容，被帶有消費性、消遣性的風格取代。這背後也就聯繫到宋代出現了更方便、更活躍的貨幣交易。貨幣不再受到貴重金屬的材質限制，銅錢大量發行，後來更有了紙鈔，於是交易擴張，經濟活動愈來愈熱絡，又進一步刺激貨幣需求，促進貨幣發達。

經濟擴張包括產生了許多新行業，例如專門的運輸業，這些行業的集中處是城市，城市使得眾行業交錯互動的綜效成為可能。愈來愈多行業集中於城市，又讓城市的規模擴大，城市與城市間的網絡變得更為密接。

第二章

輝煌活躍的文人文化

01 文人文化交織出宋代不一樣的精神面理想

內藤湖南舉證歷歷，指引我們看到唐宋間的根本差異，無論政治、經濟、社會、文化各面向皆如此。在他的啟發下，後來的史學研究對這方面填充了許多豐富內容，更重要的，凸顯了貫串在這些變化背後一個結構性的獨特現象，那就是文人文化的優位影響。

例如，「詞」從原本歌女唱的內容，被文人化轉型為我們所認識的「宋詞」。在中國傳統中，「詞」一直有著有點彆扭的性質，寫詞的作者大都是男性，但許多作品採用的口吻卻是女性的。男人在「詞」裡描述、想像女人的閨怨、哀思，也就是女人如何思念、懷想男人。會有這種性別倒錯，是因為原本這些歌詞要由歌女來唱，必須用女性視角與女性口吻。被文人化之後，女性腔調的習慣還存留了很長一段時間。

「詞」在像蘇軾到辛棄疾這一路的作者筆下，得到了更徹底的文人化對待。蘇軾因為不通音律，也就不理會原本曲調的音樂轉折效果，將「詞」和歌分離開來，不再假定要有歌女唱出內容，於是裝填了男性文人的所思所感，開拓出雄渾一路的詞風。這樣實質上是違規的作品，在南宋辛棄疾的手中拓展得最為淋漓盡致。

繪畫也被從專業匠人手中奪來，改造成「文人畫」。「文人畫」構成上的原則是有意的減色減形。從中國繪畫史上可以看得很清楚，絕對不是因為顏料創造不足、不發達，才讓黑白設色的水墨畫成為主流。那樣的「減色」是故意的，宣示了畫中呈現的不是外在景物的如實描摹，而是透過主觀心靈感受改造後，擷取其精華、本質重組形成。因而判斷「文人畫」的標準，不在與客觀景物的相似程度，也不在畫面表現的華麗豐美，毋寧是那個進行減色減形活動來篩選景物的主觀心靈，是否具備敏銳的文人眼光和厚實的文人涵養。

我們今天稱用毛筆寫字為「書法」，是受唐人影響的。那個時代極重視寫字方法與規矩，要積極建構楷書的規範、行書的規範、碑體的規範等等。然而到了宋代，最著名的書法家都不是這種規範建構者，更遑論依循者，而且他們都兼具好幾個身分，也就是他們的書法高度風格化，帶有強烈的個人性質，主要也是反映、表現了他們獨特的文人視野與文人精神。蘇軾、黃庭堅的字主要是表達個性，而不是要顯示固定美學章法的高超鍛鍊。

文人文化向外廣張其網，許多領域被轉化而刺激出新的成就。琴、棋、書、畫成為文人生活的新重心，交織出一種很不一樣的精神面理想，既可引人持續追求，又能創造當下的享受。另外還有思想上對佛教進行了新的消化，然後運用在對儒家立場與知識的改造上，昂然興起了一路貫串到明代的「理學」傳統。

甚至在現實政治上雖然「積弱不振」，但宋代對於政治原理的思考也有很高的成就，最主要是文人特殊的集體自信，將政治看作不可逃避的責任。有「理學」為思辨基礎，由此延伸，加上所有文人都具備官員身分，都有豐富的官場經驗，配合實務限制與挫折，因而得以提出許多尖銳反思，將「忠君」、「道統」、「朋黨」、「正邪」等觀念都予以反覆分析、細密檢討。

從這個角度看，宋朝很了不起。整個宋代文人創造出的文化內容如此獨特，比起開疆拓土，多占領了多少地方、多統治了多少人民、多增添了多少國力，恐怕更有無可取代的價值與意義。宋代在思想的開發與探索上，也超越之前的時代，上追戰國諸子時期，並且往下奠定了近世文化的堅實基礎。

02 文官待遇優厚，與文人身分高度重疊

宋代的文人文化，建立在特殊的政治架構上。

宋代文官中品秩最低的是知縣下的「縣尉」，武官中品秩最低的則是「中下禁軍」。「縣尉」的待遇是一個月六貫錢，加上三石配糧；而「中下禁軍」的待遇只有三百文到五百文錢。宋代幣制一貫等於一千文，所以比起來，「中下禁軍」能拿到的錢只有「縣尉」的十二分之一到二十分之一。而且「縣尉」有配糧，「中下禁軍」沒有。

「中下禁軍」之上是「上禁軍」，薪俸也只有一貫，品秩雖然比「縣尉」高，待遇卻只有

「縣尉」的六分之一。「縣尉」之上的文官是「知縣」，待遇大概可以領五十貫，「知州」大約一百貫，這是地方官員的薪俸。在中央，朝廷官員一般領一百到兩百貫，具備宰相地位的則可以有三百貫。也就是文官系統中，最高層級官員的待遇是最低層級的五十倍。

讓我們再具體比一下。今天的社會中，能夠勉強應付生活的最低水準是每月兩萬臺幣左右，用這個數字來對比宋代最低層武官所領的薪俸（畢竟待遇至少要讓人可以活得下去吧），那麼縣尉可以領二十四萬，宰相領的是「中下禁軍」的六百倍，就是一千兩百萬！

還不只如此，在薪俸之外，文官還有「公使錢」，提供用在送往迎來、宴請、餽贈等花費。如果出門在外，路上所有的花費，從自己到隨從人員，也都由朝廷支付。因而中央官員正式出差，走一趟再回來，非但不花自己的錢，甚至可以從中扣藏下剩錢。

文人文化以文人的自信為底氣，而文人的自信一部分來自「士風廉潔」，這又靠朝廷給予文官的保障優待。看宋代歷史，總是看到文人在官僚體系中的上下波盪，一下升官一下被貶，然而最堅定的事實是，無論如何，文人不會離開官僚體系，因為在其中能得到的地位與保障是極高的特權。

別說一般人得不到，會格外羨慕文人，就連同樣在朝中服務的武官也得不到。「文武分途」嚴格執行，「重文輕武」的做法推到極端，刺激產生了文人的高度集團意識。

文人身分不是固定的，取得文人身分最直接、最確實的方式就是考取科舉。科舉本來是任官的管道，在宋朝卻形成了官員和文人身分高度重疊的特殊現象。北宋仁宗朝前後的進士考試，一共有十三位榜首，其中十二位的父親不是當官的。再以南宋理宗朝當抽樣，在《寶祐四年登科錄》上，「登科」者的父親、祖父、曾祖父的名字與身分也都有記錄，一共有五百七十人登科，超過一半上溯三代，父、祖、曾祖都沒有當官。一個看法是，大部分的登科者不是出身官宦世家；另一個更精確的看法是，這時候已經不存在能夠持續培養出官宦子弟的世家。同樣考察這五百七十人，其中父親當官、兒子又登科也能當官者，只占了五分之一。

「富不過三代」被認為是中國傳統社會的重要經驗歸納，但其實只反映了近世史的情況。透過科舉考試形成的社會流動，加上地位與財富和官場職務的緊密聯繫，結果是上一代所擁有的很難傳給下一代。官員的兒子考不上科舉，就無法積累官場得來的地位與利益，要連續三代都有子弟考取，難乎其難。

於是產生了一種動力，想辦法要在官員資格以外保有較高的文人身分。家中子弟無法繼續做官，至少不會一併就喪失了前代好不容易得來、令人羨慕的文人社會尊榮。

03 文人文化的享受，屬於重心靈輕身體

官宦人家要能建立自身的文人門風，即使後來失去了官員職務，仍需維持不同於流俗的門風。從科舉得來的地位不可依恃，必須靠文人文化來提供比較穩定的家族社會基礎。朝廷「重文輕武」的政策往下滲透，在社會上形成了對文人根深柢固的尊重。到後來文人教養、文人生活取得了社會認可，成為宋代的突出現象。

文人生活裡有琴棋書畫，不只構成了後世對中國文化最鮮明的特徵，而且還在許多面向改變、決定了中國社會的基本性格。

例如，琴棋書畫都是室內、靜態的活動，和古希臘人的理想生活形成強烈對比。文人文化的享受，建立在必須先安靜下來的前提上。不只是沒有大幅的身體動作，甚至更進一步講求讓心定靜的修練，才能在琴棋書畫上有一定的能力；倒過來，長期從事琴棋書畫活動，更深層的目的是要讓心靈得以在更安定的情況下增進敏感程度。

影響所及，中國社會的價值觀根深柢固地重心靈、輕身體，不只歧視身體勞動，也歧視身體運動。從整體上形成身體相對孱弱的現象，現代之所以被嘲譏為「東亞病夫」就不意外了。

為了對治「東亞病夫」問題，現代中國形成了體育的觀念。動身體、做運動被逆轉為教育的

重要一環，而好好推廣體育是為了讓國民強身，有強壯的國民才有強盛的國家。這裡很明顯漏掉了將運動當作目的，以及從事運動或欣賞運動得到享受的部分。在近世建立起的文人文化中，能提供享受的只能來自於靜，不會是動。這樣的觀念一直到現在都還保留在我們理所當然將職業棒球、職業籃球、職業羽毛球等都稱為「體育」活動，並由教育部管理的習慣安排裡。

我們容易接受音樂、戲劇、美術，甚至電玩是生活的一部分，是我們得到享受的來源，也是為了享受與自我表現而去參與的活動，因為這些符合文人文化裡的琴棋書畫範圍。但運動一直是外來的、工具性的。類似根深柢固的價值觀也反映在我們的課堂上，老師最常要求的是要學生「安靜！」，而不是在意該如何讓學生們發表意見或有反應動作。

靜的價值遠高於動，甚至靜是學習的前提，沒有靜、靜不下來，就學不會琴棋書畫。

04 琴棋書畫不在炫耀，而是為自己

琴棋書畫並不是我們現在概念中的藝術追求、藝術表現。文人文化中有一項根本信仰，是和現代藝術牴觸的。藝術要展現，要得到別人的欣賞、肯定，藝術家以其藝術作品來定義其價值，

而文人文化的追求卻完全不是如此。

琴棋書畫是生活面的，與事業事功無關。琴棋書畫的成就絕對不是有用的，更沒有要拿去換錢，甚至沒有要展覽表演。從唐代以來，科舉考試要考詩、文，尤其是詩的性質，必然牽涉到美學品味。寫詩的第一層是技術性的，要學會符合格律，但必然還有第二層，在符合格律的作品中進一步分出高下，其標準不會是技術性，而是要看所表達出的感受與思想。深深植基於科舉評選的文人文化，因而有了強烈的美學品味關懷。

西方的藝術是專業，藝術作品要展現專業的高度成就；但中國的文人從事琴棋書畫時，不能向外炫耀、標榜，相反地，要向內呈現為自己，是和生活本身密不可分的。琴棋書畫不是人創造出來可以和人分離的作品，它就是人自身的延伸。

「琴」不等於音樂。西方藝術形式的音樂，重點在於舞臺演奏，而要能登上舞臺演奏，先得有長時間的訓練付出，才能有既精確又帶個性的表現。所以追求在器樂或聲樂上發出好聽的聲音，必須經過反覆練習的過程。中國的「琴」，文人彈奏的古琴，沒有作為通向表演、為表演做準備的工具性訓練過程。古琴的每一次演奏，不管熟練與否，不管好聽與否，本身都是目的，是文人生活的一部分，目的與手段是分不開的，並不存在一個終極要彈給別人聽、讓別人欣賞評價的目標。每一次彈琴都是為自己而彈，就算旁邊有別人，他們也只是恰好在場旁聽，聲音仍然不是為了給他們聽而發的。

琴棋書畫最忌諱「俗」。落入一種工匠式的態度，帶有包括獲取別人讚美的功利心，就是

「俗」；將琴棋書畫獨立出來，和人、人格區隔開，就是「俗」。

到我們這一代，在臺灣受教育必須學書法，寫字的時候老師都還會強調「字如其人」。字寫得美不表示你練得勤或學習得法，而是你的人有對的修養，你的修養會準確地反映在字上。所以字寫得醜可不得了，等於是讓人家看到你個性或人格上有什麼樣的缺失和扭曲。

現代教寫書法，有那種將字帖拆開來，依照類似部首或類似筆畫構成重新排列，教「點」怎麼寫、「橫」怎麼寫、「豎」怎麼寫、「捺」怎麼寫……，這是完全違背原本文人文化觀念的。首先，字的形體不能和字的意義分開，寫字要寫有意義的句子、文章，才看得出這個字在句子、文章脈絡中是否用對的方式表現；字寫得好或不好，是不能離開句子、文章來判斷的。

其次，書法講究行款、講究氣韻，那都只能在全幅畫面上呈露，是寫字者內在個性、人格的外顯，將個別的字、個別的筆畫寫好不只沒有意義，也是看待書法的錯誤方式。宋代書法主要不是分美醜，而是看個性，也看作品中反映的情境。心境、狀態不對，是寫不出好書法的，相應地，書法也不是寫了要去裝裱展示，有這樣一種理想化的概念作為標準。

琴棋書畫都有其實踐，但絕對不能遺落、遺忘其背後的精神標準。在每一個領域中，於是都產生了「論」的傳統。表面上看，「論」是衍生性的，有實踐、有行為、有作品才有「論」；但在文人文化中，關係往往倒過來：「論」的等次先於、高於實踐和作品，以指導、決定實踐和作品。

05 文人畫四大元素：詩、書、畫、印

這樣的關係，在畫論與畫作上表現得最為明顯。理解、討論中國的「文人畫」有一項弔詭的規則，即從文字上入手要比從畫面上入手更有道理，「文人畫」主要不是靠著在博物館內看作品或仔細觀察複製投影，而是要讀書，讀大量的「畫論」，更要讀許多文人畫家對畫的種種意見。

我們去巴黎羅浮宮，是為了看歷史經典畫作的「真跡」；可是去故宮博物院，只能看到「文人畫」的「殘影」。首先，「文人畫」運用的材質不像油彩、畫布那樣耐久，絕大部分宋代的畫作都沒能抗拒時間的折磨，都已經消失了，沒有留下任何影像紀錄。難得留下來的比例微乎其微，而且保存的狀況距離「真跡」原貌太遠太遠了。從物質面看，我們又能獲知多少關於「文人畫」的資訊？

更重要的是，大量的、最好的「文人畫」沒有留下來，也不會留下來，因為在創作動機上就沒有要展覽，沒有要為了存留而畫。主流的「文人畫」是文人隨筆之作，是和生活中特定情境、心境相應的成果，我們要對「文人畫」有更深刻、更準確的了解，反而要從其形式規範著手。

「文人畫」是綜合形式，不是單純畫出來的。標準的「文人畫」應該具備三項元素——詩、書、畫，而畫只是三項中的一項。在畫上還要有「題畫詩」，而且詩的文字要用對的書法寫上

去。看「文人畫」不能只看到有山有水、有小屋子、小屋子裡有人彈琴、戶外有兩隻雞，還一定要看到畫上題了什麼樣的詩，詩和這畫面有什麼樣的關係。

寫題畫詩很重要，要能凸顯甚至增添畫中的意境，但如果寫得不好，當然也就拉低了畫的等次。如果作畫的人不會寫詩，缺少了題畫詩，那麼畫就不完整，連帶表示作畫者在文人涵養上也不完整。

有時候畫作上會邀朋友寫題畫詩，或自己做了詩再請善於書法的朋友用對的筆法將詩題上去。如此一幅畫在文人生活中又多加了作用與意義，和做詩酬答一樣，以聯合創作的形式表現友誼、交換感受。

很多人知道中國傳統畫講究要留白，在「文人畫」中，留白在形式上更是不得不然。一定要有相當的空白處擺放題畫詩，題畫末尾往往還要蓋印章。印章也是文人雅趣的一種表現，尤其是「閒章」，要選刻特別有意思的句子，以不俗的線條刻成。

印章在「文人畫」上還有另一個作用。印色是紅的，小小一塊但格外醒目，發揮了對比效果，讓觀者察覺整個畫面上的黑白設色，進而體會「文人畫」以減色來描摹自然的用意。

西方藝術家所需的一種天分，是能夠比一般人辨識出更多的顏色。同樣是看著夏天一棵生長茂盛的樹，他能在樹葉中看到幾十種綠，還看到幾十種陰影的變化。另外一種天分，是一眼看出立體型態的細節，以至於能夠從相反方向，將三維的形狀精巧地轉換在二維的畫面上。但畫「文人畫」用不上這些天賦能力，因為「文人畫」講究的是將複雜的自然景象經過主觀心境的轉化，減掉不必要的色彩，也減掉不必要的線條，如此保留下來的畫面可以更精確、更有效地傳遞文人的「心象」。

「文人畫」中的最大宗是山水畫，因為山水最適合用來經過減色、減形後放在畫面上。任何人都看得出畫出來的，不是模仿眼睛所見到的景象，而是經過一道難以說清楚的過程與作用，轉化為帶有濃厚文人意味的「心象」，也就是受過文人教養陶冶後的人，他認定應該要有的一種自然之美。

06 畫論在於眼光，畫面是精神訊息的符碼

「文人畫」現存作品極少，但「畫論」與畫家意見倒是留下不少，保存了強大主導意念的內容，讓我們明白怎樣是合格的「文人畫」。

「文人畫」在工夫、形象和動機上都有嚴格要求。關於工夫，元代大畫家倪瓚直白道出了弔詭的標準：要下工夫在讓人看不出工夫，「文人畫」是不能顯露工夫的。這與一般認知要畫得好就得先下多年工夫、表現出工夫的結果相反，「文人畫」若讓人感覺是費了工夫畫出來的，就落

入「匠」的等級。

另外，對於有形之物，如果將形體畫得很像，就不是「文人畫」。畫不是對客觀現象的模仿，例如畫馬時縱使馬蹄、馬鬃看不清楚，卻能在寥寥幾筆中傳遞出馬的精神，或是馬的動態動意，才是「文人畫」傳統中可以肯定的畫法。

至於畫中不能顯示畫者的動機，意思是畫面上要透出一份閒散、無所為亦無所謂的氣氛，讓人簡直就連要稱讚都不知從何稱讚起，只是讓環境、風格躍然紙上。

倪瓚談畫，用的都是負面的排除法。沒有說、不能說「文人畫」該怎麼畫，只說、只該說不能畫什麼，或不能畫成什麼樣，這也是文人態度的一部分。

聽起來像廢話，但真正重點是，「文人畫」必須是文人畫出來的。畫的背後要有一個身分帶來的人格，身分的規定則主要透過不同的生活感受與志業關懷。

蘇軾甚至更進一步從「文人畫」中再區分出「士人畫」。他以比喻來表達觀點，像是看馬時，不會看的人會看馬鞍、看配件、看用具、看鞭看策、看馬吃什麼草料又如何喝水，頂多看看馬的毛是什麼顏色、有沒有亮光。畫匠就是以這些外圍的形象來顯現馬。對比「文人畫」，則是真正會看馬的人，專注看的是馬的精神，要顯現的是馬的內在意志。不只要從對的角度看馬，而且要能如此看，需要長期培養眼光。

在眼光上分出了「文人畫」與「士人畫」。「士人畫」的基礎是對於馬的知識，蒐集了大量關於馬的認識，予以消化後表現在畫面上，於是帶有一份迂腐氣，很博學、懂得很多，卻沒有那種出入自得的瀟灑。「文人畫」為了避免墮入「士人畫」的迂腐，就得靠眼光，而不是靠知識，將眼光展現在畫中，才成其為合格、高妙的「文人畫」。

誰能從畫面上看出「士人畫」的知識氣與「文人畫」的內在精神性差異呢？當然也只有內化於文人傳統，有足夠文人涵養的人。眼光對眼光，累積、培養了眼光的人，才看得出畫者看馬或看所有畫中事物的眼光。

可以如此比喻，「文人畫」的畫面本身，像是一連串的摩斯密碼。如果沒有能力破解密碼，光看著那一大串長長短短符號要如何評價：這串密碼比那串密碼好？或者你比較欣賞這串密碼還是另一串密碼？畫面本身的比較是無意義的，先得還原文人藉由畫面所要傳達的本質性精神訊息，然後才能真正進行品賞。

若將注意力放在畫面上，就畫論畫，分析布局、筆法、構圖……等，對傳統「文人畫」的理解，那是走錯路了。要先尊重其為一套有待破解的符碼，還要按照文人文化的理想來破解，從中間解讀出：畫家心中有高山流水之志、畫家生活裡有廟堂民生之憂……，然後才能與要表達的內在訊息對照，評斷畫的成就是高是低。

以「文人畫」為例，讓大家了解，文人文化中的各種活動都有內部團結意識作用，在科舉、官職之外彼此確認文人身分。琴棋書畫都藏著符碼，集團內部的人能夠立即有效領受，集團外的就無從準確解碼。

第三章

近世新思潮的發展

01 人民信仰需求下，禪宗大成於惠能

宋代另外開啟了近世史的理學發展動向。

中古時期的佛教建立了許多大廟，佛寺形成強大的社會介入力量，足以和朝廷、世族分庭抗禮。隋唐帝國因而發動了積極作為，壓抑佛寺，與佛教體系搶奪人民與資源。

玄奘法師所代表的歷史潮流，是配合朝廷提高佛教的思想性，同時也降低了佛教的社會影響力，從而促進了高度思辨性的本土教派如華嚴宗、天臺宗的興起。

科舉制度是朝廷相應向世族搶奪人才的關鍵做法。唐朝提供給寒門子弟得以晉升的進士考試，特別強調「以詩賦取士」，一部分理由是為了避開世族子弟比較熟悉、占有優勢的經學，刺激開啟了唐詩盛況。到了清康熙年間才編成的《全唐詩》，距離唐朝滅亡已經有一千年，都還能收錄兩千兩百多位作者的四萬多首詩。那麼多人瘋魔寫詩，科舉中的進士地位愈抬愈高，相對地，世族子弟占上風的明經科就被比下去，連帶使得經學在唐朝沒有什麼新內容、新突破。

一邊是儒家經學沒落，另一邊是佛經研究大幅上升，華嚴、天臺是大創發，飛躍式的思想成就，將中國對佛教理論的開發提到一個空前的高度，卻也因此讓佛教系統弔詭地陷入困境。沒有那麼多人能理解如此複雜、深邃的理論，作為信仰的佛教在這段時期不斷流失信眾，從社會影響

力來看是走下坡的。

政治權力先後發動的「三武之禍」有效地肅清佛寺勢力，雪上加霜地逼迫佛教在中國轉型，相當程度上化整為零，以禪宗教義吸收中下階層信眾，潛藏到不會受朝廷注目敵視的地方去。「安史之亂」打破既有秩序，社會動亂，人民在信仰上有了更高的需求，原有的佛教勢力卻被關鎖在高深的佛理討論中，於是出現了訴求一般人民信仰的新勢力，六祖惠能是主要的潮流領導者。

惠能不識字，但留下了一本經典紀錄——《六祖壇經》。書中有一個被後世反覆傳誦的故事，說惠能在五祖弘忍主持的寺廟裡，只能在廚房當雜工，弘忍法師出了題目考驗寺中弟子，最聰穎也最受尊重的大弟子神秀寫了一首偈：「身是菩提樹，心如明鏡臺，時時勤拂拭，勿使惹塵埃。」惠能請人將這首偈唸給他聽，聽了覺得不對勁，就口述了一首對照、修正神秀思想的偈：「菩提本無樹，明鏡亦非臺，本來無一物，何處惹塵埃。」因為這樣，本來要傳給神秀的衣缽，轉而傳給了惠能。

記錄這段故事的《六祖壇經》，是唐朝禪宗新派的一份重要且有效的宣傳文獻，其中內容先建立了六祖惠能的神奇事蹟地位。惠能家中極窮，以砍柴為生，一天將所砍的柴送到客店裡，剛好聽到一位客人在誦唸《金剛經》，他立刻生出直覺性的感動與領悟。他問那位客人所唸的內容從哪裡來的，客人回答是從「東禪寺」取得，他就立志非去「東禪寺」不可，才遇到了主持的高僧五祖弘忍。

惠能純粹靠著超人的意志力，花了三十多天從廣東走到湖北，初見到弘忍法師，法師問他：「你從哪裡來？來這裡做什麼？」他回答：「從嶺南來。」當時嶺南被視為野蠻化外之地。他又說：「我要作佛，除了作佛之外，不求任何其他的。」好大的口氣！弘忍當然要質疑打擊他，說：「你是嶺南人，這麼個『獠獦』也想要作佛？」惠能大剌剌地反應：「人雖有南北，佛性本無南北。獠獦與和尚不同，但佛性有何差別？」

這回答讓弘忍嚇了一跳。事實上，這個回答中有著禪宗最主要的突破精神，也是禪宗後來能快速壯大的祕訣。

02 復興儒家的最大阻礙，在於禪宗

藉由《六祖壇經》的宣傳，禪宗有了一位傳奇明星，將主要的號召發送出去，宣告打破門檻、壁壘，不管什麼出身的人都可以成佛。還有，不需要皓首窮經，花幾十年時間研讀佛經，有不同的頓悟方法可以成佛。

成佛就是解脫，在亂世中，解脫當然有吸引力。可以不受現實條件限制，可以快速取得解

脫，當然更有吸引力。到晚唐時，禪宗已經超越了原有的各家宗派，包括法相宗、三論宗，或是中國本土的華嚴宗、天臺宗，在社會中廣泛散布。

禪宗的強大勢力延續到近世時期，帶來了兩大衝擊。第一項是對宋代文人文化的衝擊。文人取得了「與皇帝共治天下」的自信，轉而關注公共事務，擺脫詩賦的限制。古文運動如火如荼展開，對單純追求音韻、對仗形式之美的寫法，以及用於現實應酬的動機，予以強烈批評，轉而強調文章要表現思想，要承載有意義、也就是具備公共價值的內容。

宋代這些古文家，每一位都寫過長篇、乃至系列性的策論文章。通過科舉考試取得任官資格的人，還要再經過一次決定職務的考試，第二次考試考的主要是策論，需要拿出對朝廷政策的看法與意見。

宋代文人的政策主張自然地偏向儒家。傳統法家的立場是以國君，即占據最高權力位子的人為主體，權力的安排以他為核心。儒家卻不然，其基礎是「士」，符合宋代文人「與皇帝共治天下」的態度，所以在集體意識中，不只高度認同儒家，而且視復興儒家為重要職責。

然而要復興儒家，卻遭遇了極大的阻礙。擋在路上的不是法家，而是佛教，尤其是禪宗。禪宗並未帶有什麼政治性，但禪宗之所長，偏偏正好是儒家最弱的一環。儒家最弱的，是提供根源性的答案。世界是怎麼來的？我又從哪裡來？我如何知道、如何決定自己是誰？我和他人之間的關係是如何產生，又該如何安排？要回答這種問題，窮究其答案，一定要碰觸到《論語》中特別標舉孔子不說不談的「性與天道」。

「夫子之言性與天道，不可得而聞也」，不只如此，還有「子不語怪力亂神」，同樣的原則指向儒家思想的前提是：如實接受你活著，而且是活在當前的現實世界裡，從這裡開始討論該如何好好安排生活，尤其是處理具體的、無可逃躲的人與人之間關係。至於天地怎麼來、你怎麼來、現實以外還有沒有別的世界，對儒家來說，是不可能得到確切答案的庸人自擾問題。

然而面對席捲社會的禪宗思想，這種態度顯得極其無力。很多人感覺到佛教比較透徹，徹上徹下提出了清楚的答案，加上還有信仰上的解脫保證，當然比儒家有吸引力多了。為了尋求在思想場域不只迎戰禪宗，進而能取得勝利以便有效復興儒家，在宋代文人文化中誕生了「理學」。

03 理學解釋了人活在世界上的根由

「理學」被視為近世時期的「新儒家」，因為確實和孔子、孟子所代表的「原始儒家」產生了很大的差別。理學的建立，關鍵內容在於邵雍和周敦頤從「無極」、「太極」溯源開始，講述了一套天地來源論。接下來在張載手中完成了自然與人的密切關係，人的先天性質是和自然一致的，人分到了自然的一部分，因而讓任何個人都能和其他人、甚至是天地萬物，在自然之「道」

那裡得到連結、統合。再下來，又有「二程」程顥、程頤兄弟，奠定了「心」、「性」、「理」、「氣」等主要觀念，作為貫通自然與人文的根本元素。

理學認真且完整地解釋了人活在世界上的根由。自然中有現象、有規律，管轄現象使得自然中有秩序的規律，就是「理」。包圍著我們的現實，有其偶然、混亂的部分，但在根本上所有現象必然遵循自然律則，也就是依循「理」。但「理」之外有「氣」，也就是物質性的元素，是這一部分在組合、運作中造成了偶然、混亂。

人從自然而來，也是自然的一部分，所以相應於「氣」，有我們差別的「心」，由諸多紛紜的感官刺激所構成，每個人接收的感官訊息不一樣，就會有不同的「心」；但相應於「理」，在人有「性」，那就是普遍的、大家都共通一樣的，甚至可以說是本質的、必然的。對照之下，「心」則是個別的、偶然的。

「性」構成了人內在的本質秩序，或本質上的規律。回到孟子舉的例子，看到一個小孩快掉進井裡，這小孩的父母是誰、和你有什麼關係、他為什麼會爬到井邊……這些個別性的條件，在那當下都不重要了，你就是會生出一股要解救小孩的強烈衝動，那股衝動就是「性」的反應，也是「性」存在的證明。不一樣的人、不一樣的情境、不一樣的對象，但那種不經思考的直覺反應——去救小孩——之所以所有人都一樣，就是「性」的作用，每個人的內在都有這麼一份依循天理行為、符合天理秩序的「性」。

「理」落在個別人身上就是「性」，所以「理學」又名「性理之學」，表示要鑽研「理」與

「性」的內容。更重要的，還要修養挖掘、擴大人內在的「性」，發揮普遍的規則，改變並克服物質性的偶然、混亂、不符合規律的部分，也就是要「變化氣質」。感官與外界交接受到刺激，讓人「動心」，所以修養工夫的重點是「不動心」，回歸純然天理的狀態。

不過理學畢竟是儒家的發展，一定要回到孔孟的根本問題上，討論在現實中、特別是在人際互動間該如何做。原始儒家的風格，是即事論理。孔子都是針對特定、明確的事情發表意見，指引其思考脈絡與道理。理學則在順序上倒過來，先建立抽象的道理，然後將道理運用在具體生活中。如此產生的「修養論」著重在節制慾望上，要將「一腔慾望」轉為「一腔天理」。工夫主要用在節制、壓抑，相應產生了「主靜」、「求靜」的傾向，以及放大禮節的行為規範。

04 理學到文人文化，浸染了禪宗色彩

儒家在近世歷史中進行了相當大的轉化，其工程吸引了許多人才投入，是北宋最重要的智識潮流。最主要就是因為有禪宗的流行現象，那麼多人靠向禪宗，聽禪宗的道理，進而信仰禪宗。理學並不是在思想真空狀態下發展的，相反地，它是帶著明確、強烈競爭意識而奮鬥成型。和理

學同時存在的現象，是激烈的「儒佛之爭」。

宋代「古文運動」特別推舉唐朝的韓愈，其中一個理由正是將韓愈視為「儒佛之爭」歷程中的代表人物。韓愈敢寫〈論佛骨表〉呈送給唐憲宗，確實激怒了皇帝，差點送命，可見他對佛教在中國、在朝廷、在宮中的流行，何等深惡痛絕。

理學有那麼高的針對性，可想而知在理學發展過程中，一直意識著禪宗的存在，不可能不受到禪宗的深刻影響。不只是理學，甚至整體的文人文化，事實上都浸染了禪宗的色彩。

文人文化中重視「悟」，特別區分「悟」與「不悟」兩種人，要能參與文人文化，得到文人身分，必須通過「悟」的作用。前面提到的「文人畫」境界，「士人畫」比「文人畫」低一層，關鍵差異就在於一個是靠「知」，另一個則靠「悟」，「悟」高於「知」。強調直覺，認定直覺高於知識，這樣的觀念很接近禪宗，是受到禪宗影響的。

這種區別方式、區別標準也表現在文人的政治活動上。朝廷「重文輕武」，抬高文人地位，祖宗家法裡訂定了嚴格規範，包括皇帝、皇室都必須給予文人尊重，不殺士人，也不能任意侮辱士人等。士人得到尊重，可以形成強烈意見，自信地堅持意見。這樣的地位遇上了文人文化基底上重視直覺、直觀的態度，使得士人所發表的意見往往不能辯論。或者退一步說，意見提出的方式並不是要付諸討論、辯論，毋寧是作為一種試驗，去判斷誰懂這番道理就是我們自己這邊的人，誰不懂這番道理就不是我們這邊的人。

北宋政治動盪的主角人物是王安石，而他最響亮的綽號是「拗相公」。他的「拗」表現在他認為對的就是對的，怎麼說都說不動他；他認為該這樣做就堅持這樣做，再多的反對意見也動搖不了他。王安石的個性有其極端之處，但他在北宋文人間有相當高的代表性，代表了士人習慣性認定：真理一眼就能看見，清楚看出哪一條路是對的。雖然有論證，但論證的產生後於結論，先直觀得到了結論，再尋找論證來表彰結論。

05 北宋黨爭：意見差異轉化為道德差異

難怪北宋有嚴重黨爭，而且黨爭一波又一波無法平息。

從范仲淹開始，士人從政帶著高度責任感，連帶有強烈的自覺與自尊，必然視自己為君子，並且習於以自己的立場去區分君子、小人。宋仁宗時，歐陽修寫了一篇擲地有聲的文章〈朋黨論〉，在其中對傳統觀念做了大翻案。傳統上認為「朋黨」就是壞的，朝廷中分派系，一些人緊密勾結互相合作，那必定是出於私心，謀求私利。但歐陽修刻意將「朋黨」中性化，轉而凸顯君子、小人才是真正的重點。

有「君子黨」也有「小人黨」，結黨不必然營私。歷史上的黃金時代，都是由一群有操守、有能力的人合力打造，他們不就是「君子黨」？沒有道理君子不該團結做事，君子互相合作不是會給國家帶來最大的好處嗎？所以皇帝不該被蒙蔽，以為只要是幾個人彼此聲氣相求、密切互動就是壞事，就該被監視、被懲罰。真正的明察不是看有沒有成群結黨，而是更準確地判斷這些人如何形成「朋黨」，是為了追求私人利益而臨時苟且合作的「小人黨」，還是因為有共同理想原則，為了創造更大的公共貢獻而長期連結的「君子黨」。

歐陽修雄辯滔滔地反擊那些到皇帝面前告他「結黨」的人，為自己身邊有一群抱持共同意見官員一事大力辯護。不過這篇文章的主張，等於是打開了潘朵拉的盒子。歐陽修舉證歷歷，君子也會結黨，如此使得論證方向很容易地轉了彎——所有結黨的人都認定、也都宣稱自己所屬的是「君子黨」；而且倒過來，看到自己的對手，那些持相反意見與立場的團體，就必然是「小人黨」。甚至不需要指出對方有哪些小人行徑，既然自己這方是「君子黨」，那麼光是反對「君子黨」就足以證明那方是「小人黨」了。

從任何角度看，宋代黨爭帶來的破壞與禍害都超過唐代黨爭。主要原因在於參與黨爭的宋代士人總是在真理層次互相攻訐，用道德立場無限上綱、激烈對立。唐代的「牛黨」和「李黨」有強烈的集團劃分，一個集團成員聯手一起對付另外集團的成員，爭奪的是朝廷的權力。宋代黨爭卻是將意見差異、立場差異、甚至權力差異一律轉化為道德差異——自己這方是「君子」，對方那邊是「小人」，因而君子與小人的爭鬥沒有明確目標，沒有明確規則，更可怕的，沒有明確的目標終點。

不論是分「新黨」、「舊黨」，或分「洛黨」、「蜀黨」、「朔黨」，其性質都是意見之爭。唐代黨爭和出身身分有密切關聯，「牛黨」的人不可能轉到「李黨」去，「李黨」的人也不會要去爭取「牛黨」成員過來。宋代意見之爭就不一樣了。以「意見」劃分的黨，在宋代朝廷的約束力遠小於唐代的情況，人員有著高度流動性，也就充滿了各種變節、背叛的可能性，如此更給道德對立與互相仇恨添加了燃料。

06 王安石變法與新舊黨爭的糾葛

「拗相公」是這些環境因素作用下的產物，王安石得到權力後又強化了這種環境。他的執拗表現在和別人討論的風格——他願意解釋自己的主張來歷，但絕對不會動搖對自己主張是真理的堅持。他律定了《三經新義》，特別抬高《周禮》的地位，因為要以《周禮》來提供他自己的政策主張不可被質疑的真理保障。

王安石和「新黨」將自己刻畫成真理代言人，而不同意的另一邊承接歐陽修的態度，相應認定自己是君子，用「小人」來定性對方。他們的攻擊焦點放在「君子喻於義，小人喻於利」，凸顯王安石提出的政策主張都是在追求「利」。

確實，王安石的「新政」主要是財政措施，如青苗、免役、市易、方田均稅法等，針對國家財庫困窘問題提出種種方案。由於對北方遼朝既要花錢防禦，又要花錢供應，是很大的開銷，王安石因應設計了許多增加朝廷收入的辦法。而增加收入，當然就是在「利」上的考量，「舊黨」批評王安石眼中都是錢，這樣的人能不是「小人」嗎？

補充說明一下，造成宋代財政困境其實還有一個大錢坑，但連王安石都不會去碰，以至於過去談歷史時經常被遺忘，那就是朝廷龐大的人事費用。不只朝廷很大，而且朝廷要給文官那麼高的待遇以便「養廉」，當然構成了極大的開銷。不過文官提出的改革方案，顯然不會認定自身的待遇過高，而以刪減文官規模或待遇水準作為解決方案。

其實是兩個錢坑讓宋朝愈陷愈深，但即使是王安石，也只針對其中一坑提出改革辦法。對遼的花費相對嚴重卻也簡單，因為幾乎不存在節流的選擇，只能往開源去設想。從反對派角度看，王安石主政都是在開管道弄錢，搞得社會天翻地覆，坐實了那不只是政策錯誤，更錯在「小人用心」上。

遇到反對、批判聲音，「拗相公」更拗了，堅決繼續執行，還倒過來指控反對者是「小人」，硬是衝撞現狀，以至於不顧程序、不顧過程中可能產生的弊病和後遺症，結果讓「新政」更不受歡迎。

司馬光編撰了重要史著《資治通鑑》，這項知識工程是因應當時黨爭環境而生的。作為「舊黨」領袖，司馬光要以歷史實例提供帝王統治上的鑑照，重點特別放在解釋實際情況下什麼樣的措施、做法，會如何離開了原本抽象思考中的設計、想像，帶來很不一樣的結果。給統治者主要的歷史教訓是：不能離開現實而用空想治國，好好閱讀歷史才是了解現實的有效手段。

然而北宋時所遭遇的國家危機，卻不是歷史上有先例可參考的，歷史上不曾見過這樣的文人文化背景，也不曾見過如此激烈的黨爭。

07 徽宗：從心態上排斥為帝的文人皇帝

宋代文人文化沿著「士人與皇帝共治天下」的信念發展，到後來甚至連皇帝都被文人化了。北宋亡於「靖康之禍」，徽、欽二宗同時成為金軍俘虜，被挾持北上。名義上欽宗是北宋最後一位皇帝，但他當上皇帝是因為時局艱難且緊急，父親徽宗突然兩手一攤就放棄繼續擔任皇帝，硬是將兒子推上應付危急的國家領導者角色。

光是這件事，足以讓宋徽宗列名中國歷史上最糟糕的皇帝；不過換另一個角度看，宋徽宗在中國歷史上知名度甚高，並不是以亡國之君的身分被認識的。最為重視宋徽宗的，包括了現代的博物館，像是臺北故宮博物院就推出過以宋徽宗為主題的特展，有這樣的展覽怎能不去參觀？

宋徽宗在文化史上有著特殊地位。簡單、直接這樣描述吧：他代表了宋代文人文化的巔峰成就。但他是皇帝，不是一般的文人。這個現象的歷史意義在於，北宋強大的文人文化潮流不斷累積，到後來甚至出現一位「文人皇帝」，這絕對不只是指皇帝非武人出身，而是更嚴格地顯示了雖然具備皇帝身分，但這個人的自我認同、生活習慣更接近文人。

在徽宗之前，北宋已經出現了好幾位不稱職的皇帝，有的是能力或個性不適合當皇帝，但也有和徽宗一樣是從心態上排斥當皇帝的。這現象的根源，一部分來自北宋對於立太子及未來皇帝所需的教育不夠重視，另一部分則是受到文人文化高度發展的影響。

從通史角度可以對照，最重視未來皇帝選擇、培育的，首推清朝。清朝皇室不立嫡、不預立太子，目的就是讓各皇子間互相競爭，皇帝有機會也有責任仔細觀察在成長的過程中，哪一個皇子的條件最適合當皇帝。在清朝，當皇帝很辛苦，做皇子也不輕鬆，必須接受嚴格的文、武訓練，且要求兼通漢、滿文，尤其要在漢人大臣面前展現對傳統漢文化的充分掌握，杜絕他們將皇帝視為外來夷狄的態度，以便有效管理統治。而且還要得到父親的重視與認可，並符合那個時代的國家、朝廷之所需。

清嘉慶皇帝接在乾隆之後當皇帝，就遇到了困難狀況。「十全老人」乾隆好大喜功，大肆揮霍，國家交到嘉慶手中，到處都出現了過度擴張膨脹的問題，尤其在輝煌表面下，財政左支右絀、千瘡百孔。嘉慶不得不努力撙節，還要面對因經濟沒落帶來的社會不安。這樣的經驗刺激他在選下任皇帝時，格外重視個性中絕對不能有奢侈、浪費的一面，因而選上了皇子中最節儉、甚至以吝嗇有名的來繼位，也就是道光皇帝。

道光年間發生鴉片戰爭，皇帝的態度是堅持兩件事：第一，不准外國人靠近，連談判地點都離北京愈遠愈好；第二，無論如何不能賠款。這樣的態度主宰了當時清廷應付對外危機的路線，釀成了許多深遠問題。

不過，清朝每一位皇帝即位時都很清楚自己的職責，也熟習大部分的禮儀與朝廷行事。北宋的皇帝卻不是如此。例如宋仁宗沒有親生兒子，大臣要求立皇太子，他就選擇了濮王的兒子趙曙，也就是後來的宋英宗。趙曙奉召入宮，心中老大不情願，還對濮王府的人交代，要隨時收拾好他在王府裡的住處，他覺得自己沒多久就會回來。

他不只不想當皇帝，等到真的當上皇帝了，他還不願意依照宮廷禮儀當仁宗皇帝的兒子。他堅持自己的父親是濮王，所以不能以兒子的身分去祭拜死去的仁宗皇帝，如此造成很大的政治危機。英宗所堅持的，是來自文人看重、強調的儒家孝親信念，對他來說，其權威高於皇家禮儀規範。

這樣的情況在徽宗身上到達了極端，他從來沒有真正接受皇帝角色，對政治不感興趣，他有興趣愛做、會做的，都屬於文人的領域。在文人活動中，他不只如魚得水，而且他真的具備相當高的天分。他能作畫、能寫書法，他專心收集、研究過去的書畫作品，體驗其中的藝術精神。對於藝術與生活美學，他具備極高的品味。

他的悲劇就在於他當了皇帝，而且是內憂外患交煎下的宋朝皇帝。他缺乏強勢領導解決問題的能力，甚至也沒有選擇對的大臣來主導國政的眼光。

第四章

外族勢力
步步進逼

01 中原亂局，北方對「胡」的防線節節後退

關於宋朝的歷史主題，一再被提及的是「重文輕武」，這帶來了「積弱不振」，最終付出令人痛心疾首的代價，那就是外族入侵。在民族史學的觀點中，這部分的變化格外受到重視。

宋朝「重文輕武」政策是為了解決長期武人亂國的積累問題，而事實上，武人亂國的開端自唐代「安史之亂」起，就已經連帶牽涉到外族的問題。安祿山的身分是「營州雜胡」，也就是進入中國後受到漢文化影響，成為半胡半漢的特殊狀態。

在通史上，這又給人熟悉之感。安祿山的身分，和當年帶領「五胡」在漢末進入中原的匈奴人劉淵、劉曜很接近，他們不是從草原上直接南下的遊牧民族，而是已經在農業區邊緣定居相當久、受農業生活與漢文化深刻影響的一群人。

為什麼會有重複的現象發生？因為背後的動機是相同的。為了抵禦外族，將部分比較靠近中國的部落吸納過來，讓他們充當緩衝，協助阻擋更凶悍、也更異類的草原民族。這些緩衝部落進入中國境內，不再是完全陌生的「胡」，轉為身分曖昧的「雜胡」，既是「胡」又不完全只是「胡」，比「胡」更親近「漢」，因而受到「漢」相當程度的信任與寄託。

安祿山憑藉這樣的信任、寄託，經營著北方三鎮（平盧、范陽、河東），擁有自己的武力。

而成德、魏博、盧龍（即范陽）這幾個鎮，更成為後來藩鎮割據的起源與典範。北方率先形成割據之勢，理由也很簡單，因為北方總有防禦需求，必須配備夠強的武力才能防堵外族入侵。但一來這些原本要向北防禦的軍隊，很容易就挾其實力掉轉方向往南，立即構成對朝廷的巨大威脅；二來布局在北方邊界的武力，中間有許多類似「雜胡」身分的人，他們的認同很容易翻轉，時而偏向「漢」，時而轉向「胡」。

中唐經歷晚唐再到五代，中原亂局使得北方對「胡」的防線節節後退。到西元九三六年，在後唐和後晉遞變間，後晉開國皇帝石敬瑭為了對抗、壓制後唐，請求北方契丹出兵相助，和契丹簽訂了一項重要條約，將「燕雲十六州」讓送給契丹。

失去了燕雲十六州，使得河北平原無險可守，給宋朝抵禦契丹帶來無可彌補的大困難。中原政權要一直到明朝成立、到明太祖時，才終於將燕雲十六州收回，距離後晉已經超過四百年。

換句話說，這四百年間，燕雲十六州都控制在外族手中。還應該補充的是，將燕雲十六州送給契丹的石敬瑭就不是漢人了，他是沙陀人。中、晚唐時，多種族雜居的情況愈來愈普遍，部分藩鎮控制在外族手中，五代十國可不是每一「代」、每一「國」都是漢人政權。

還有，在石敬瑭送交燕雲十六州給耶律德光的合約中，前文先表示石敬瑭認耶律德光為義父。這個模式後來在遼朝和宋朝的盟約中複製出現了，「澶淵盟約」就約為兄弟之國（宋真宗為兄，遼聖宗為弟），到了南宋和金朝的合約，那就更是每況愈下，從約為叔侄（隆興和議）到約為伯侄（嘉定和議），宋成了晚輩。

這種合約在中國這方往往視為奇恥大辱，不過其背景其實是源自北方部落習慣，要先建立親戚連結才能有可信的盟約，不完全是為了要屈辱對方的姿態。

02 遼的二元體制，對南方的依賴共生

得到了燕雲十六州，契丹勢力更為壯大。遼朝實際上是由耶律德光所建立，他的父親耶律阿保機發動了契丹的大改革，而在耶律德光手中完成政體的建制。

遼朝的運作，最重要也最特別的是分為「北面官」和「南面官」，前者負責統治契丹人，後者統治漢人。這是依照民族與生活習俗分立的二元制度。北面官遵循契丹傳統部落規矩，但並不將這種規矩加諸在漢人身上；南面官則用漢人方式來管理漢人。等於是有兩個政府共處於一個朝廷中，如此得以讓契丹人在進入中原的過程中，減少許多漢人的抵抗，相對提升了漢人和遼朝合作的意願。

契丹得到燕雲十六州，開了一條往南的通道，其軍事力量可以不受阻礙占領中原北方土地。到了蕭太后主政，也就是宋真宗時，遼朝和宋朝短兵相接，衝突之後以簽訂「澶淵盟約」來解

決。從此遼朝的歷史進入新的階段。

依照盟約規定，宋朝以每年一共三十萬的錢幣布疋換取和平，從此就有龐大資源按時送進遼朝朝廷。遼朝兵力不再往南進襲，坐享宋朝提供的生產結餘，很快地其軍事體制就開始動搖。政治上北方是遼朝，南方是宋朝，但北方的經濟發展遠遠落後於南方，因而經濟上形成了南方補助北方、北方依賴南方的局勢。於是遼朝實質上從原本的征服王朝，逐漸轉型為由宋朝財政支援的一股勢力，成為「中介王朝」，擴大繼承了原本「營州雜胡」所發揮的功能，在中原政權與更北方的異族威脅間形成緩衝。

愈到後來情況愈清楚。在遼朝後方，興起了比契丹人更剽悍、也與農業文明更陌生且更疏遠的女真人。遼朝首當其衝，擋住了女真的迫進，實質上保護了更南方的宋朝。金、遼、宋關係中，很明顯地，遼、宋有著共生性質，宋提供財政資源，換取遼以武力阻擋金人進一步南下。

從耶律阿保機到耶律德光，建立了一套有效的二元體制；到了蕭太后時，對於漢人及南方狀況有了更深入的認識，因而新創了利用南方資源來支撐王朝的新模式。

在這裡，遼、金相繼進入中國的變化模式，也可以和前面鮮卑人的史例對照。鮮卑慕容氏先進入中國，小心翼翼地緩慢前進，陸續建立了前燕、後燕、西燕等政權。在他們後面崛起了魯莽的另一支拓跋氏勢力，他們純粹運用武力快速進襲，占領了很大區域，卻嚴重缺乏處理在地漢人事務的經驗。沒有找出緩慢與漢人相處、保持雙方差異的和平方案，使得拓跋氏在孝文帝時發動了戲劇性的全面漢化措施，導致鮮卑人嚴重內鬨分裂。

幾個世紀之後，我們看到契丹人也是以謹慎的態度先進入中國，一步一步穩扎穩打地建立他們的統治。他們以取得漢人合作為優先考量，願意給漢人較大的自主空間。但在如此和漢人相處的過程中，他們與南方宋朝建立了和平的共生關係，自身的武力也相對逐漸弱化。

在契丹後面，出現了完顏阿骨打所帶領的女真勢力。契丹武力的弱化程度，可以從女真崛起後只花十二年就消滅遼朝清楚看出來。在女真進逼遼朝的過程中，原有的三角關係出現一次大轉變，宋朝拆毀了和遼朝的共生合作，改變立場去聯絡女真，要夾擊契丹，結果帶來的是一連串的大災難。

契丹打不過女真，但不等於契丹的軍事力量已經弱到打不過宋朝。宋朝的北征部隊幾度面對遼朝部隊，幾乎每場戰役都打敗仗。宋朝還沒有收到將國土有效向北擴增的效果，遼朝就已經滅亡，意謂著本來存在於金人和宋朝間的緩衝因素消失了，宋朝必須自己去面對武力遠比遼朝強、對漢人又遠為陌生與敵視的北方新勢力。

和遼朝戰鬥的勝負相反情況，提供了金人準確的衡量，顯示金、宋之間力量懸殊。金人也沒什麼猶豫、等待的理由，兩年之後，便率大軍長驅南下，攻入汴梁，滅亡了北宋。

03 女真人舉族南遷的歷史後遺症

傳統史學架構中，習慣併稱「遼金元史」或「宋遼金元」，這樣的稱呼與看法，相對忽略了遼、金、元這三個政權極端不同之處。

遼朝建立了複雜的二元政治制度，也有穩定的朝廷運作；而女真部落在完顏阿骨打率領下與遼朝決裂時，他們甚至還沒有自己的文字，[17]也就不會有完整的官僚系統。契丹人先在草原南部與華北一帶站穩腳步，花了將近一百年時間進行各方建設，但突然間女真人憑藉高度運動力，以更接近遊牧民族的彈性與勇力，短時間內席捲北方。

女真人滅亡遼朝，建立金朝，但金朝並不真的是繼承遼朝，兩者之間的條件相去甚遠。遼朝統治區域內，契丹人和漢人的比例大約一比三，但到了金朝統治時，女真人口卻只有漢人口的十分之一。

17　金太祖天輔三年（一一一九年），完顏阿骨打命完顏希尹造本國字，《金史．完顏希尹傳》記錄：「希尹乃依仿漢人楷字，因契丹字制度，合本國語，制女直字。」稱為女真大字。到金熙宗天眷元年（一一三八年），又造女真小字。

女真崛起的軍事行動如此快速、凶猛，相對地就沒有什麼時間進行統治準備，再加上人口上的絕對少數狀況，要建立有效統治更為困難。剛開始他們理所當然套用遼朝的體制，但那樣的二元制度無法應對新的現實條件，以至於女真人必須持續訴諸強大的武力鎮壓，來對待漢人和契丹人。

鎮壓與統治都需要許多女真人，形成的現象等於是女真舉族大遷徙，造成原來的地盤被其他民族占據。等到金朝被蒙古人步步進逼而瀕臨瓦解時，女真人已經沒有其他根據地可退。

這件事積澱為沉重的歷史記憶，讓後來崛起的滿清高度警惕。滿清自稱「後金」，建立了對「前金」的承傳認同，因而特別小心防範「前金」覆滅所犯的錯誤。滿清趁明朝流寇大亂之際大舉入關，占領北京城後就留下來，成立了新的朝代。不過他們始終小心翼翼地保護關外的滿洲，始終認定那是民族不可或缺的退路，不只是保留了相當比例的滿人在關外，而且從政策上防止太多漢人遷往關外。

這態度保存了兩百多年，一直到清朝滅亡，遜帝溥儀被趕出紫禁城，短期居留在天津租界區後，被日本人送往東北，也就是回到祖宗來處，在那裡成立了滿洲國。這段過程當然有日本人主導的因素，但也有滿洲人根深柢固的歷史信念作用，才會發展得那麼快。

04 從「中介王朝」到「征服王朝」

比金人根據地更北的有室韋和蒙古，都長期臣服於契丹和女真之下，到女真舉族南下，他們當然就趁機擴張，後來金朝反而亡於蒙古。

另外，女真人南遷使得從遼朝那裡繼承來的二元政治變質了。南面官與北面官分別統治漢人和契丹人，如此單純簡潔的劃分，事實上到遼朝後期就已經無法維繫。南方比較富裕、舒適，許多契丹貴族遷移到南方，改換漢人式的生活，給二元制度帶來困擾，因為北面官管不到他們，南面官也管不了他們，以致他們擁有可以避開朝廷規範的特權。

這種情況剛在遼朝出現，金人就南下了。金人繼承契丹體制，運用上卻遇到更複雜的條件。北面官和南面官各自的管轄對象，不再像遼朝時那麼清楚，中間又存在女真傳統部落組織的因素，結果在政治上極為混亂，連帶地軍事運作也無法順利有效。

北方室韋迅速侵占了女真人舉族遷徙留下的空間，室韋的移動又刺激蒙古跟著移動。變化局勢中，成吉思汗統合了蒙古各族，進而壓制室韋，成了這個地區的新霸權。

遼、金加上西夏，在這個時代依循著固定模式，形成「中介王朝」。嚴格來說，他們不是「征服王朝」，雖然各自占領了部分中原地帶，統治了部分漢人人口，但他們主要的歷史作用不是「征服」，毋寧是居中緩衝。他們和更北邊的草原民族在生產與文化上不一樣，也和完全農業性的漢人社會組織不一樣，他們居留在兩者的中間地帶，更重要的，他們自覺歧異性，因而在統治上都保留了一定的彈性。

作為「中介王朝」，遼和宋的關係最密切，甚至發展成依賴宋朝經濟資源來維持自身系統，也就付出了系統被南方財富資源腐化的代價，後來擋不住更北方的金人崛起侵犯。但金人沒有自己的政治體制與文化準備，只能接續「中介王朝」的角色。再過沒多久，更北方來了蒙古人，滅金接著滅宋，他們建立的不再是「中介王朝」，而是強勢的「征服王朝」。

蒙古人在中國建立了元朝，但這個朝代和其他所有朝代都不一樣。將遼、金、元併在一起看，看不清楚「中介王朝」和「征服王朝」的差異；將宋、元、明、清連起來看，則會看不清楚元朝背後有一個龐大蒙古帝國的重要歷史事實。

元朝的特殊處無可比擬，在中國所有朝代中，只有這時候中國被納入了更廣大的結構中，成為蒙古帝國的一部分。這個帝國除了控制中國外，還有四大汗國。講通史的關鍵原則是將各個時代最特殊的情況凸顯出來，那麼在通史中講元朝，最該講的就是中國不是獨立單位這件事。

蒙古帝國幅員廣闊，中國只是其中最東邊的一部分，儘管帝國大汗一般所在處是中國，但大汗不只是中國元朝的統治者，而是更龐大帝國的總首領。這中間的分野清楚反映在元朝結束後，當時的蒙古統治者妥懽帖睦爾（即元順帝）離開大都，遷往上都，後來又移到應昌，蒙古帝國仍然存在。蒙古帝國最終結束時間是一六三五年，離中國元朝的覆滅已經是兩百六十幾年後了。

05 蒙古帝國水平式、威嚇式的統治策略

以承認中國元朝是蒙古帝國一部分的觀點，這段歷史最值得探討的主題，是蒙古人怎麼能創建那麼大的帝國？要解答這個問題，當然不可能侷限在中國幅員內，必須將中國歷史和至少是歐亞大陸的歷史連結起來。另外，解答這個問題的過程中，也必然浮現另一項不容否認的元朝特性——蒙古人在中國所建立的征服王朝，是征服性質最強烈、最徹底的一個。

意思是，前面許多外族進入中國建立政權，在中國待的時間久了，他們總是受到中國社會、中國文化影響，有了混同現象，相當程度上被漢化了。過去民族史學中，經常以此強調中國文化的強大涵化能力，以武力征服中國者，最終卻在文化上被中國感化、勝過。他們以清楚的異族身分與行為習慣進入中國，卻總是在一段時間後由外而內，變得愈來愈像中國人。

須注意的是，這樣的模式沒有出現在蒙古人身上。這牽涉到蒙古帝國的基本性質，也就是蒙古人創造帝國與維持帝國的方式。從成吉思汗開始，蒙古人建立了愈來愈強大的進攻部隊，其中最恐怖的成分，是來自傳統遊牧生活畜養的無數牲口，以及後來刻意學習、培養的攻城機具與戰法。蒙古武力所到之處不只所向無敵，而且能在短時間內壓倒敵人的所有防禦、反攻能力。

蒙古軍隊靠著快速運動，將所到之地都納入帝國統治中。但以蒙古部落的規模與生活方式，

他們不可能對這些地方進行全面占領。帝國的統治是建立在動態的威嚇上。蒙古人最自豪、也最在意的，是超人一等的運動速度。他們用心規畫、維護交通運輸基礎條件，並在關鍵地帶設置強大的機動部隊。蒙古部隊能在極短時間內，以驚人的速度出現在帝國各地，展開無情的攻擊與屠殺。因而帝國範圍內的人民隨時都處於害怕警戒中，不敢任意挑戰蒙古人的權威，只能乖乖服從配合，在威嚇下成為帝國的子民。

然而以這種動態方式進行統治，蒙古帝國並沒有滲入各地、對人民生活進行細節管理的官僚體制。他們經常保留當地原有的君王、貴族，仍由他們負責社會秩序與經濟生產管理，但絕不容許挑戰、背叛更高的蒙古威權。於是蒙古人和當地人們、社會的互動相對有限，蒙古人也就長期維持了自身傳統社會與文化特性。

蒙古人對當地社會、文化干預不深，換另一個角度看，他們受到當地社會、文化影響的機會也相對少得多。在中國的統治，他們明確地區分身分，蒙古人最高，色目人其次，原本在北方的契丹人、女真人及漢人被一併歸為「漢人」，是第三級；最低的是南宋滅亡後才納入帝國中的「南人」。如此嚴格上下界畫，也降低了蒙古人、色目人模仿並學習漢人、南人生活與文化的動機。

蒙古人統治中國，大幅提升了交通條件，對後來明代商業網絡及城市的飛躍性成長貢獻極大。蒙古人主要著眼的是，帝國統治需要讓軍隊能夠快速運動，發揮威嚇效果的條件，因此在非草原的環境中，就必須注重道路的開拓、維護及驛站的設置、管理，讓帝國廣大土地空間保持訊息暢通。哪裡發生了需要鎮壓的事件，消息能迅速傳遞，部隊也能迅速兵臨城下，讓各地人民隨時處於心理恐慌中，達到帝國統治的目標。

除此之外，蒙古人也很重視人與貨物的移動和交換。他們不是農業民族，非但沒有安土重遷的觀念，從遊牧習慣衍伸而來的，甚至是不斷地流動，到不同地方和不同人群接觸，成為生活的正常狀態。因此在蒙古帝國內創造了打破原有區域壁壘的條件，促進歐亞大陸各處間的互動，開啟了近代世界史特殊的一頁。

蒙古帝國並沒有上下垂直的一套官僚行政體系，帝國統治的型態是水平散落的。光是主要的汗國中心就有四個，每一個中心和周圍的人民、部落、王國，因地制宜發展出各種不同關係。帝國最主要的統合點，是大家都害怕既迅即又威猛又殘暴的蒙古軍隊。面對蒙古軍隊，幾乎不可能具備有效的防禦辦法，也無從阻止他們的凶殘對待，所以最好的策略就是不去招惹，避免蒙古軍隊來襲的可能。

這樣的帝國在不同區域有不同狀況，而且隨著時間又不斷在變動，很難準確地描述其面貌。和蒙古帝國相比，漢朝很簡單、很穩定，唐朝也很簡單、很穩定，因而如果從中國朝代史的角度將宋、元、明、清放在一起看，就會錯失元朝是蒙古帝國一部分的重點，也看不到蒙古帝國的複雜性與高度不穩定性。

06 窩闊臺自豪的四大成就

蒙古人進入中原的過程中，耶律楚材發揮了關鍵作用。從他的名字就能判斷他是契丹人，他延續了中介王朝的功能，溝通、轉化蒙古人原本和漢人間的巨大差異。

窩闊臺率領的蒙古人，原本以純粹征服之姿凌駕在中國社會之上，高壓、殘暴地對待漢人，還以遊牧的習慣嚴重破壞中原的農業生產。耶律楚材說服窩闊臺及其蒙古政權明瞭了農業與農人的價值。

征服金朝後，蒙古貴族向窩闊臺要求分地，以便他們放牧牲口。對他們來說，土地最大的用處就是長養牛馬，相對地，既有的農人與農業是應該被消滅的阻礙。耶律楚材讓窩闊臺知道，將原來的農地改成放牧牲口，能得到的財富遠遠不及維持農業所能生產貢獻的。以一年為期，他具體示範了農地的生產力如何勝過放牧形式，震撼了蒙古貴族，使他們體會到中原的自然條件不同於草原，也就該以不同的、尊重農業的方式來運用。

活著的人民成為農業勞動力，比牛馬都還要有價值。蒙古人在統治上該做的不是殺死或趕走他們，而是適當管理、役使他們。這不只是對窩闊臺，也是對蒙古貴族的集體啟示。

窩闊臺曾經自我評價，認為最大的成就有四項。第一項是征伐、攻滅像金朝這樣的敵國，顯示其草原勇士的功績。第二項是建立驛站制度。他將這件事看得很高，僅次於戰功。

從窩闊臺開始，蒙古帝國不斷進行交通建設，鼎盛時期領土上布滿了數不清的「站赤」（驛站）。我們無法完整重建蒙古交通系統的複雜全貌，不過可以確定，在帝國內每隔三十到五十公里就有一處驛站，站內有專門養馬的人，還有隨時待命的專業騎士。除了驛站，另外還有「急遞鋪」，數量更多，分布在驛站與驛站之間，顧名思義就是專供傳遞緊急消息時運用的。

遇有緊急事故，由最近的驛站派遣專業騎士騎著快馬出發。騎士使者身上攜帶文書，並配戴可以傳聲甚遠的鈴鐺，以便讓路上其他人知覺閃避，還有提早通知下一個驛站的作用。遠遠聽到鈴聲，下一個驛站提前準備，將要接替的快馬備好，有時還要同時安排接替的騎士，讓傳遞的路程不會中斷，可以順暢繼續前行。

窩闊臺自豪於把驛站系統修建得很完善，發揮了將面積驚人的大帝國拉在一起的作用。和驛站相配合的是軍事動員。從成吉思汗以來，蒙古的軍事組織是按照嚴格的十進位制安排的。部隊的單位是「十戶」、「百戶」、「千戶」，負責帶兵的是「十戶長」、「百戶長」、「千戶長」。十進位制具備高度合理性，極好調度，更容易計算、掌握軍隊的規模，在動員上給予蒙古人很大的優勢。

不論是訓練軍隊或帶兵打仗，中國傳統軍事上深深受到史家黃仁宇所稱「數字上無法管理」的限制所苦。訓練了多少部隊、不同時間內可以動員的部隊規模有多大，乃至於要調兵防禦或攻擊時，應該調派多少、可以從哪裡調多少、如何分配比率，這麼基本的軍事事務，都牽涉到數字上的管理。

蒙古人進行遠征調度，如果決定要動用全軍五分之一的規模，只需要下令以「千戶」為單位，每一「千戶」出兩個「百戶」；或以「百戶」為單位，每一「百戶」出兩個「十戶」，立刻就能完成作戰任務編組。而且以這種比率出兵的方式，還能有效避免領兵的人實質控有自己的部隊，形成私兵的問題。

窩闊臺自認的第三項重要貢獻，清楚表現他的遊牧背景帶來的大漠價值觀。他的成就是利用人力挖掘了許多水井，藉此提升放牧的生產效能。遊牧生活之所以不斷遷居，就是因為要找到人、畜可以使用的水源，而窩闊臺學習了農業民族運用、保有水源的方式，開發地下水，提供更豐富也更穩定的用水。當然，改變了用水來源，「逐水草而居」的遊牧型態也必然會朝定點畜牧的方式轉移。

還有第四點自我讚許，窩闊臺強調的成就是「派駐鎮戍」。這和第三點相反，表現的是他如何調整原本蒙古的征服風格，不再如狂風暴雨般倏忽來襲又倏忽捲走。從攻打金朝開始，他帶領軍隊占領了廣大的區域，便模仿農業民族的方式，派駐定點守衛部隊，確保對這些區域的有效控制，尤其是對該地農業生產所得的控制。

在朝代史架構中，窩闊臺最主要的歷史地位是元朝實質的奠基者；不過從蒙古人自身的角度，或窩闊臺自己的看法，四大功績中並沒有進入中國，打敗宋朝。他在意的是建立了不一樣的軍事占領型態，「派駐鎮戍」是原本草原民族軍事動員中所沒有的。他自我肯定的是強化了訊息傳遞系統，連帶創建了一套軍事組織法。要執行「派駐鎮戍」，不能靠蒙古部落的傳統武力，所以另外設立了「探馬赤軍」與「漢軍」；滅宋之後，在蒙古帝國底下又多增加了「新附軍」。

也就是從蒙古人的立場所看到的這段歷史，有著不同的突破重點。

第五章

作為蒙古帝國一部分的中國

01 拉近南北差距，分裂到統一的調節期

十三世紀，中國被編入蒙古帝國中，而蒙古帝國給中國帶來的第一項大改變、大衝擊，就是使得中國南北終於重新統一。自從契丹人壯大之後，中間經歷了金朝滅遼朝的變化，超過兩百五十年間，南北一直分屬在不同的政權轄下。

北方經濟生產條件較差，經過戰亂，又和南方分離，無法與南方進行有效交換，於是在這段時間中變得愈來愈落後於南方。宋代之後的中國近世史最突出的現象，包括城市繁榮、商業擴張、運輸活絡等，這些主要都先在南方發展。南北分裂期間，尤其在金人的統治下，北方無力進行轉化，與南方間的差距愈來愈大。南方有比較豐厚的農業收成，形成生產剩餘，又能在交易買賣中創造更大的利益，再轉而將累積的利益拿來進行工商、城市環境的改善，刺激更有效的分工與交換。金朝統治的北方都無從參與，更無力自我創造這樣的進步成長機制。

金繼承了遼，也只能依循遼的模式，靠武力威嚇南方，由南方提供其朝廷所需的基本資源。在這種情形下，北方無從進行經濟轉化或生產提升，最明顯的，就是城市的作用在南方和北方差距甚大。

應該說，幸好蒙古人將南北統一了，蒙古人又極端重視交通運輸，視為維繫帝國的命脈，因

而在很短的時間內促成南北有效地交流與互動，讓商業與城市得以在北方有長足進展。

從文學史上看，唐詩、宋詞之後，新的主流文類是元曲，不過元曲流行的意義其實遠超過文學領域。首先，元曲中的「散曲」和宋詞有異曲同工之妙，同樣在音樂、歌曲的基礎上，讓搭配唱出的歌詞更自由、又更文字化，從旋律的限制中解脫出來。元代真正最特殊的成就，毋寧是元曲的另一種形式——雜劇。

元雜劇是戲曲演出，「雜」指的是有歌唱又有演劇，將這兩種混雜在一起。演出就不只是文字表現，而且要唱要演就又有舞臺與劇場空間的條件要求。雜劇會在元代大盛，是靠南方的城市生活形式，尤其是商業性娛樂安排傳到了北方，和北方民間活潑的流行表演形式結合在一起；北方提供了吸引人的又唱又演效果，南方提供了聚集資源、聚集觀眾的方法，產生了一加一大於二的效果，推動了雜劇的熱鬧景況。

元朝是中國重新統一、進行南北調節的時期。原本在南宋後期，南北長期分裂幾乎要變成兩種社會、兩種文化，重新統一之後，強大的新興商業活動快速擴張，尤其蒙古人沒有中國傳統價值觀中對商業、商人的歧視，南北互通有無的新交換網絡極為活躍，又促成了各地城市如雨後春筍般冒發出來，加入新興市場網絡，彼此影響、推進。

窩闊臺自認的第二項功績，重點在於增進蒙古帝國的機動性。蒙古人原本就是個高度機動性的民族，在建立帝國的過程中，機動性更是他們勝利的祕訣。他們的站赤系統在中國發展，帶來人與貨物的方便流通，將城市與城市連結起來，進而讓城市和周邊地區也有更緊密的連結。

02 中國文化面臨「重新選擇」的自由

蒙古統治中國，一直是強勢的外來因素，對中國傳統文化形成了前所未有的刺激與挑戰。在此之前的中國歷史，從來沒有遇過如此強悍的外來文化入侵。而且蒙古人建立的大帝國，幅員內有更多異質文化成分，透過方便的交通管道，在這段時間也進入了中國。

鼎鼎有名的《馬可．波羅遊記》出現在十四世紀，但很長時間中，其真實性一直受到質疑。不過馬可．波羅記錄了從義大利出發到達蒙古帝國王庭的經歷，最令人起疑、也讓主張其真實性的人感到最難辯護之處，在於：他千里迢迢到了中國，整部《遊記》中卻都沒有出現漢人！我們能相信這個人到了中國嗎？他都不曾遇到漢人，還是基於什麼理由他竟然刻意不描述漢人？或是他根本沒有到中國，所以沒辦法描述漢人？

對比各種史料，我們有理由相信，真相應該比較接近很多人認為最不可思議的情況——馬可．波羅到了中國，卻沒有遇到我們所認定的中國人，也就是漢人。因為他都混跡在蒙古人和色目人之中。當時中國的情況有著嚴格的身分界畫，而且有夠多的色目人，足以和蒙古人一起組起自成一格的社群。馬可．波羅所在生活圈有自己的社會活動，與漢人間的互動極少。

蒙古統治期間，有比唐朝時更多的外國人進入中國。元朝特別區別出「色目人」這個身分領域，「色目」的字面意思是指眼睛有顏色，不是黑的，這種人外表看起來就不同於漢人，來到中國自動能取得高於「漢人」和「南人」——也就是這個社會本土大部分人口——的地位。如此當然對於從西域乃至中亞、西亞等更西邊地區的人前來中國，產生很大的鼓勵。

屬於「色目人」分類中的人，有很大比例是穆斯林，因為這時期伊斯蘭教在西亞到中亞這一帶勢力龐大。這裡形成了一個廣闊的伊斯蘭文化圈，他們的文化程度與文化成就，長期超越中古後期到文藝復興時代早期的基督教歐洲。蒙古人統治大帝國，甚至蒙古人統治中國，得到了來自伊斯蘭文明相當程度的協助。在中國承擔主要行政工作，包括設計行政方案的，有許多是來自伊斯蘭教地區的色目人。

蒙元的環境對傳統中國文化產生的最大挑戰，就在於提供了前所未有的選擇可能，說明白一點：你可以選擇不當漢人，你有不當中國人的自由和動機。在民族史學價值觀的籠罩下，講元史很少提到漢人改換蒙古姓名的現象，也很少提到元朝滅亡之後出現了不少「元遺民」，也就是堅持效忠元朝，不會因為換上漢人建立的明朝而改變認同立場的人。

很多漢人，其中不乏讀書人選擇繼續效忠元朝，其中關鍵就在於蒙古帝國底下的元朝，提供了多元選擇的環境，蒙古人可以選擇換用漢人的生活方式，倒過來，漢人也可以選擇去信基督教或伊斯蘭教。當時中國人和中國文化得到了重新選擇的自由和壓力，比如為什麼非得選擇既有的傳統，而不是轉而加入別的團體，尤其是統治團體、當權者的團體？為什麼不改換成他們的生活模式？

出於對元朝的敵意，明朝流傳所謂「九儒十丐」的說法，表示在蒙古人統治下鄙視儒生，將儒生的地位貶到只比乞丐高一點。事實上，元朝是在社會制度中建立「儒戶」，將儒生視為一種專業身分，和基督徒（「也里可溫」）或穆斯林（「答失蠻」）等平行並列。這段時間中，中國文化失去了必然地位，只不過是蒙古帝國下元朝提供的諸多選擇之一，沒有非選不可，也沒有比其他選項必然優先的地位。

03 從蒙元皇帝世系表看出什麼端倪？

蒙古統治者在窩闊臺之後是貴由、蒙哥，再到忽必烈，即元世祖，也是元朝第一位正式的皇帝。我們看忽必烈之後蒙元皇帝世系表，看到的是十一個人，當了十二任的皇帝，其中一人（文宗圖帖睦爾）前後當了兩次皇帝。但是基本上，從左表上實在看不出繼承的邏輯與規則，可以確定這絕不是中國式的繼承制度。對照同為外族政權的滿清，他們的繼承系統再清晰不過，從順治以下，基本上都是由皇子繼承，每一代一位皇帝，而且每一位皇帝都只有一個年號，因此可以很容易直線排列下來：順治、康熙、雍正、乾隆、嘉慶、道光、咸豐、同治、光緒、宣統。一直到

蒙元皇帝世系表

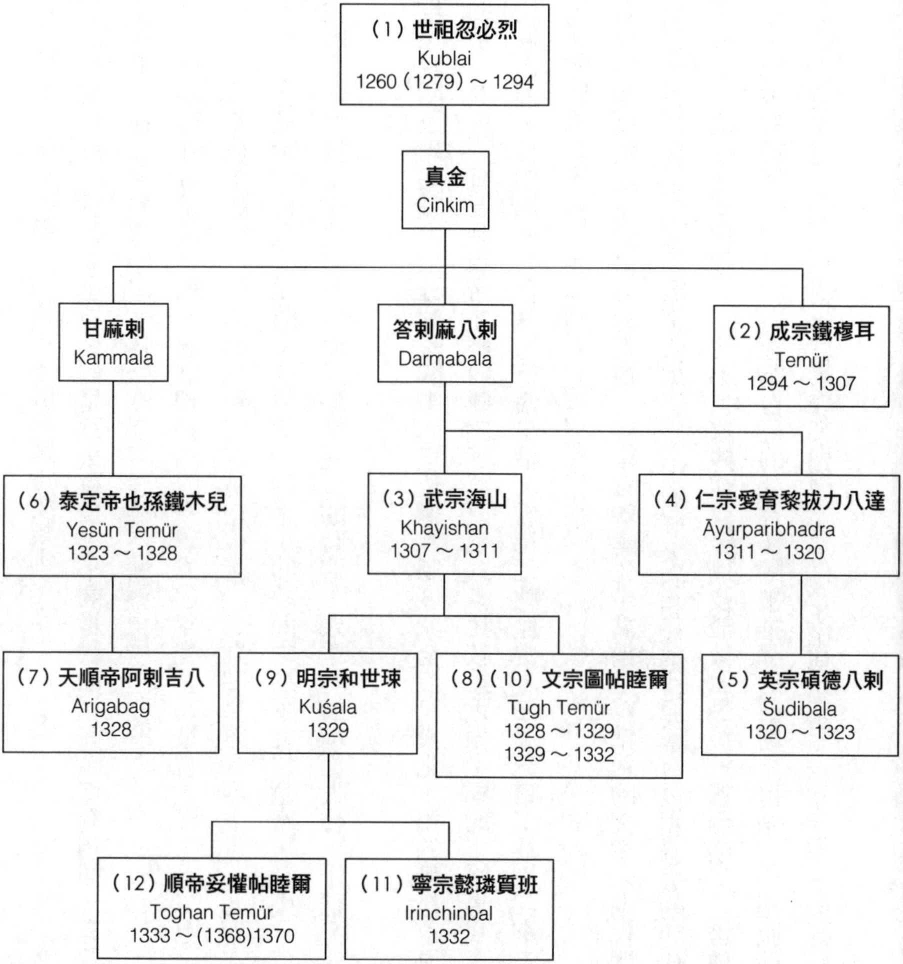
（1）世祖忽必烈
Kublai
1260（1279）～1294
真金
Cinkim
甘麻剌
Kammala
答剌麻八剌
Darmabala
（2）成宗鐵穆耳
Temür
1294～1307
（6）泰定帝也孫鐵木兒
Yesün Temür
1323～1328
（3）武宗海山
Khayishan
1307～1311
（4）仁宗愛育黎拔力八達
Āyurparibhadra
1311～1320
（7）天順帝阿剌吉八
Arigabag
1328
（9）明宗和世㻋
Kuśala
1329
（8）（10）文宗圖帖睦爾
Tugh Temür
1328～1329
1329～1332
（5）英宗碩德八剌
Šudibala
1320～1323
（12）順帝妥懽帖睦爾
Toghan Temür
1333～(1368)1370
（11）寧宗懿璘質班
Irinchinbal
1332

同治去世才出現沒有親生兒子繼承的情況，前面都極度規則。

蒙元的情況徹底相反。世系表上看到的是跳來跳去，不同世代輪替完全沒有規律，有跨兩代的，有同代平傳的，甚至還有傳回上一代的，也有一個人回鍋當第二次的。

再看一下元朝皇帝在位時間長度。忽必烈在西元一二六〇年登基為蒙古大汗，一二七一年定國號為元，一二七六年攻下臨安，一二七九年南宋滅亡，到一二九四年忽必烈去世。元朝在中國前後一共九十年，在最後一位皇帝元順帝即位前，四十年的時間中換了九位皇帝，其中一位當了兩次，所以實際上一共換了十位皇帝。而元順帝在位的時間，幾乎等於前面九位、十任皇帝的總和。

這樣的現象說明了元朝在大部分的時間中，皇位繼承制度完全沒有漢化，用的仍是草原上應付戰爭變亂的那一套。一直要到順帝才終於離開了草原模式，比較接近像中國的皇帝形式，因為皇帝才能夠比較穩固、長期地握有皇權、行使皇權。看待元朝歷史，如果忽略了蒙古部落習慣，輕易將中國王朝的印象套用來描述元朝，一定會產生錯誤。

元朝沒有以中國歷史為主要參考的習慣。史家楊聯陞先生寫過一篇精彩的文章〈朝代間的比賽〉，解釋強烈歷史意識帶來的政治與文化作用。中國歷來的朝代總是要拿自己和過去的朝代比，看看排在什麼位子、比哪些朝代強、又比不上哪些朝代，以及最像、最接近哪個朝代。這種競爭意識同時激發了復古的情緒，因為總會認為自己的朝代比剛被推翻的前朝來得強，要擺脫前朝遺留的惡習、惡性，保證自己的朝代可以將排名往前擠，當然就主張要學習、模仿更早先的朝代。

宋代文化史上的重要事件是出現了「古文運動」。「古文運動」追溯到中唐的韓愈、柳宗元為先鋒楷模，那是宋代的復古。唐代剛建立時，「初唐四傑」和陳子昂也有他們的復古，要打破六朝的文章風習，上追秦漢。而韓愈的態度是連秦漢都還不夠古，要再往前，追到先秦，尤其要追到孔孟。

也因為重視歷史，所以每個朝代確立後，表現朝代合法性的一種必要做法，就是開館找人來為前代修史。寫前朝歷史，代表前朝已經確定滅亡，被新的、當前的朝代取代、超越了。元朝一直到順帝時，宰相脫脫才主導開館修宋史，表示到這時候才接受中國式的朝代思考模式。整個元朝沒有出現源自歷史而來對宋朝的檢討，也就沒有出現復古的主張與運動。

04 單軌多層身分制，與蒙古統治的異質性

西元一三四四年，發生了黃河決堤、奪淮河河道出海的嚴重災難，黃、淮二河下游的土地都遭到洪禍侵襲，受災面積高達兩萬平方公里，超過了臺灣的平地總面積。水災範圍廣，受災居民多，更糟的是，蒙古朝廷缺乏相關經驗，於是短時間內爆發了嚴重民怨。宰相脫脫從治河工程中

取得了很大的權力，最重要的，得到了可以重用漢人的權力，讓包括賈魯在內的一批漢人參與治河。

也就是到這時候，終於改變了元朝的種族政治結構，但才過了幾年，到一三五一年，第一個大型的反朝廷組織「紅巾軍」就出現了。元朝大部分時間都保持征服王朝的性格，在政治上限制漢人、甚至排斥漢人，施行「單軌多層制」。不管什麼樣的族群身分，都須接受同樣的行政管理，這是「單軌」；而屬於某個身分層級的人，只能在該特定層級上依規定和其他人互動。許多身分，包括「儒戶」、「也里可溫」都是世襲，身分分類構成了「多層」架構。

最大的身分分類以種族區隔，形成政治性的層級，和社會百工的職業身分不一樣。蒙古人—色目人—漢人—南人，這樣的政治身分明確由高而低，決定了每一個層級能有多少政治資源和政治機會。在朝廷組織中，基本上每一個位置都有相關的身分限制。蒙古人地位最高，能占居所有的職位，愈往下，有資格擔任的職位就愈少，對最低層的南人開放的職位比例極低，等於是實質上被排除在政治之外。

元朝因此是中國通史敘述中的醒目例外。通史之「通」，貫串各朝的共同特性，許多都在元朝被中斷了。因而看待元朝，必須著重於蒙古人統治和其他各朝的根本差異、他們打破通史一貫性的現象，並探討之所以打破的方式，以及取而代之建立的不同制度或運作模式。

元朝的前五十年，統治的蒙古人幾乎完全沒有漢化，即使到後面四十年，出現了漢化的傾向，但程度也不深。這個政權存在了不到一百年，到十四世紀中葉，突然快速沒落，各地出現普遍軍事化的現象，蒙古軍隊對這些地方武裝活動幾乎全無鎮壓能力，為什麼會有這樣的激烈變化？蒙古人倉皇從中國撤走，他們在中國實行的這套特殊制度，為何在他們離開之後也迅速消失？明朝建立後，很明顯地，本來被中斷的許多中國歷史通性，沒多久後回來了，表示中國社會、中國文明有著一份強烈的內在連續性？明明中間隔了將近一個世紀的元朝，為什麼宋朝和明朝在諸多方面看起來如此相似？是元朝的異質元素無法在中國生根，還是中國社會、中國文明內在有著將異質成分排除出去的特殊機制或力量？

這些是深切體認蒙元性質、往下看從元朝到明朝的變化，需要認真看待的歷史課題。

05 中國成為東西交流史的一部分

以前民族史學中強調中國的光榮強大，會將唐朝和元朝放在一起看待，認為兩個朝代都有效地對外擴張，對周遭、乃至更遠的地理區域發揮強大影響力。但若換從蒙古帝國的角度，會明白這種弘揚民族主義的觀點很荒唐。歷史事實是：中國被征服、被納入更大的帝國中，絕不是以中國為中心，向外將其他廣大區域納入統治中。蒙古帝國發動的中心在蒙古草原，強大的武力輻射出去，到處征服，而中國是被這中心征服的其中一方。

不是中國向外傳播，而是外在的元素進入中國。在這段時期，中國成為東西交流史的一部分，也就是新興的、正在成立的現代世界中的一部分。

十九世紀西方帝國主義勢力進入中國，遇到的是中國的「天朝心態」或「天朝中心觀」。中國自認就在中心，依照和自己的距離來決定各地的重要性，愈靠近「中」就愈重要，反之，愈遠就愈渺小無分量，如此構成一套「天下觀」。

但中國並不真的是世界的中心，換從蒙古帝國的角度，中國有了很不一樣的位子，變成了東西交通史中的東方焦點。前面講中國史，我們的眼光不得不放在中國本部——英文稱為China Proper——這塊區域中所發生的事情上。這塊區域的範圍隨著時間有種種變化，例如不斷朝南方和西南方拓展，不過長時間都具備相對獨立、孤立的地理特性。漢朝和匈奴、西域都有互動交接，但主要是在軍事防禦考量下進行的。魏晉南北朝有佛教傳入，但主要是從西域跨越較短的距離間接過來的，並不是直接和源頭處的印度交通。即使是「五胡亂華」，他們的活動也是在比較有限的一塊區域，比較接近中國的地方發生的。

到了蒙元開始有大突破。我們不能再只看China Proper，實質上出現了中國被放入廣袤的歐亞大陸，與更大區域互動的種種事件。這刺激我們、要求我們改換方式，先確定這段時間的歐亞大陸如何變化，再回頭聚焦將中國放入這大架構中，以刻劃其不同階段的歷史面貌。

歐亞大陸史、東西交流史上發生的大事之一，是西元第七、第八世紀伊斯蘭教的興起。從歷史起源上看伊斯蘭教，最突出的是它和基督教之間的纏捲糾結。穆罕默德創立這個宗教時，刻意運用了之前猶太教與基督教的部分教義。他宣稱自己是現世的先知，要來傳達上帝的意旨，而他是長遠先知傳統中最新的一位。這個先知傳統從猶太教時就有了，基督教的《舊約聖經》中也記錄了好幾位，而最重要的先知當然是《新約聖經》中的耶穌基督。《舊約》中記錄的是歷史上接收神啟的先知，而耶穌基督的身分更高，他是「三位一體」（Trinity）——聖父、聖子、聖靈——中的聖子，也就是神的兒子，不只是先知。

但在伊斯蘭教的教義中，穆罕默德將耶穌基督還原為先知，是之前在世間傳揚真理的先知。然而隨著幾百年時間過去，耶穌基督所傳的訊息被忽略、扭曲了，所以要有新的先知降臨，而他宣稱自己就是當下世界迫切需要的新的先知。

這意謂著伊斯蘭教和基督教信奉同樣的上帝，穆罕默德承認耶穌基督的先知地位，但否定了當時基督教會的權威，視他們為忽略、扭曲上帝真理的機構，因而需要他來傳達更真切、也更符合阿拉伯人所需的訊息。

伊斯蘭教在阿拉伯半島興起，和基督教一樣是一神教，靠著「一手寶劍，一手可蘭經」帶威嚇性的方式傳教，在拓展勢力的過程中必然和基督教產生衝突。

06 十字軍東征，與大航海時代的條件累積

歐洲中世紀宗教信仰是基督教獨大的狀態，政治、社會則行封建制度。到了十世紀之後，封建制度累積了愈來愈嚴重的問題。一層層分封牽涉到繼承制度，在動亂之後，剛開始封建可以有效恢復秩序，逐步建立各層統治管理；然而時間久了，能夠被分封的土地愈來愈少，相對地一代代要得到封地的子孫卻愈來愈多。簡單解釋就是分封的爵位與領土供不應求，出現愈來愈多具備貴族血緣卻得不到爵位和領土、只空有「騎士」身分的人，他們形成了社會上高度不安的因素。

在這種情況下，出現了「十字軍東征」，一波又一波的歐洲騎士以「收復聖地」的名義前往東方。「十字軍東征」的歷史條件是封建制度的困境，這些騎士在家鄉沒有出路，因而有強烈動機願意到別處去冒險。「十字軍東征」既提供他們神聖的號召，還有聲名、榮光和財富的夢想，一時間蔚為流行，極具吸引力。

而第一次「十字軍東征」的經驗，刺激了更多後續的行動。十一、十二世紀的伊斯蘭地區，遠比歐洲發達、富庶，有豪華的宮殿，有各種不同的享受，還有靠武力搶奪或靠交易買賣致富的機會。就連同屬於基督教範圍的君士坦丁堡，都足以讓這些騎士們感到目眩神迷，垂涎其富足程度，以至於第四次組成的「十字軍」，根本沒有去到「聖地」耶路撒冷所在的中東地區，而是進

攻信奉東正教的君士坦丁堡，恣意劫掠一番就掉頭回去。

在這過程中，來自西方的「十字軍」見識、吸收了伊斯蘭文明的先進成分，刺激、引發了義大利城邦的轉型，在這裡孕育了「文藝復興」。Renaissance 這個字的本意是「重生」、「復活」，在當時具體指的是從東方回傳的希臘和古羅馬典籍、知識、文化，得以在義大利及西歐各處重生、復活。

「文藝復興」現象最早的重鎮，包括熱那亞、佛羅倫斯、威尼斯等地，多是熱鬧的港口城市。「十字軍東征」最早經由陸路往東，到了東方，他們從阿拉伯人那裡學到先進的航海技術，帶回義大利半島。那些率先革新航海技術的城邦，開發了新航路，藉此建立新興貿易機制，累積了可觀的財富。

指南針在十二世紀左右由伊斯蘭世界傳到了歐洲。在此之前，歐洲船隻只能沿岸航行，必須確保看得到海岸，以免迷失方向。離岸距離不遠，不只是航路嚴重受限，而且海底較淺，船隻吃水不能太深以免觸礁，船的規模與載重同樣受到很大的限制。

有了可靠的指南針，航行才能開始試著離岸遠一點，在陰雨氣候中看不見日月星光的情況下，也大幅提升了安全性。從此西歐航海事業的各個環節、各個部門持續改良，到十五、十六世紀爆發了「大航海時代」。

懂得運用指南針，歐洲的船隻開始試驗離岸航行，離岸距離愈遠，船隻規模也就相應放大，遇到風雨變化，大船也比較不容易翻覆沉沒。諸多變化創造了同樣的效果，就是海運成本持續下降，進而使得一些原本在高運價情況下無利可圖的貨品，逐漸納入航運交易的範圍內，貿易的可能性一直擴大。

在利益機會刺激下，航海事業愈來愈發達，吸引愈來愈多人才投入，有造船的人才，有航行的人才，有貨運的人才，還有商業貿易方面的人才，加總起來累積了「大航海時代」所需的條件，也促成了透過海洋，在以往無法想像的大範圍進行各方交通、交易的新景觀。

07 海上絲路、東西交通前所未見的榮景

指南針由阿拉伯人傳給歐洲人，那麼阿拉伯人又是如何得到指南針的相關知識呢？這就牽涉到歷史上「中介王朝」的作用。「中介」代表了這些地方一邊和農業地帶、農業社會相接，另一邊又和畜牧或遊牧社會為鄰。其自身有遊牧背景，保有比農業社會高得多的運動力，形成了從農業社會開向草原的通路。

透過「中介王朝」，源自中國的許多文明元素逐漸往西方傳播。過去西方對中國的多種稱呼中，其中一種是 Cathay，這個字的發音明確地指向「契丹」，從語源學上看，西方人認知的許多

中國文明元素，因為是從契丹人那裡轉手得到的，因而混同了 Cathay 與中國。

「中介王朝」發揮了一陣子作用，然後蒙古帝國來了，掀起不同強度的旋風，更有效地鋪建起東西之間的通道。發展了新航海技術的西方，又新造了海上的交通管道。西方稱呼中國的另一個名字是 China，而小寫的 china 也指瓷器，對照起來，可以確定這個名稱必然起於東西航路大開之後。

東西主要陸路通道是「絲路」，因為跨越大漠，依賴馬匹或駱駝運送的貨物必須具備輕質、不容易毀傷、價值高的特性，「絲」於是成了這條路上最具代表性的貨品。中國出產的瓷器同樣在西方受到重視，有很高的價值，但瓷器絕對不符合輕質、不容易毀傷的條件。唯有透過船隻水運，才有可能將瓷器從中國運送到西方，在西方帶來美學震撼，讓西方留下深刻印象，以至於選擇將中國和瓷器在名稱上等同起來。

西方對東方的另外一項大宗需求是香料，成為海運的主要貨物。過去沒有冰箱的環境中，一年有一半以上的時間肉類不易保存，烹調時有賴香料將讓人不悅的味道蓋過去。然而帶有強烈辛香味道的植物一般只在較熱的地方成長，熱帶地方對這些香料的知識與運用勝過溫帶地區。歐洲人東來，接觸到印度洋沿海社會，對從印度到印尼各地的香料驚為天人，加在他們的傳統料理中，簡直有化腐朽為神奇的效果，於是一時人人趨之若鶩，需求大，獲利也高。

西元九七一年，宋朝成立了中國歷史上第一個海上貿易機關——廣州市舶司，廣州也成為這段新興東西海洋交通史上中國最早的中心，在往後幾個世紀間一直維持著這個地位。雖然後來一度泉州興起，成為中國最大的對外港口城市，但到清朝管制外國商業活動時，仍然選定廣州為唯一准許外國人居住的地方。

到北宋末年，由南到北，一共有廣州、泉州、溫州、明州（今天的寧波）、杭州（在錢塘江口，可以將長江水系運輸與海運連接起來）、秀州（在今天的嘉興到上海之間）、密州（在北方山東膠州灣）七個市舶司。市舶司分布甚廣，顯然對外的船運貿易量一直增加。市舶司所在又發展出集散地功能，不只是中國各地，甚至有來自東南亞的特色貨物集中運到這些地方，然後再轉運出去，形成一片海運網絡。

蒙古帝國成立後，這片海運網絡更廣闊也更細密，而且還有互補的進階陸上運輸網絡。帝國內各汗國行政上互不隸屬，但保留了各汗國對大汗表現效忠的許多象徵儀式。大汗去世、選擇新大汗、新大汗即位等重要場合，汗國不管距離多遠，都要由安全又分布廣遠的站赤系統聯繫起來，以確保該來參加儀式的人都能到來。

這是人類歷史上前所未見的特殊景象。安全的長途道路有利於交通與貿易，刺激產生了蒙古帝國內部的遷移活動，像是從中亞、乃至遠自俄羅斯的基督徒來到中國，另外應該也有不少中國人搬到帝國中的其他地方去。例如旭烈兀西征時，帶了大批中國工匠和技術人員同行，幫他製造、操控先進的攻城機具，這些人應該有很大比例後來就留在伊兒汗國境內。

十二、十三世紀，伊兒汗國境內的兩河流域有過一番灌溉系統的大整建。兩河流域憑藉原本河川的便利，孕生了最早的美索不達米亞文明，後來經過各種自然與人為破壞，農業狀況變得相當殘破。正是在來自中國的工程人員影響、協助下，傳入進步的灌溉工程知識與技術，得以創造此地的農業復興。這是東西交通史上少為人知的一頁。

旭烈兀西征建立的伊兒汗國統治近東地區，給這裡信奉伊斯蘭教的阿拉伯人留下極深的歷史記憶。二〇〇一年發生「九一一事件」，背後的主使者賓拉登曾在一段透過半島電視臺播放的談話影片中指控美國，說他們對阿拉伯世界的侵略、傷害，等同於 Hulagu。一時之間，美國媒體一陣慌亂，不知賓拉登所指為何。Hulagu 就是旭烈兀，幾百年後仍存留在一般阿拉伯人的記憶中，是他們認定最可惡也最可怕的侵略者、傷害者。

到二〇〇三年，美國軍隊入侵伊拉克，只花了二十六天就打入巴格達，讓當時的小布希（George Walker Bush）總統驕傲地宣布：「Mission accomplished.（戰鬥任務完成了。）」這場被稱為「第二次波灣戰爭」的戰事，美軍由南往北前進，唯一遭遇比較像樣抵抗的是在南方的巴斯拉（Basrah）。它是一座有歷史的港口城市，曾是龐大伊兒汗國的海路運輸樞紐，是從波斯灣出發的航路起點。這也要從蒙古帝國歷史的認識，才能理解這座城市的重要性。

在東西海運發展中，到了元朝，出現了當時全世界最繁榮的海港——中國的泉州。廣州還須經珠江，泉州則直接就在中國東南海岸上，反映出海上貿易規模的成長。

泉州是元朝形成雙重貿易圈的交集點。裡面比較小一點的是東亞貿易圈，這個圈內重要的角色是從北邊進入東海的日本船隻，另外朝鮮、琉球、呂宋也加入這個貿易交換環境中。這個貿易圈最主要的流通品是中國的絲綢，到不同的地方以中國絲綢交換不同的當地特產，也就是將中國外銷絲綢和換來的東亞特產貨物都集中到泉州。然後再將絲綢、瓷器、香料加上許多特產品，運送到較大的貿易圈去進行交易。大圈的航路經過印度洋、西亞，一直延續到地中海。

08 元朝滅亡主因：對蒙古軍隊的畏懼改變了

蒙古帝國促進了陸路、海路兩面的東西交通，不過蒙古人擅長征服、拙於統治，元朝政權和具備長遠深厚行政傳統的中國，存在著種種難以解決、蒙古人又無心解決的衝突問題。

在統一中國南北之後，蒙古強大的軍事打擊力量就很少動用。但考慮蒙古帝國的幅員，蒙古軍隊的配置和過去中國其他朝代有不一樣的做法。從中國本部的考量，主要的軍事力量要放在保衛關中或近畿地區，另外就是配置在北方防止遊牧民族南下。蒙古軍隊則是為了隨時能調派到帝國其他區域進行打擊威嚇，也為了保衛草原的根據地，所以大多擺放在中國的邊境上，主要朝西、朝北戒備，相對地並未太在意中國內部的防衛。

依照中國傳統概念，「馬上得天下」之後，必須調整為「馬下治天下」，那麼蒙古人等於不曾完成這中間的轉折。他們「治天下」的方式基本上和「得天下」沒有本質上的差異，都是靠強大的武力威嚇，讓人民被震懾而不敢不服從。

這樣的統治基於人民恐懼蒙古軍隊的心理，會遇到的最糟情況是：如果實際動用了軍隊，軍隊的表現卻遠遠不如人民心中一直所害怕、想像的。

在漢人的集體意識中，存在著對蒙古軍隊的畏懼，而對軍隊的畏懼和對蒙古政權的服從是密不可分的。元朝末年，這樣的畏懼改變了，是造成元朝滅亡最主要的因素。

關於元朝滅亡，有一個流傳很廣的月餅起源故事——元末漢人密謀「殺韃子」，藉由在月餅中藏紙條來聯繫。這是每到中秋節常常被反覆講述的故事。元末動盪，當然主要是漢人反抗蒙古人，這故事有其合理的一面，但也有不完全符合歷史事實的一面。

激發元末動盪的大事件不是「殺韃子」，而是黃河決堤。從草原上來的蒙古人不可能具備整治黃河的經驗，加上這次決堤後，黃河河水奪淮河河道出海，結果使得淮河兩岸也飽受水患侵擾。黃、淮沿岸地區是北方的農業核心，如此一來連帶產生了荒歉打擊，對老百姓的傷害更深。

這件事充分暴露了蒙古政權的弱點，湧現了眾多流離的災民，而朝廷為了治河又動員大量民工在災區集結，雪上加霜，釀成嚴重的民變。民變爆發，蒙古朝廷卻遲遲無法進行有效鎮壓。這相當程度等於是戳破了蒙古軍隊原本威猛的假象，本來極端受恐嚇的人民突然發現朝廷武力竟然是紙老虎，心理上的反彈使得民變更是野火燎原，到處爆發。

在這樣的動盪中產生了「紅巾軍」，接著是歷史上所稱「元末群雄並起」的情況。「群雄」的主要勢力是沿著長江分布的，那是因為黃河大水災使得北方農業系統被毀，為了賑災也為了治河，朝廷的物資與人力大動員連帶地影響到南方，而南方有較多的資源、較強的社會基礎，足以形成反抗勢力來挑戰朝廷。朝廷無力及時反應，於是刺激各地紛紛組織了自己的部隊，讓蒙古政權疲於奔命，更失去了在百姓心目中的威勢。

09 三分局勢，考驗朱元璋的軍事判斷力

元朝系統性崩壞中，長江沿岸的地方勢力互相爭戰，逐漸整合出張士誠、陳友諒和朱元璋三支主要部隊。

張士誠的地盤在蘇北，這裡是中國主要的產鹽區。鹽的產銷一向由朝廷控管，從鹽的專賣上得到的利益也是朝廷的重要收入。元朝賦稅採取「包稅制」，讓主要是色目人擔任的稅吏包辦，此外就是依賴承襲中國傳統專賣制度取得的收入。國家財用不足時，就大幅提高價錢，將鹽賣給非依賴鹽才能活下去的廣大人民，然而在鹽的真實成本與專賣售價間的大幅差距，卻也必然刺激、鼓勵了走私的盛行。蘇北本來就存在著許多運送與販賣私鹽的地下組織，時局一亂，這些組織很快就地上化，變成區域性武裝力量。

張士誠因而不只有武力，更有從私鹽而來的財力，再加上有條件足以阻斷國家正常的製鹽、賣鹽系統，使得朝廷對他的勢力格外忌憚。從鹽的壟斷專賣上所得到的收入，最高曾經占元朝朝廷總收入的四分之一。張士誠因為賣鹽給有錢人家，經常受到欺負，元末時趁機聚眾報復，取得了鹽丁擁護。朝廷投鼠忌器，提出優渥條件招降，但不久後張士誠又叛，朝廷只好再抬高價碼，用「萬戶」的職位誘引他，他沒接受，而是占領了高郵稱王，建立名為「大周」的政權。

另外，在長江更上游處有陳友諒，而起自安徽的朱元璋勢力夾在張士誠和陳友諒之間。在這三股勢力中，朱元璋相對最小，但到了最後脫穎而出、坐穩皇位的卻是他。

朱元璋如何夾在兩大勢力間小心應對，後來編成了許多小說與戲劇內容。明朝說書、演劇在城市裡大盛，成為市民主要的生活娛樂形式，自身王朝來歷當然格外受歡迎，也刺激了說書、演劇的人從這段歷史中取材，加油添醋誇張表現。不過其基礎是此時並列且三分長江的局勢，確實充滿了難以控制的諸多變數，尤其考驗居中又最弱的朱元璋，看他如何運作情報，如何進行軍事判斷。

一三六〇年陳友諒和朱元璋打了一場主要戰役，三年後又各自動員再大戰一場，兩場水戰朱元璋都因為事前情報戰得到的優勢（而不是戰場上的戰鬥）取得了勝利。第一役陳友諒以大敗收場，損失大批船隻，被迫率殘部往西。次年，傅友德與丁普郎率眾投降，江州（今江西九江）陷落後，陳友諒再往西走，逃到武昌。朱元璋不只占領了陳友諒原有的地盤，還收編了他的部隊壯大自己。

趁著朱元璋將注意力集中西部時，東部的張士誠發兵進犯，逼得朱元璋暫緩在江西的軍事行動。頓挫中內部又出了叛亂問題。一三六三年，陳友諒重整陣容，帶領比三年前更龐大的水軍部隊往東襲來，圍攻洪都（今南昌）。朱元璋只好將本來正帶兵北征的徐達和常遇春召回，勉強聚合了一支水路部隊，號稱有千艘戰艦加上二十萬人，但規模遠不及陳友諒的大軍。

朱元璋的水軍逆流而上到達鄱陽湖，要將陳友諒的部隊堵在湖中。雙方軍隊在康郎山邊遭遇，展開歷史性的激烈水戰。

朱元璋的部隊分成十一支，陳友諒那邊則分成六股勢力。朱元璋艦隊船隻的平均尺寸比陳友諒那邊小得多，如果遇到敵艦密集攻擊便無法抵擋，因而在戰術設計上利用船小吃水淺，一旦戰事不利就靠向湖岸，吃水深的大船就無法追擊過來。但這樣的戰法顯然只能追求不敗，卻難以取勝。

朱元璋的水軍士氣低落，不願冒險出動，他必須訴諸非常手段，才能勉強船隊繼續投入戰鬥。但情況沒有什麼變化，接戰後沒多久，朱部又退到淺水區避戰。到第三天，朱元璋才發動火攻奇襲，重傷陳友諒水軍，稍微拉平雙方實力差距，得以將敵軍困在鄱陽湖中將近一個月。最後陳友諒帶領部隊在南湖嘴發動突圍，不幸戰鬥中死於船上。

10 一邊打天下，一邊已經治天下

陳友諒敗死後，朱元璋派徐達、常遇春等人收拾江西、湖廣，同時對內建立了比較明確、穩定的制度。

朱元璋本來是靠「濠州幫」的死忠支持，來制衡其他後來加入的勢力，陳友諒殘部歸降後，他進而建立了「衛所制」。「衛所制」和元朝統治有密切的傳承關係。一項是模仿蒙古軍隊的十進位架構，將部隊分為「百戶所」、「千戶所」，再由五個「千戶所」集合起來成為一個「衛」。[18]「千戶所」是軍隊的骨幹、主要的常設單位，然而實際調遣作戰時，「衛」才是指揮中心，如此分開平時與戰時的領導權，將原本各地方自己練起來、帶過來的兵集中統納，不再是將領的「私兵」，建立了長遠的朝廷部隊。

另一項是以「軍戶」作為「衛所」的基礎，這也是從元朝職業身分制度中脫化而出的。「軍

18 《明史．兵志二》記載：「天下既定，度要害地，係一郡者設所，連郡者設衛。大率五千六百人為衛，千一百二十人為千戶所，百十有二人為百戶所。所設總旗二，小旗十，大小聯比以成軍。」

戶」每戶出丁男一人為「正軍」，其餘子弟為「餘丁」，軍人身分是世襲的。設立「軍戶」的目的既在於保證兵員的來源，又在於保障「民戶」不致因戰爭動員而受徵兵的騷擾。

可以說，朱元璋一邊還在打天下，一邊已經在治天下了。朱元璋對於建立制度非常關切，也有他的特殊能力。新朝代正式成立不過十年左右，他就完成了官僚系統的建立，從源頭上掌握關鍵——人才該從哪裡來？人才在這系統中該如何配置？他將這兩個問題歸納在同一項設計上，那就是提供非常明確的晉升管道。十年中，朱元璋將科舉與學校建立為兩條具有壟斷性的路徑，任何人要進入朝廷、得到職務與地位，只能走這兩條路。

如果朱元璋出身文人階層，有文人根柢，做個文人皇帝來打造具備高度文人性的官僚系統，那很好理解。但事實並非如此。朱元璋的背景和文人相去甚遠，雖然在打天下的過程中身邊必然有些文人策士，但多年持續戰鬥，文人也不可能發揮多大作用。換個角度看，如果朱元璋是承襲前朝，將改朝換代中沒有多受破壞的制度予以恢復，那也容易理解。但事實也非如此。被推翻的是蒙古人建立的元朝，文人在這個朝廷裡絕對沒有多大的權威力量。

朱元璋身邊的李善長、劉基等人並非出自正統的文人世家，而且元朝經歷過廢科舉，漢人文人的從政管道被阻礙了，以至於從宋朝傳下來的正統文人世家也沒有多大、多深厚的勢力。而就算是李善長、劉基等這批人，後來在洪武朝都未有太好的下場。依憑朱元璋的社會底層出身背景，身邊又沒有龐大文人集團輔佐，他為什麼、又怎麼能建立明代的文人官僚體系？

這個問題並未被好好探索、回答，最主要的理由是，沿著朝代脈絡看下來，宋朝的特性是

「重文輕武」，然後元朝是外族統治，明朝等於是回復了朝代的正統漢人系譜，理所當然繼承了宋朝的「重文輕武」。跳過元朝，宋朝是什麼情況，明朝也就應該是什麼情況。

然而從宋朝結束到明朝創立，中間隔了將近一百年，更何況南宋偏安江南，領土疆域大幅縮小的現實條件和明朝大不相同。擺脫必然求同的眼光，改採求異的態度，我們會看出明朝官僚體系的許多特殊之處，進而理解明朝政治的根本性格與內在問題。

第六章

絕對皇權的形成

01 《大誥》：逆轉官與民關係的重要訓誡

明朝絕非簡單承襲、恢復了宋朝的文人官僚。

明太祖登基後，一方面重開科舉，另一方面大舉鼓勵進學，原本計畫以朝廷的力量廣設「社學」，那是下到非常底層的教育單位，讓地方上到處都有初級學校。但後來因為數量太大，無法由朝廷統一設立、管理，改而開放讓民間成立。

朱元璋又在中央擴大「國子監」，那是朝廷的大機構。明朝成立之初，朱元璋一度想將國都定在故鄉安徽鳳陽，但遇到重重困難，只好改立在應天府（南京）。到了明成祖時，為了監督、防堵北方的蒙古勢力，將國都搬遷到順天府（北京）。南京仍然保留一個規模甚大的「國子監」，等於是這個部門實質上加倍擴張。

朱元璋並非傳統文人，不過當上皇帝之後，他親筆撰寫了兩本著作。一本是《大明太祖高皇帝御注道德真經》，即注釋《老子道德經》。據說這本書他只花了十天就寫完了，表示他對《老子》的內容、理論早已相當熟悉。另外一本書叫做《大誥》。

《大誥》是朱元璋以皇帝、最高權力者的身分，由上而下對人民說的話，也是他親筆寫的。《大誥》不能算是經典，但在歷史上很重要。全書分四部分：《大誥》、《大誥續編》、《大誥三編》、《大誥武臣》，加起來的內容一共有兩百三十六條。

洪武十八年，《大誥》首度頒布時，皇帝下詔要求「一切官民諸色人等，戶戶有此一本」（《大誥．頒行大誥》），而且訂立了檢查規定，如果發現家戶中未有《大誥》，就要受到處罰。除了威脅外，另有利誘，即人民如果犯了罪，可以出示家中有按規定備置《大誥》，犯行可以得到減刑。政府重視到這種程度，務求家家戶戶都有《大誥》、人人都讀《大誥》。

皇帝頒布的「御言」，其中有六十條摘選自重要法令，藉《大誥》讓人民都要了解，等於是全民法律基本常識教材。另外一百五十六條屬於「官民過犯」，也就是案例精選，告訴你什麼樣的人在什麼狀況下犯了什麼罪會有怎樣的下場。看這樣的內容，也就能理解為什麼家中有《大誥》可以得到減刑，因為《大誥》內容本身幾乎都是關乎法令規定的。

這其實正是秦始皇所主張的「以吏為師」，整個社會最重要的知識就是明瞭朝廷官衙制訂、管轄的法令，也是最需要認真學習的。《大誥》在明代發揮的作用，絕對超出秦始皇所能想像的，因為這時候有刻版印刷利於廣為流傳、人民識字率提高等客觀條件，更能普及。

值得注意的是「官民過犯」這個說法。皇帝要管的不只是人民違法，更要管官員違規違紀。將官員會犯的錯誤、應該受到的懲罰，一併放入要求人民反覆誦唸的內容中。如此一來，讓人民感覺皇帝並非站在官吏那邊，而是對百姓與官僚一視同仁地嚴格監管；二來培養了人民普遍的「官箴」意識，知道做官的什麼可以做、什麼不能做，形成對官員行為監督上更大的壓力，由人民協同督促對官員的管束、考核。

《大誥三編》內容都針對文官，《大誥武臣》則針對武官，但這兩部分不是只提供給官員，而是讓所有百姓都讀、都知道。《大誥》中，皇帝直接對人民喊話，對他們說：「若靠有司辨民曲直，十九年來未見其人。」（《大誥三編．民拿害民該吏》）意思是說，不要以為當官的會自動幫你們弄清楚是是非非，我統治了十九年，還沒遇過這種人、這種事。所以不是人民依靠官員查明是非，要倒過來，靠著人民形成強大、堅持分辨是非的力量，逼著官員不能昏聵、不能徇私，讓他們在壓力下做好官。

這是中國歷史上從來沒有出現過的新安排。漢武帝對官員極嚴厲，在武帝朝當官很辛苦也很危險，但漢武帝做的也只是讓「酷吏」來對付官員，沒有像明太祖這樣發動人民來監督官員。在《大誥》中，皇帝甚至對百姓說，遇有惡官，人民可以將官綁了交給皇帝，[19] 這清楚表示皇帝會站在人民那邊來對付官員。

02 空印案、胡惟庸案，文官被嚴厲打壓

洪武八年，朝廷發生了大案——「空印案」。這個案子的背景其實很簡單也很普遍，就是官

僚體系中的便宜行事程序。依規定，地方政府每年須上京報帳，要攜帶準備好的帳本及公文，但在檢覈過程中很可能會發現錯誤，這時可麻煩了，更正後的文件要重新蓋章，但關防印章不可能離開官衙被帶到京城來，難道要費時費力再來回一趟蓋章嗎？

於是大家都習慣便宜行事，多蓋幾張空白的公文一併帶到京城，萬一需要改動，就寫在已蓋好章的公文上，省掉來回的時間與麻煩。但這件事被皇帝知道了，為之大怒，視為不依規定嚴重造假，追究下來，釀成幾百人被判重刑、上千人被株連的大案，整個官僚體系大受震撼。

洪武十三年，又發生了影響更深遠的「胡惟庸案」，朱元璋將宰相胡惟庸以謀反罪名誅殺，藉此整肅淮西集團的勢力，此案牽連廣泛，數萬官員及其家人被誅。

朱元璋真的從《老子》那裡吸收了權謀思考，以權謀來建立並掌控統治機制，他在這方面比大部分的中國皇帝都要厲害。宋朝開國皇帝趙匡胤樹立了「重文輕武」的朝代原則，到了朱元璋手中，皇帝和文人的關係有了極大變化。明代官僚體制絕對和宋代不一樣。

宋代文人很有自信，自詡「士人與皇帝共治天下」。到了明代，在朱元璋既細膩又苛酷的設

19　如《大誥三編．民拿害民該吏》云：「今後所在有司官吏，若將刑名以是為非，以非為是，被冤枉者告及四鄰，旁入公門，將刑房該吏拿赴京來；若私下和買諸物，不還價錢，將禮房該吏拿來；若賦役不均，差貧賣富，將戶房該吏拿來；若舉保人材，擾害於民，將吏房該吏拿來；若勾捕逃軍力士，賣放正身，拿解同姓名者，鄰里眾證明白，助被害之家將兵房該吏拿來；若造作科斂，若起解輪班人匠賣放，將工房該吏拿來。」

計下，表面上看文人再度受到重視、重用，其實骨子裡卻有種種辦法特別有效地來打擊文人的自信與尊嚴。

朝廷任官規定只從科舉和學校取士，抬高文人政治、社會地位，但朱元璋實質上對文人沒有好感，對待文人主要出於權謀上的利用。他最早意識到文人有用，是在元末群雄競逐時，他的勢力較小也不穩定，一度到處流竄，直到拉攏了部分文人，和其他單純的武裝團體區隔開來，得以從民間收穫較多支持與資源。於是他將劉基、李善長等人留在身邊，擺出一塊文人招牌。不過實際上，他並沒有那麼重視這些人提供的策略建議，對這些人也是要殺就殺，他真正的目的及後來達成的作用，是擺出姿態拉攏文人集團。

他塑造了繼承宋朝的形象，可以運用反蒙古的民族主義歷史記憶與情緒。他的政權看起來還原了宋朝文人有權的狀況，但實際上並非如此。看起來重用文人，以文人來充實官僚體系的同時，朱元璋在思考的是要如何打壓並監視文人。

《大誥》就是精巧的監視設計。不再只是用御史來監督官員，而是一直下到最底層的官員，都有人民依照皇帝提供、必定要背誦的知識來進行檢驗。而且皇帝對一般人民保證，如果民與官有衝突時，皇帝會站在民那邊。

再者，訂定明朝朝儀時，也改變了宋朝的成規，要求上朝時所有大臣都站著，朝廷上只有皇帝一人有座位。後來清朝規定大臣在皇帝面前還需要跪拜，同時得自稱「奴才」，相較之下，明朝的規定看來合理；但如果依照宋朝前例，皇帝要找特定大臣說話，一般會賜坐，雙方都坐下來說話，那麼明朝大臣的地位確實被降等了。

更嚴重傷害大臣地位、甚至傷害大臣自尊的，是「廷杖」作為對官員的嚴厲處罰形式。那是將受罰的大臣當廷脫褲子打屁股，而且不只是打得皮綻肉破，還打得死去活來。「廷杖」真的可以打死人的，因而打了沒死還要謝謝皇帝。不只是受罰的人，就連旁觀的其他朝臣都為之心驚肉跳，直接透過暴力傷害感受皇帝的權威，一併被剝奪了尊嚴。

總體效果就是將文官地位壓低，皇帝需要文官協助統治，但如此「重文」的同時，卻用各種方式保證這個體系不會產生挑戰皇帝權威的自信心，面對皇帝只能畢恭畢敬。「空印案」抓住官員違反規定，便雷厲風行、大興刑罰，要讓他們永遠警惕在心、害怕在心。既然官僚行事絕對不可能完全依照規定，那就表示任何人、任何時候都有把柄落在皇帝手中，只是看皇帝什麼時候想到要拿哪一條犯規來懲治而已。

從「空印案」再到「胡惟庸案」，朱元璋甚至藉機廢了宰相的位子，而且不是一時廢除，是嚴格規定從此再也不得設立宰相。

03 相權不存，文人文化也轉化為不同性格

錢穆先生在《中國歷代政治得失》一書中，簡明扼要地提供了一個關於「政治得失」的判準。一言以蔽之，如果皇權和相權明確分開，也就是相權對應皇權具備獨立性，那是中國政治「得」的時代；如果相權低落，無法抗衡皇權，使得皇權接近絕對權力，那就是「失」的時代。

皇帝有著至高的地位，最好不要自己領導、操控政府。以宰相為政府的實質領袖，皇帝管宰相，責成、要求宰相管政府，並為政府的表現負責，這樣的運作模式最為恰當。皇帝自己指揮政府，最大的問題在於沒有高於皇帝的權威，當皇帝做錯決策、政府倒行逆施時，誰能糾正、要求皇帝，遑論懲罰皇帝？如此躲在皇帝絕對權威下的政府，勢必成為不負責任的政府。

雖然宰相相權在中國歷史中經歷了多次變化，例如從唐朝以降，宰相職責分散由幾個人擔任，但一直以來總有可以認定總承官僚體系成敗的人，差別只在於是一個人或好幾個人。但在明太祖朝，這項傳統被徹底改變了，皇帝殺了當時的宰相胡惟庸，並下令明朝從此不得立相，改由皇帝自己統領六部，指揮整個官僚系統。

廢宰相的一項明確效果，是皇帝直接對著官員，沒有了宰相的緩衝，更能威嚇官員。因此要抗拒皇帝意志、保有行政職務上的獨立判斷，更不可能了。

朱元璋的設計只是在表面上承襲、還原宋代體制，其內在精神與實際運作卻天差地別。宋代一直保存著「士人與皇帝共治天下」的理想，只是在不同時期，理想和現實差距有大有小。但到了明代，皇帝高高在上，文人、文官只是皇帝的統治工具，絕對不存在任何可以拉近和皇帝權力落差的方式，這對近世後期的中國文化產生了激烈的性格轉換衝擊。

宋代活潑、強悍的文人文化，背後有士人的自信精神支撐。這樣的支撐在明代消失了，文人文化雖然還在，卻也必須轉化為不同的性格。宋代文人的代表中，重要的書家是蘇軾、黃庭堅，到了明代換成了文徵明、唐寅，他們之間最關鍵的不同處，在於商業機制的介入，以及商業化價值的有無。

文人書畫原本是為自己寫、為自己畫，是文人生活中的有機因素，頂多和具備同樣文人品味的友朋交流；到了明代，這些書畫作品有了市場價值，可以進行商業買賣，畫家、書家的身分認定也必然朝向商業價格偏斜。作品愈受歡迎、價格愈高者，就愈是大家公認的大畫家、大書家。

04 全新的「世界體系」與白銀的出現

從蒙元時代起，看待中國史多了一種眼光、一個不同的層級，那就是有了世界史中的中國。蒙古帝國的形成，將中國拉進更廣大的世界中；蒙古人離開後，元朝結束進入明朝，中國脫離了逐漸分崩離析的蒙古帝國，然而中國和外在世界有密切關係的情況並未終止，只是換到不一樣的架構上。

最主要的改變，是十五、十六世紀西方出現了「大航海時代」，當時正值中國的明朝。「大航海時代」打造出一個新的「世界體系」，和原先蒙古帝國主要在陸地上的擴張、整合，是很不一樣的體系。

新體系以新發現的航路為基礎，建立了一個網絡，航路起點的歐洲是新的中心，航路尾端之處則是邊陲。從歐洲出發的遠航船隻，配備了指南針、大型堅固構造，更重要的是勇於冒險探測未知的精神，以及傳教或追尋財富的高度熱情。航路往東經印度洋到達「香料群島」，往西則發現了歐洲人之前完全不知道的美洲大陸。

在如此建立起的網絡中，進行了頻繁的物與人的交換。人的移動主要是歐洲的航海者到達東方和美洲，相反方向的情況較少；貨物的移動則主要從東方和美洲來，將歐洲人沒見過卻引發他們大興趣、新需求的東西源源運送過去。在快速、激烈、廣幅的變化過程中，中國也被拉進了這個網絡裡。

與此同時，在美洲發現、開採的白銀進入這個世界體系，先是為西班牙帝國創造了空前的繁榮，接著又提供了整個體系有效的交易貨幣。在此區域內的多個文明，都認定白銀為貴重金屬，方便作為共通貨幣。白銀大量流入歐洲，進一步徹底改變了歐洲的經濟結構，出現可觀的商業資本累積。充分、甚至過多的白銀刺激著歐洲的購買欲望，對來自海外珍稀貨品的需求持續上升。

相當一部分的白銀，就在購買中國特產或經中國交易東亞特產的過程中，流入明朝的經濟體系，刺激了繁榮的商業與城市發展。明朝的商業化是建立在充裕貨幣供給的基礎上，比宋、元的情況又更加升級。這不是單純中國內部因素所能解釋的，牽涉到絲綢、瓷器外銷，香料、海上珍奇貨品在東亞海域流通，白銀源源進入此區域，使得明朝經濟體系中出現貨幣供給不斷擴增的複雜連環變化。

貨幣供給的增加由量變到質變，商業範圍擴大感染到許多領域，將原本的非商品、不在市場買賣範圍內的物品都改造了。質變的最清楚跡象，正是文人文化中的書、畫，從文人生活的有機連結中脫離開來，取得了市場價值，由非賣品變成有價格可以交易、甚至熱絡轉手的商品。

05 朱元璋的墾荒政策和《魚鱗圖冊》

被編入這個世界體系後，另外還帶來了作物的改變。十五、十六世紀，中國透過三種作物和世界體系發生特殊關係。第一種是甘藷，第二種是玉米，第三種是馬鈴薯，都是原本歐亞舊大陸所沒有的。這三種作物在相當程度上改造、復興了中國北方的農業。

三種作物所需要的自然降雨都不多，而且賴以成長的養分也不同於中國北方常見的小麥或小米。也就是既能適應北方較為乾旱的氣候，還能在經過上千年重複種作、地力原已枯竭的田裡，不需靠大量施肥就能成長生產。

其中馬鈴薯（土豆）的營養成分又比小麥來得完整。歷史上極有名的「愛爾蘭大飢荒」發生在十九世紀中葉，導致大量人口餓死，另有大量人口外移，影響所及甚至改變了美國的人口結構，其肇因在於馬鈴薯感染嚴重疫病，幾乎全面歉收。馬鈴薯收成不良竟然造成全面大飢荒，顯示了當時愛爾蘭到處種植馬鈴薯、高度依賴馬鈴薯的狀況。馬鈴薯並非愛爾蘭的原生物種，從新大陸傳入後，在很短的時間內就成為當地最主要的作物，關鍵在於馬鈴薯既容易生長，又能提供比較全面的營養，愛爾蘭農民當然紛紛放棄原本種植的小麥、大麥、燕麥。而改以馬鈴薯為主食，刺激了人口增加，因此一旦歉收，就釀成恐怖的災難。

甘藷、玉米、馬鈴薯進入中國，同樣相較於原有作物具備了優勢。明朝接續了一個由遊牧民族建立、主控的朝代，農業設施不受朝廷重視，又有黃河決堤氾濫的災難肆虐，必須再造農業才能安頓流民，所以新作物的引進提供了很大的助益。

朱元璋在元末大亂中崛起，對「荒」的問題相當敏感。明朝統治合法性相當程度上就建立在能夠處理「荒」，訂定並執行開荒、墾荒辦法上。朝代建立後，皇帝明白詔示遇有荒閒土地，人民可以自由開墾，之後若有原地主來主張權利，只需上報朝廷，朝廷就會主持進行換地，另外指派一塊荒地給原地主。如此辛苦開荒的人得以保留自己的成果，又能要求、鼓勵原地主到另一個地方去開荒。

這是因為戰亂之後土地供應寬鬆，需要更多人參與墾荒，而朝廷保障人民依照開荒能力與成績，有本事開墾多大土地，就能夠收為己有。與此同時，朝廷開始進行對於戰亂後新形成的土地所有權狀況的記錄。這塊土地是誰開墾的、家戶有多少人、開墾了多大面積，一一登記下來，以圖冊來表示，組構成官方土地資料，叫做《魚鱗圖冊》，取名自圖上一片一片土地界畫，看起來就像魚鱗排列分布般。

和《魚鱗圖冊》搭配，形成明朝統治重要底層依據的，是登記人口的「黃冊」[20]。黃冊保

20《明史．職官志四》云：「凡賦役，歲會實徵，十年造黃冊，以丁產為差。」黃冊就是人民的戶籍資料，冊中詳細登錄鄉貫、姓名、年齡、丁口、田宅、資產等，因封面用黃紙而得名，於明太祖洪武十四年開始執行。

存了人口詳細資料，等於是一直傳流到現代「戶口名簿」形式的起源，上面有戶長名稱，戶中各人姓名、性別、年齡、與戶長關係等。到現代，政府施政工作中非常重要的一環就是定期「查戶口」，要查對戶籍資料和家戶變動實情，確保戶籍登錄符合現實。

《魚鱗圖冊》中記載了土地四界，標示隔鄰土地的形狀與所屬，更重要的，和黃冊內容相配合，載明土地屬於誰家、家戶內有多少人、所有權如何安排，以及前代去世後，後代如何繼承，包括分家的詳細資料都在裡面。

土地在中國經濟、社會上居於核心位置，朝廷政治也和是否處理好土地問題密切相關。然而在歷史上，朝廷卻常常管不了、管不好土地關係，像是漢朝就出現嚴重的土地兼併情況，政治在這上面失靈了。先是西漢因而亡於主張土地收歸國有的王莽，再來到東漢出現了握有龐大土地的豪族，豪族甚至在東漢結束後轉型為更強勢的世族。

到了明代，朝廷嚴格監管土地狀況，靠的就是《魚鱗圖冊》和黃冊的搭配運用。而明代地方官最主要的工作，就是管好《魚鱗圖冊》和黃冊，確保土地與戶籍的管理不會有問題。中國傳統認定地方「父母官」，要像父母照顧家庭一樣，最主要的成就在於達成「富」與「庶」，而明代政治將「富」、「庶」的追求簡單落實在《魚鱗圖冊》和黃冊上。《魚鱗圖冊》控管土地，從土地上關照人民貧富不至於太懸殊，也關照沒有人「無立錐之地」，都能得到一定程度土地生產的保障。黃冊則管人口增減，一目瞭然看到整個地區的人口狀況，家戶多了人就表示達成「庶」的目標，如果變少則追究官員失職。

嚴厲震駭文官體系的「空印案」涉及的就是錢糧紀錄。皇帝用這種方式戲劇性地強調：絕對不容許在錢糧、人口方面，也就是與《魚鱗圖冊》、黃冊相關的事務上有所蒙蔽和舞弊。而事實上，皇帝也極關注透過《魚鱗圖冊》和黃冊來掌握、評量官員的表現。

《魚鱗圖冊》還有一項統治上的作用，那就是有效監管地方上的富人。中國社會的主要財富形式集中在土地，朝廷對於土地所有權若能隨時進行核實記錄，出現土地集中狀況時，官員有責也有權介入防治，如此得以避免過分的土地兼併，以及連帶貧富差距拉大發展。

相較其他各朝，明代確實沒有嚴重的土地兼併問題，地方經濟狀況也比較穩定，構成了朝廷統治的安全瓣。

06 皇帝和朝政糟糕如斯，明朝憑什麼延續？

朱元璋一系列的策略壓抑了官僚地位，抬高了皇帝，使得皇權大幅擴張，接近絕對權力形式，而絕對的權力無可避免帶來絕對的腐化。

明朝真的出了好些壞皇帝，明朝皇帝的平均表現更遠遠落在清朝或宋朝之後。歷史學家黃仁宇的名著《萬曆十五年》中深入刻劃了一位「罷工的皇帝」，一罷工就是二十幾年，和大臣、甚至和朝廷的體制賭氣，任性地二十多年間不上朝、不見大臣。在萬曆皇帝之前的正德皇帝也一場糊塗，萬曆皇帝之後的崇禎皇帝也一場糊塗，而他們成為糟糕皇帝的方式、風格又各自不同。

因而看明史應該要有一個特殊的角度，衍生特殊的問題：皇帝、朝政糟糕如斯，這個朝代是憑什麼延續的？如果單純看皇帝、看朝廷，不管如傳統史學那樣集中彰顯個人行為，或是如黃仁宇那樣關注長時間的「大歷史」結構，我們都只能得到同樣的結論——在統治上，這個朝代早就千瘡百孔，早就顯現出嚴重的系統失能情況。

但明朝沒有亡於正德皇帝時，儘管他的許多行為幾乎都符合傳統上「亡國之君」的形象，如建豹房、寵宦官、逸樂無度；明朝也沒有亡於萬曆皇帝時，儘管皇帝的作為簡直刻意要讓朝廷癱瘓停擺。

認真追問這個問題，史料上能提供的最有力解答，指向《魚鱗圖冊》和黃冊，指向朱元璋所建立的地方行政管理。地方官受到人民監視，必須直接對皇帝負責，稍有不慎，隨時可能遭遇像「空印案」的殘酷整肅，而他們的工作又有清晰的焦點——透過不斷核實《魚鱗圖冊》和黃冊，控管土地與錢糧。這個底層管理機制持續且正常運作，以至於皇帝要不要上班、中央朝廷如何弛廢，明朝仍然不會垮掉。

明朝為何亡於崇禎皇帝統治？他絕對沒有正德皇帝那樣荒淫，也比萬曆皇帝勤勞認真。但若以明朝地方行政為基礎，而不是從中央朝廷的角度看，史料顯示的是：壓垮帝國的最後一根稻草正是崇禎皇帝太勤於朝政。他並未受到良好的統治訓練，又極其剛愎自用，精神上經常受不安全感折磨，他的積極統治方式表現為殺宰相、殺大臣、殺邊將，出問題時就要找人負責，以生命代價來償罪，例如袁崇煥只是眾多被殺朝臣中比較為人所知的一位。到李自成攻入北京、在煤山自殺前，他都還感嘆自己是被大臣所誤，完全不願、不能承認自己對災難性的失敗有任何責任。

崇禎皇帝犯的嚴重錯誤，是攪擾了原本一直自動運作的地方行政。在他前面的幾位糟糕皇帝不積極治理，更強化了地方行政的自主性。明末在東北興起了「後金」，不斷迫近、侵擾邊境，底層編戶齊民的管理又被嚴重打擾，於是在北方出現了流寇。

原本依照底層行政措施運作，能夠有效管控人民，不容易形成流寇。但流寇竄走就表示明朝這套賴以維繫政權的基礎敗壞了，於是短時間內先亡於流寇，之後又被滿清取代。

第七章

明朝走向滅亡的軌跡

01 人口大幅成長，官僚體系與現實脫節

中國近世後期最突出的社會現象之一，是從一四〇〇年到十九世紀結束，五百年間人口成長了將近五倍。這樣的成長倍數很驚人，更驚人的是絕對數字：中國增加了超過三億人口。一四〇〇年的人口還不到一億，到一九〇〇年則已經有了後來習稱的「四萬萬人」，也就是四億。為了收拾「八國聯軍」帶來的災禍，清廷簽下了「辛丑和約」，同意對各國總共賠償四萬萬五千萬兩，這數字就是以舉國一人賠一兩的原則算出來的。

在這樣一片土地上，主要依靠農業要養活多居住的三億人，顯然從經濟生產到社會組織都有了極大變化。一項變化是隨著新大陸作物傳入，北方生產力復甦了。馬鈴薯一度取代小麥成為主食，之後還有玉米提供充分的熱量。玉米可以磨成粉，北方的饃饃就是用玉米粉做的。新的基礎條件，讓北方得以供養較多的人口。

南方也受惠於新大陸作物，種植範圍最普遍、成為稻米以外的替代性主食是甘藷。甘藷的好處是可以在稻田間隙成長，它的葉子還很適合用來餵豬，在同樣面積的土地上，可以多增加許多熱量與蛋白質的生產供應。

明朝有效的監管制度，防止土地兼併，也發揮了相當作用。土地所有權細碎劃分，生產結果

平均散分，能夠在小農、均貧的基礎上低度滿足地養活更多人口。另外在小面積的農地上，農戶會投入更多勞動力進行耕作，持續提升土地生產力。

在明朝，有貧農變中農、中農變富農、富農變地主的上升流動變化，但要再從地主變成大地主，就受到種種干擾與限制。朱元璋在《大誥》中有特別針對管制土地間人際關係的內容，要求地主和佃農應該比照宗族中的長輩、晚輩關係，地主應將佃農視同侄孫輩，佃農應將地主視同叔祖輩。但這樣的關係不能凌駕真正的宗族親屬對待。意思是在一般情況下，地主得到如同長輩般的尊敬，佃農得到如同晚輩般的照顧，但如果地主和佃農間有著真正的宗族親戚關係，那麼身為晚輩的地主遇到了有親戚長輩關係的佃農，仍應該執晚輩禮，對佃農表示尊敬。

《大誥》中的規範，透過家家戶戶收藏誦讀，內化成為社會上的價值意識，改變了中國農業傳統中看待財富、運用財富的模式。地主擁有土地，可以招佃農耕種坐享收成，進行財富累積，不過在這套價值意識中，地主累積了財富，卻不能再去買更多土地成為大地主。《魚鱗圖冊》加上黃冊的紀錄可以讓地方官有警覺，對於已是地主的家戶要再擴充土地面積，會以各種方式介入禁制。於是地主累積的財富，必須尋找和傳統不一樣的運用管道。

財富留在鄉間沒有去處，最好轉而拿到城市去，可以在城市裡換得不同身分，成為令人羨慕的城市居民，過起和鄉間很不一樣的城市生活。鄉間必然不會有的城市生活最大特色，就是種種逸樂享受。另外，城市提供了許多炫耀性消費的機會，剛好適合作為累積財富的出路。

城市性質在明代有新發展，「市」的功能、意義完全超越了「城」。而且城裡的市場商業活動大為普及，從量變到質變，成為城市生活的主題，炫耀式的消費往往比單純的交易買賣更盛、更重要。白銀、銅錢二元貨幣在運用上更加方便，不過也製造了在貨幣換算上不穩定的變數。

人口快速、大幅成長，還多方面給了明朝官僚體系強大的張力，形成愈來愈難處理的挑戰。由於人口成長，官僚規模和人口間的比例一直在改變，以至於官僚體系無論如何膨脹，都趕不上人口增加的速度。而且不只是全面的比例問題，還有更棘手的分布、分配問題。

人口高度成長的區域很多是原來的荒區，本來沒有太多人、太多資源的地方，不會得到朝廷行政體系的注意與重視。然而這種地方成功開發了，引入新作物，農業生產上升，家戶人口增加，連帶著管理、行政事務也增加了。現實情況需要派遣有能力的官吏來處理，卻因為原本所屬的等級太低，得到的資源很少，愈是有能力、有前途的官員愈是不願意去。

官僚體系逐漸形成顛倒的狀況，正常運作、不需要太多官僚的地方，大家都搶著要去；而最需要有對的人才去管理、去疏通、去建設的地方，卻乏人問津。官衙設置、官場資源分配沒辦法隨人口變化有效調配，有些地區的行政問題持續累積，變得愈來愈難解決。

尤其在一些人口大幅增加的區域，官僚體系與現實脫節了。另外一個難處出現在城市治理上，大批人口加上大量財富往城市集中，商業活動、炫耀消費帶來種種新鮮事物，連帶地還有新興的個人主義思想在城市蔓延燎原，塑造了城市的繁榮，卻也使得城市接近無可治理的狀況。

02 中國革命為何失敗？溯因到萬曆十五年

從大斷代上看，一八四〇年毫無疑義是近世史的結束，迎來了動盪的近代史，再到一九一二年進入現代史階段。近代史的時間很短，但變化很激烈，引發激烈變化的主因是西方帝國主義入侵中國，經過「晚清七十年」，維持了兩千多年的帝制被推翻，「走向共和」也就走向現代。

從「近世」到「近代」，應該特別注意中國官僚體制的狀況。遠一點從西元前二二一年秦始皇創建皇帝制、郡縣制取代了封建制，近一點從十四世紀明朝在朱元璋的全盤行政、統治規畫下成立，能夠自動運作的官僚系統，是讓「早熟的帝國」在中國出現、長期維持的關鍵因素。然而到了清朝，一方面能夠自動運作的官僚體系當然帶有高度的慣性與惰性，難以有效回應外來的突然衝擊；另一方面，受到明朝末年動亂到清朝滿漢種族分歧的影響，官僚體系內部並不健全，更削弱了回應的能力。

也就是說，發生在一八四〇年的劇變，帝國主義的船堅炮利、不平等對待只是銅板的一面，還有中國政治無能回應的另一面，加在一起才是開啟近代史的完整歷史現象。

關於中國無力回應帝國主義這一面，黃仁宇的《萬曆十五年》仍然是最好的參考書。也可以換從相反方向說：要看到關於中國無力回應帝國主義的歷史解釋，才真正明白黃仁宇寫這本書的內容，以及為什麼採取這種奇特的寫法。

一本歷史著作書名上明白標示「萬曆十五年」、「西元一五八七年」，在時間的涵蓋範圍上只有短短一年。這看起來和「通史」在精神和目的上徹底相反，但事實上，整本書的內在理路卻是依循著「大歷史」的角度，為我們提供了長時間的寬廣視野。

《萬曆十五年》先用英文寫成，由美國耶魯大學出版社出版，然後才由作者自己主導譯為中文。黃仁宇為中文版寫了一篇〈自序〉，非常明顯是在「內外有別」的態度下為中文讀者而寫。〈自序〉中說了一般英文讀者不會明白、更不會感興趣的歷史研究初衷。他特別說：

> 中國的革命，好像一個長隧道，需要一百零一年才可通過。我們的生命最長也無逾九十九年，以短衡長，我們對歷史局部的反應，不足成為大歷史。

中國革命發生在二十世紀，和一五八七年之間有著三百多年的差距，而且還隔了一個清朝，為什麼要提「中國革命」？因為黃仁宇確確實實是將《萬曆十五年》的內容，當做是對於「中國革命為何失敗？」此一大問題的具體回答！

他獨特的生命經驗讓他對這個大問題有切身感受，甚至是切身之痛。黃仁宇出生在一九一八年，念「南開大學」但沒有畢業，因為他在學時，位於天津的南大受到戰爭爆發的影響，遷往西南後方。抗戰中，才二十歲的黃仁宇也去了後方，但他並未繼續跟隨學校和北大、清華合併，而成為「西南聯大」的學生。他後來拿到的是「成都中央陸軍軍官學校」的學位。

簡單說，他投筆從戎，之後以軍人而不是平民的身分上了戰場，有了面對日本人、對抗日軍的親身經歷。他也曾加入鄭洞國的部隊遠征緬甸，以及進入美國軍事學校進修，第一手認識了英國、美國軍隊的情況。他深刻體會與感慨：在現代革命發生二十多年後，中國仍然沒有一支現代的軍隊，而相應地，受到西方帝國主義衝擊比中國還晚的日本，卻建立起極現代、極精良的部隊。為什麼中國革命遲遲沒有得到將中國現代化的結果？

黃仁宇歷任國軍排長、連長、參謀，後來因為軍事機構內的種種人事傾軋，才轉而折節讀書。他退伍後到美國密西根大學從學士、碩士持續研究到攻讀博士，他的指導教授竟是年紀小他十三歲的余英時。到他一九六八年在美國找到教職時，已經是五十歲的中年人。

如此特別的經歷，讓他認真從歷史上去尋找中國革命失敗，或至少遲遲無法成功的原因，一路上溯，追究其原因追到明朝後期，追到了一五八七年。

03 超越個人尺度之外的結構性因素

《萬曆十五年》書名的副標題是「一個無關緊要的年分」，黃仁宇刻意逆反最基本的歷史常識，找一個沒有發生任何傳統意義「大事」的年分，來講述明朝的歷史。「大事」通常是短時間內激烈變化的現象，吸引我們去看短時間內什麼人做了什麼事、得到什麼樣的結果。刻意選擇沒有「大事」的一年，排除了「大事」，不描述短時間發生的事，還要講述歷史，那就必須講比較平常、比較穩定、要在較長的時間尺度上才會改變的事實與現象。

也就是要談「大歷史」，要進行結構的探討。黃仁宇的看法源自他對明朝財政的研究。財政是藏在「大事」底下，看「大事」時看不到，對於歷史卻往往有更廣、更深影響力的結構性因素。沿著財政看出去，會看到其他類似的結構性因素，每一個都是長時間變化的，每一個都不是任何個別的人的個別決策或行為所能改變的。換句話說，每一個的作用都超越了一般個人的生命時間，在個人的尺度之外更強力地決定了歷史走向。

從表層看，萬曆十五年發生了一件當時朝廷依照慣例處理的事，也就沒特別看做是「大事」。東北邊境的建州衛有個部落領袖出兵攻擊鄰人，朝廷上討論時大臣分兩派，一派主張當剿，一派主張應撫。一度鷹派占上風，於是朝廷派了軍隊進剿以示懲罰，不料打了敗仗。風頭一下子逆轉，換成鴿派說話大聲了，轉而進行安撫。這個部落的領袖叫做努爾哈赤，他的名字因為這件事而第一次出現在明朝文獻上，當時沒有人覺得這個名字有什麼特別的意義與份量。

努爾哈赤和建州衛女真部落後來為什麼變得如此重要？傳統上的解釋專注在努爾哈赤是什麼樣的領袖、有多麼會帶兵打仗等等，但黃仁宇要我們看到的，卻是明朝的決策模式。這個朝廷形成了根深柢固的討論與決策慣性，皇帝不拍板定案，因為不負萬一政策失敗的責任；朝臣必然依立場分派，大家意見不一，最後採用的是妥協後的結果，沒有誰堅決支持這路線，也沒有人堅決要貫徹路線的執行。遇到了困難、障礙，很容易就改變方向，突然轉彎改走另一條路。

女真在東北的壯大，除了依恃努爾哈赤的領導外，和明朝這種結構性議而不決、決而不行、行而不果的政治風氣，有更深切的關係。風氣感染之下，在朝廷上主張不要多做的，總是比較有機會贏。主張要剿，剿不成就必須承擔失敗；主張要撫，事實的做法是容忍不追究建州衛的進犯行為，不做、不追究怎麼會失敗呢？

再進一步探討：朝廷出兵進剿怎麼失敗了？傳統解釋要追查是哪個將領帶兵、在哪裡遭遇女真部隊、雙方打了幾次戰役等等，但黃仁宇同樣往結構深處去解釋，看到明朝從財政措施上造成根本無法打仗的難處。

現代國家有預算制度，按照預算收稅，按照預算安排各種開支。現代國家的預算是總收總支，最重要的數字是年度總收入與總支出，在這底下再做區分，收入中有多少來自直接稅或間接稅或公營事業收益等，支出中又有多少花在政府人事或社會福利或國防安全等。從編列預算到進行決算查核，最重要的是收支必須平衡。

不管這中間有多少複雜的計算，總的原則是「數字管理」，同時也是藉由數字才能徹底了解國家的總體狀況，也才能做行政計畫。然而簡單的對照狀況，明朝的財政缺乏這樣的總體安排，或用黃仁宇的語言來描述，明朝的財政狀況是mathematically unmanageable，即「數字上無法管理」。

04 數字上無法管理，軍費財政見樹不見林

明朝的軍費規定由地方負擔，如果要在北方動用兩萬士兵，就責成河北、山東去張羅所需費用；但如果此時山東遇到乾旱，需要賑災救濟，卻不能先將軍費撥過去使用，而是要另外向朝廷求取經費。重點是，所有項目都是分別處理，沒有統收統支，也就無從有全面的財政管理，事實上連全面的收支紀錄都無從形成。

每一個項目都有個別的收入來源，牽涉各自的衙門與行政程序。到後來無論是中央或地方，都弄不清楚自身的財務狀況。河北不會知道這一年所有項目加在一起是入不敷出還是有盈餘，因

為各項目獨立存在不會加總、也不能加總。中央朝廷亦復如此。在財政上，到處都是樹，每個人能看到的都是一棵樹、幾棵樹，卻看不到樹林。

而用兵打仗在制度上不是一個財政項目，是跨項目的麻煩大支出。動用河北的兵，那是河北的項目；動用山東的兵，那是山東的項目；兵糧從江蘇徵調送過去，又是另外一個項目。帶兵打仗的和籌措經費的不是同樣的人，而且幾乎必然有不同的考量。籌措經費的衙門不會專門只處理軍費，他們還要管其他項目。好好籌到充足軍費，功勞在帶兵打仗的將領身上；但如果因為籌措軍費造成其他方面的短缺、荒惰，他們可就要倒楣了。在這種情況下，他們會如何選擇，可想而知。

進剿女真部，周圍各地都必須動員籌款，卻只有將領能得到好處；相對地如果選擇安撫，只派使者去宣讀寫得冠冕堂皇的公文，大家都省事，短時間內也不會給任何人帶來任何困擾。如此對比下，進剿絕對打不贏，安撫主張一定會占上風，這是結構性因素造成的決策傾向，當然也就不可能有長遠眼光能夠阻止建州衛不斷壯大成為明朝的終極威脅。

女真遠在關外不受重視，那發生在明朝境內的流寇之亂呢？同樣面對要不要發兵、如何發兵的問題。流寇之所以得名，是因為他們高度的流動性，於是又考驗著明朝的地方行政運作。流寇如果在山西受到強力追剿，轉而進入河北境內，山西那邊沒理由、也沒權力要越界持續施壓，責任就換到河北那邊了，包括動員軍隊和籌措軍費。河北倉皇應之，很有可能擋不住流寇，那麼山西的表現就成了朝廷怪罪河北的充分依據，於是造成河北地方官員受責的大震動。政治騷亂，結果更難處理流寇了。就算河北難得也能有效抑制流寇，流寇仍然可以繼續往河南或山東流竄。流寇一旦形成，在明朝缺乏統籌的政治、財務結構下，幾乎就無法平息。

黃仁宇離開個人、「大事」的層次，分析明朝的結構問題，而結構影響之深足以抵抗時間，跨越朝代，一直到黃仁宇自己生活的民國時期，他親歷、看到的國民政府與國軍，相當程度上仍和明朝後期處於同樣的結構中，以至於亂象頻生，難以抵擋日本的軍事行動，幾乎亡國。

《萬曆十五年》背後有這樣的深沉歷史意識。

05 萬曆的「罷工」不是偷懶，而是抗議賭氣

《萬曆十五年》針對萬曆朝最醒目的怪現象，點出了明朝政治上嚴重的結構扭曲。怪現象是萬曆皇帝在位四十八年，其間有超過一半日子不早朝、不見大臣。黃仁宇舉證歷歷，提出精彩的解釋：萬曆是一個罷工的皇帝，他不早朝不是懶惰，而是抗議。

這解釋乍看違反我們對皇帝的基本認知。皇帝具備最高權力、甚至絕對權力，他沒有上司，想當然耳他可以決定自己的工作時間與工作方式，怎麼會需要罷工？作為最高權力者，又哪會有

皇帝要去抗議的對象呢？誰得罪了皇帝、礙著了皇帝，他下令將那人移除消滅不就好了？

黃仁宇告訴我們，萬曆皇帝抗議的對象不是特定的個人，也不是什麼人組成的團體，而是整個文官體系，他不可能將整個文官體系取消。

朱元璋既要用文人又不信任文人，以各種方式壓抑、監視、制約文人，到後來甚至廢了宰相，自己來領導朝廷行政。他知道文人會不滿、會有反彈，他也確實遭遇過不滿、反彈，所以也會相對讓步來安撫文人。

一種做法是建立「奏本」制度，當做給予文官的特殊權利。一般官員對皇帝報告有「陳」、有「奏」，兩者不一樣。「陳」是向皇帝報告自身工作相關事務，「奏」則是給皇帝意見，範圍就不受特定朝廷職務限制。兵部尚書對皇帝說明關於強化衛所的措施，那是「陳」；但兵部尚書也可以對他所見的戶部錢糧徵收擾民不便狀況，向皇帝提出表示憂心，並建議該有不同做法，那是「奏」。

在朱元璋的設計中，鼓勵、強化大臣上「奏」的功能，一方面配合皇帝直接統領朝政的安排，拉近皇帝和大臣間的關係；另一方面也有讓大臣針對他人向皇帝打小報告的作用，再多加一層官員互相監視的管理效果。

只是這項制度通行下來，到萬曆皇帝時累積了一些明太祖預想不到的副作用。首先是官員可以就任何議題對皇帝表示意見，實質上破壞了專業分工原則，各部門所擬的方案都要受到各方面不同的批評與挑戰，人多口雜，政策難以決定，而且都必須盡量面面俱到，最好因循妥協才能通過。

其次，大臣在「奏」中互相告狀攻訐，結果是皇帝眼中找不到可以信任的人，統領官僚體系時很容易變得疑心重重。

發生在萬曆皇帝身上的一件大事，是他在張居正死後收到大量報告，舉發張居正種種誇張奢華享受、不法踰矩的行為。張居正是萬曆皇帝當太子時的老師，在他的成長過程中，曾扮演實質的父親角色，對他影響甚大。當上皇帝後，他也理所當然賦予張居正最大的權力。張居正又善用和宮中宦官的關係，權傾一時。

沒想到張居正一死，就被攻擊得體無完膚，排山倒海而來的內容引發萬曆狂怒，發動了對張居正的鞭屍清算，但與此同時，也在自己的精神深處留下難以痊癒的傷害。

另外，文官的集體意識逐漸將對皇帝的批評納入「奏」的內容，甚至專注在對皇帝的批評。在皇帝來不及進一步調整前，群臣上奏已經變成他們試圖影響皇帝、甚至單純騷擾與牽制皇帝的方式。這是慣例上皇帝下放給人臣的一項特權，人臣當然緊抓不放，並且經常使用。

相較於宋朝，明朝的文官在許多方面都變弱了，一般政務上失去了自主性，由皇帝領導決策。但在另一個領域上，文官保留了獨占權力，那就是管「儀節」。別的地方管不了皇帝，偏偏在「儀節」上格外重視。中國傳統政治分成宮中、朝中，區別皇帝私人身分和公共事務兩種領域，並由不同人來打理。宮中照顧皇帝私生活的人，經常靠著和皇帝的親近關係，逐漸將權力伸到前朝；但明代是雙向逆反，宮中的宦官取得了干預朝中的普遍權力，相對地，朝中大臣便報復性管到宮中皇帝的私生活，要求皇帝言行必須符合倫常儀節。

萬曆皇帝要立皇后、立太子，都遇到文官集體排山倒海上「奏」表達反對意見，以「禮」阻攔他。皇帝不可能一一回覆大臣的意見，也不可能辯駁所有意見，一氣之下，他採取了賭氣退縮的防衛機制，拒絕面見、理會這些煩擾他的人。

06 明朝亡於流寇，還是亡於滿清入關？

皇帝罷工，但官僚體系仍然運作，國家行政沒有停擺。自動運作的行政當然只能進行低度介入與低度管理，不可能在政治上多有作為，而且也很難對突發事件有效反應。

到了明朝後期，朝政被動拖沓，許多問題隨著時間愈來愈嚴重，結構上卻隨著時間愈來愈難有作為。這套制度後來落入了有野心、有權力作為欲望的皇帝手中，導向了明朝的滅亡。明朝亡於崇禎皇帝，一部分是因為他的性格和統治作風惡化了既有的結構缺陷。

崇禎極為嚴格、冷酷，常常一看到問題就以殺人方式來追究責任，施予處罰。前面一個囿限於結構困窘的大臣或將領失敗了、被殺了，換另一個人去，他仍然處理不了軍費，仍然統合不了地方權力，不可能逆轉情勢為成功。但他又知道皇帝的嚴酷行事方式，唯一能做的就是盡量隱瞞真相，想盡各種方式壓住壞消息，不要上報至皇帝那裡。

流寇問題之所以持續惡化，因為如果被皇帝知道哪裡有流寇，那裡的負責官員就要送命，以至於任何人在位子上，都要對皇帝表示自己轄區內沒有流寇。正式報告上沒有流寇，當然也就不可能動員人力、資源來征討，既有的流寇沒受到嚴格阻力而迅速坐大，又鼓勵了其他地方也紛紛出現流寇。

明清朝代更迭，牽涉到一個重要的歷史問題：明朝是如何滅亡的？對這個問題的答案，一般人認定的是「明朝亡於滿清入關侵略」。但我們不該忘卻、不該忽略的是滿清朝廷官方立場，他們一直主張「明朝亡於流寇」。

這兩個答案各有來歷、也各有意義。關於清朝的歷史，一直到現在仍然深受民族史學觀點影響，甚至可以說，都是從民族史學的透鏡中看出去的。孫中山提倡革命最響亮的口號是「恢復中華，驅除韃虜」，他的《三民主義》開頭最先講的是「民族主義」，而「驅除韃虜」也就是「反滿」，就是提倡漢人民族主義。留在革命史觀中根深柢固的是「推翻滿清，建立民國」，而推翻滿清最大的動力來自滿清的腐敗，來自滿洲外族長期統治、壓迫漢人。漢人強烈仇視滿人，視滿清為最糟糕的朝代，連帶地也就同情被滿清所取代的明朝。

在臺灣這種傾向尤其嚴重，又加上了國民政府退到臺灣之後，對鄭成功與「南明」的認同。鄭成功要反清復明，這和蔣介石要光復大陸在敘事上重疊在一起，比擬之下更是加強了對清朝的厭惡。民族大義提供的歷史看法明顯是：「可惜明朝亡了，如果『南明』或『天地會』能夠成功將清人趕出去，能夠恢復明朝就好了！」

真是如此嗎？排除後來的民族主義情緒，從史料上盡量客觀地分析，看到的是明朝問題重重，是個很糟糕的朝代。而最明白顯示如果沒有滿清入關取而代之，明朝繼續維持下去也不會多好的證據，正是滿清官方史觀中所強調的——明朝亡於流寇。

主張明朝亡於流寇，並非沒有根據的強詞奪理。我們現在認定明朝滅亡的那一年（一六四四年），崇禎皇帝突然自殺，沒有留下正式、正統的繼任者，那是因為李自成帶領的軍隊攻進北京城，還進入了紫禁城。由於明朝軍力無法抵抗、控制流寇的進襲，吳三桂才開關引進滿清部隊。入關後，滿清部隊在戰場上打的是李自成的部隊，不是明朝的部隊。

滿洲人趕走了李自成，進入北京城，然後他們就留在關內，留在北京城、紫禁城不走了，建立在中國的新朝代統治。

是不是有流寇這一段，對於如何評價明朝會很不一樣，更重要的，對於如何往下理解清朝，關係更重大。清初的歷史關鍵主題在於一個外來政權如何在中國站穩腳步，如何形成有效統治。但要描述、討論這個主題，應該考量滿清所繼承的是一個什麼樣的帝國，這帝國當時的狀況給了新政權什麼可以繼承的基礎，又給了什麼必須克服的難題。

是否加入流寇亡明的因素，影響甚大。依循著黃仁宇的「大歷史」洞見，明朝自身有許多難以解決的陳痾，那些結構性的缺失甚至終清一朝都沒能改善，使得中國無法應對西方勢力入侵，甚至使得中國革命遲遲無法成功。看到無法收拾的流寇現象導致明朝滅亡，我們也才能理解美國歷史學家魏斐德（Frederic Wakeman, 1937-2006）為何將他講述清朝建立的史著命名為《偉業》（*The Great Enterprise*）。

滿清要在中國建立政權真不容易，不只是少數異族統治，更需要廣泛地收拾明朝弄到流寇橫行的爛攤子。

第八章

外族入關新政權的變與不變

01 康雍乾三帝打造的清朝「偉業」

清朝能建立「偉業」，一項必要的基礎是具備中國歷朝最穩定、最沒出亂子的皇位繼承統緒。在清朝當皇帝真不是什麼值得羨慕的身分，在當上皇帝之前要和其他皇子競爭，表現夠突出，才能取得父親的信任；當上皇帝之後，種種責任壓在身上，制度嚴格規定皇帝不能依照主觀意願行事，必須遵守祖宗家法，以及前面其他皇帝訂下的模範。

傳說中順治皇帝並非年輕早逝，而是選擇放棄皇位到五臺山出家，如果考量他是進入中國後的第一任皇帝，理解了自己面前千頭萬緒的難題，因此打退堂鼓，還真有其合理之處。

我們從影視「辮子戲」裡看到一再鋪陳的主題，是宮中兄弟為了爭奪皇位繼承權，彼此權謀勾心鬥角。但應該認真體會其另一面，也是一般編劇不會去強調的：這樣的劇情只有放在清朝才有歷史根據，而皇子們所經歷的，同時也是一種嚴格的皇帝預備教育。要參與這場競賽，必須早早就認識當皇帝所需的種種配備和能力，必須努力學習並表現學習成果，缺乏這樣的基礎條件，可就連要跟其他兄弟勾心鬥角的資格都沒有。

尤其是入關後擔任第二位皇帝的康熙，在長達六十一年的統治期間，以他過人的才智、精力與堅毅，明確訂定了極高的標準，讓後來宮中、朝中都據以要求皇帝不能怠惰，不能表現不佳。

別說像明朝皇帝那樣任意長期不上朝，清朝皇帝就連北京嚴冬中要延遲早朝時間，都很難做得到。

靠著勤勞的皇帝，清朝才能維持兩百多年，而重視皇子教育，從眾皇子中挑選最優秀、最適合的來繼任這個做法，一直到咸豐皇帝突然在熱河過世才被打破。也就在這個時期、在這種狀況下，清朝的皇權轉入慈禧太后手中，開始了朝代傾頹到滅亡的五十年最終階段。

清朝的「偉業」基本上是在康熙、雍正、乾隆三位皇帝在位時完成的。不只康熙在位六十一年，乾隆也在位六十年，晚年自封為「十全老人」，覺得當皇帝能成就的都成就了，然後將皇位讓給兒子，自己當太上皇。這兩位皇帝任何一位的統治時期，都比「五代」五個朝代加起來還長。康熙即位那年是西元一六六一年，中間有十三年的雍正朝，到乾隆退位時，已經是西元一七九六年。

建議大家可以參考歷史學家史景遷（Jonathan D. Spence, 1936-2021）所寫的奇書《康熙》（*The Emperor of China: Self Portrait of K'ang-Hsi*）。這是一本史家所寫的史著，卻極為奇特地採取了第一人稱敘述，書中的「我」不是史景遷，而是康熙皇帝。除非是歷史小說，要不然怎麼能有歷史人物第一人稱的敘述呢？

這本書是史景遷到當時在臺灣霧峰的故宮博物院裡，翻讀大量清宮檔案後所寫出來的。裡面用康熙第一人稱所說的每一句話、每一項描述都不是杜撰虛構的，都是從資料中摘取出來、有所本的。

史景遷能夠寫出這本書，因為康熙朝留下了許多資料，不只是他在位時間很長，更重要的是他精力旺盛，具備多種能力，經歷激烈世變，累積了漢、滿文豐富知識，高度好奇，也就隨時都有對事對人的諸般意見。

康熙的好奇心與學習能力，特別展現在對待漢人文化傳統上。他屬於漢人認定的「蠻夷」，卻有本事可以充分掌握中國經史知識，必要時能與漢人大臣針對學問侃侃而談，甚至在論辯上折服這些讀書人。中國士人向來視自己為「道統」的代表，以此與代表「政統」的皇帝分庭抗禮，然而在康熙皇帝統治期間，這樣的態度受到很大的打擊。

滿清入關後對付中國文人，文字獄當然發揮了相當的箝制作用，但不應被忽略的，還有康熙皇帝不只認同文人傳統，甚至進而示範有能力參與、領導文人文化的作用。開「國史館」、輯印《全唐詩》、編《佩文韻府》是其中幾項具代表性、也很有震撼力的實際行動，皇帝都親身參與、關切。到他的孫子乾隆皇帝時，又有包納整理所有古籍的《四庫全書》大計畫，其雄心與規模超過了明成祖的《永樂大典》，是中國歷代漢人皇帝從來不曾嘗試推動過的知識與文化大工程。即使乾隆皇帝意中有檢查漢人書籍、禁毀「不當」內容的企圖，但以這種形式來進行，畢竟表現了對漢文人文化的高度重視，同時完成了驚人的整理工作。

現在臺北故宮博物院的藏品中，也可以看出乾隆對漢文化的喜愛與投注，他尤其熱中傳統書畫作品，在上面題字、蓋章以表現自己的品味，也發揮了向文人奪取文化「道統」權威的重要統治作用。康熙和乾隆明確地取得了身兼皇帝與文人領袖的雙重地位，雍正也有同樣的野心，親筆寫了《大義覺迷錄》與反對清朝的文人辯論，他要扮演思想領袖的角色，只是遠不及他父親和他兒子來得成功。

祖孫三代一百多年奠定了「偉業」基礎，解決了許多明朝遺留下來的嚴重問題。不過換另一個角度看，卻也有即使康、雍、乾三位大才皇帝都處理不了的結構困境，還有弔詭地因康、雍、乾三朝治理成功所帶來的新難題——前者最主要是財政，仍處於「數字上無法管理」的混亂情況；後者最主要是人口，在一百多年間爆炸式成長，將政治與社會組織都膨脹、撐張到難以為繼的邊緣。

而偏偏在政治、社會組織需要再大幅改造之際，西方帝國主義力量正排山倒海地衝向清朝。

02 「南明」行動，士人極端效忠的表現

康、雍、乾三朝創造「偉業」的背後，必須克服重重的困難。

第一重是朝代的統治正當性。明朝文人沒有宋朝文人那種「與皇帝共治天下」的自信，尤其在皇權制度性的壓制下更沒有那樣的機會。他們和皇帝間的關係轉而強調效忠，以效忠態度作為

「士節」的核心條目。

明朝滅亡過程中，出現「南明」的延續，是這種高度效忠的一種表現；另一種更鮮明的表現是清朝建立後，許多「明遺民」拒絕認同新政權，更不願和新政權合作。

「南明」因為牽涉到臺灣，在政治與教育領域得到特殊強調。然而「南明」一路退敗，並未對正在試圖建立新政權的滿洲人帶來多大的阻礙與威脅。再者，參與「南明」行動的人，其投身的主要堅持是一定要由姓朱的皇室成員當皇帝，至於這幾位「宗室之後」到底具備什麼能力、對百姓有什麼號召，都不在他們的考量中。誠實說，基於這樣的理由願意犧牲身家、犧牲生命與事業，是極端的效忠，也就是愚忠的表現。

「南明」勢力中維持最久、和我們關係最密切的，當然是鄭成功。然而歷史上的鄭成功與在臺灣的鄭氏政權，很難放入中國史的架構中說清楚。鄭成功的勢力來自他的父親鄭芝龍，而鄭芝龍的勢力不是在中國陸地上形成的，而是他參與、進而主導了十七世紀黃海到東海一帶海域的龐大海上傭兵船隊。那個時代，這塊海域極其熱鬧，有日本、朝鮮、琉球、呂宋各地的貿易與戰鬥船隻，還有遠道從葡萄牙、西班牙、荷蘭、英國等歐洲新興海權國家來的商業冒險家。

這塊多方互動衝撞的海域，不歸任何朝廷、政府管轄，卻又迫切需要有基本的秩序來維護大家的利益。於是從十六世紀的王直開始，擁有較大船隊、最強海上戰鬥力的「海盜」，就轉而扮演起平衡、仲裁的角色。他們的做法是，如果有人違反了默契規範，就率領船隊去幫助違反者的對手。有他們的增援，對手必然能打敗違反者，奪取違反者的財富或利益。如此一來恢復了海上秩序，二來他們也順理成章從對手那裡得到支付的酬勞，保持自身實力。

鄭芝龍承襲了這樣的功能，在多方角力中，他不屬於任何一方，卻又和每一方都保持良好關係，每一方都可能成為傭兵艦隊的雇主。鄭芝龍為了和明朝建立更密切的關係，加強海上影響力，將自己的兒子鄭成功（其母為來自日本平戶的女子）送到南京國子監去念書。不意鄭成功在那裡深深浸染了「士節」強調效忠的價值觀，到明朝滅亡，鄭成功轉而將父親所建立的船隊用在「反清復明」的追求上。

鄭成功有了和父親非常不同的選擇，先以廈門為基地，後來又趕走在臺灣的荷蘭人，將勢力重心轉移到臺灣。

「南明」活動主要出於對明朝、對朱姓皇帝的效忠，「南明」徹底瓦解後，士人的反對轉到了民族意識上。針對前面一項態度，滿清初立時刻意強調「明朝亡於流寇」，表示滿人和漢人一樣同情明朝滅亡，滿洲軍隊還協助明朝攻滅了流寇，漢人不應該因明朝覆亡而對滿清懷恨。事實上，明末曾掀起徹底破壞底層社會組織的流寇之亂，卻未演變成如同元末那樣的長期紛亂、地方勢力互相爭霸局面，正是因為滿清入關，以強大武力在短時間內重建了秩序。

只是「明朝不是亡於滿清」的論點，遇到了漢人對滿人的種族仇視立場就不會有作用了。清朝必須找到新的方式說服漢人，尤其是漢人中的文人，才能重整官僚體系進行統治。

03 清皇室的統治建構與憂患意識

要平定明末亂局沒那麼容易，平亂之後建構新的朝廷更不容易。以外族身分進入中國，不可能完全繼承明朝朝廷，也不可能照抄明朝政治體制；換另一個方向看，也不可能將自身原本的統治模式搬過來使用。

一百多年的「偉業」，首先進行了兵制上的大改革，以奠定治安基礎。滿人早年曾被明朝納入「衛所制」中，擔任「建州衛」的防禦任務，對明朝的兵制很熟悉，知道這種以「軍戶」為「衛所」根據，每一「軍戶」出一名男丁接受「衛所」動員的模式，早已鬆弛敗壞。最簡單的方式是徹底廢除「衛所制」，甚至徹底廢除人民提供兵役的所有責任。滿清入關後繼續維持部落習慣，滿人男性都編入「八旗」軍事組織中，「八旗」和「衛所」的絕然不同之處，在於「八旗」是滿人的特殊權利，具備高人一等的地位。

「八旗軍」是專業武裝部隊，成員身分高於平民，而且不必自己營生，由朝廷供應一切所需。這樣的常備軍制度，在清朝初期保證了中國境內沒有任何民間武裝勢力能夠匹敵「八旗軍」的戰鬥力。「八旗軍」所到披靡，很快就瓦解了漢人武裝反抗的意志。

再者，朝廷設定了滿、漢官雙軌管理。這和歷史上契丹人建立的「二元統治」不一樣，並非滿人管滿人、漢人管漢人，而是朝廷主要職位都有一個滿人、一個漢人，共同負責。如此表面上維持了主要的官僚結構，士人仍能循同樣的管道由科舉進入朝廷，步步陞官；但實質上，重要職務都多加了滿官壓在漢官之上，滿官和皇帝間的關係更密切，滿官的權力高於漢官。

這樣的安排保障了滿人的參政權與決策權，另外也解決了明朝政治風格帶來的問題。文人議而不決、彼此針鋒相對、互相牽制敵視……，政治上的無效率僅止於漢官之間，滿官不會參與這種糾結，皇帝和滿官所形成的核心小團體，可以無視於漢官紛爭而直接決策。

第三件是有懲於明朝皇帝不負責任的病態，滿清建立了對皇帝角色與職責的規範，並且配合皇子教育與選任太子制度，讓有準備、能承擔的人繼承皇位。內在有一份憂患意識精神，當皇帝的要以少數滿人身分統治多數漢人，如果不兢兢業業、稍有懈怠，王朝就可能會傾覆。滿清皇室沒有將留在中原視為理所當然，一方面鄭重保留滿洲作為退路，另一方面又念茲在茲地反覆思考能夠長久留在中原統治漢人的方式。

金庸小說《鹿鼎記》中有一段康熙皇帝到五臺山探視出家父親的描述，順治皇帝告訴兒子長治久安的祕訣——「永不加賦」。情節是小說家虛構的，但那份忠告的苦心用意，確實符合歷史上清皇室的統治意識。

04 康熙：以知識權威統領滿漢朝廷的皇帝

康熙朝發生最嚴重的危機是「三藩之亂」，被封在雲南的吳三桂聯合廣東尚之信、福建耿精忠的勢力公開反叛朝廷。「三藩」都是漢人，很容易激發民族矛盾，對滿人的少數統治當然形成了巨大威脅。

驚濤駭浪中平定了歷時八年的「三藩之亂」，朝廷上大臣當然競相對皇帝歌功頌德，但康熙皇帝沒有理所當然地接受這種儀式性的慶賀，而是嚴厲地提出檢討。他的回覆都記錄在《清聖祖文皇帝實錄》中，部分意思大致是：

「你們現在說我如此英明，是真話嗎？當時我決定要將吳三桂撤藩，有人勸誡不能這樣做，做了會引發反逆動亂，我沒有聽。後來狀況極糟、甚至看起來戰爭可能失敗時，又有人表示責任不在皇帝，皇帝不可能做錯決定。甚至有些人明明反對皇帝的決定，認為幾乎帶來災難性後果，幾乎毀掉了這個王朝，卻也沒有直言指出皇帝錯了。現在看到結果，你們來說我都是對的，好像我一開始就知道、就預見會得到成功似的，你們明知道不是這樣。我一點都不覺得自己英明、正確，你們也明明知道我沒那麼英明，那就不要做這種表面工夫了，所有你們建議的種種讚美封號我都不要，因為我並不配擁有這些封號。」

非常驚人、完全出乎朝臣意料的反應。皇帝如此嚴厲檢討自己，同時也間接指出只重視表面讓朝臣沒有對皇帝說實話，也給了朝臣很大的壓力。

這是康熙最特殊、也最難能可貴的統治方式——藉由對自己嚴厲，迫使舉朝其他人都不得、不敢鬆懈。他接受漢人大儒教授，在「經筵」中曾表示：「課程都是老師在講，難道老師不用測驗一下學生學了多少、學得好不好？」這等於是學生自動提議應該要考試，而他也知道，當皇帝的老師怎麼敢出皇帝答不出來的考題，所以就用自己考自己的方式，老師講完了，就換學生將剛剛聽課所得講給老師聽。這個學生天資聰穎，他講出了學習領會，逼著老師不敢摸魚偷懶，必須更認真教，而且教更多內容。

康熙管理朝廷極為嚴厲，但是建立在先對自己嚴厲這個前提下的做法，在對待漢官方面特別有效果。漢官原本難免帶有文化優越感，覺得即便貴為皇帝，在知識上必定是不如自己深浸文人傳統得到的涵養。但康熙充分顯現了，他能夠學會滿洲貴族所知道、所能做的，他也能學會漢人大臣具備的文化內涵。他既是滿官的皇帝，也是漢官的皇帝，以知識權威統領滿漢並列的朝廷。

從康熙到乾隆，他們對漢文化的態度不只是懷柔拉攏文人，更追求震懾文人，展現出他們對淵遠流長的漢文化，有比漢人更深的尊重與關懷，同時卻又沒有放棄自己的滿洲本位、滿洲傳統。你們有的我掌握了，但我還擁有其他你們沒有的。

05 內外衝擊，英國不惜武力也要維繫鴉片貿易？

「八旗」保證了滿人軍事上的優勢，強力壓制漢人意志，同時也完全去除了一般漢人農民的兵役義務，然後又有「永不加賦」政策訂為祖宗家法，總的效應是使得這段時間的中國農村經濟得以穩定成長。人民生活壓力減輕，新大陸來的新品種農作物，又提高了土地單位面積能提供的平均熱量，於是人口快速增加。朝廷依循傳統的儒家價值觀，視「富庶」為施政的最高成就，人民吃得飽還能有餘是「富」，家中多生育子孫是「庶」，「富」了就要追求「庶」是天經地義，從政策到社會習俗都鼓勵人口增加。

清朝建立的前一百多年，滿洲政權確實創造了偉業與盛世。但盛世的表徵也就是王朝在乾隆之後走向衰頹的理由，人口增加到一定程度，連承平狀態、新制度、新作物等帶來的總紅利效應都不夠用了，經濟與社會結構必定承受不住純數量的壓力，開始出現種種裂縫。

從嘉慶朝開始，清代歷史離開了盛世，進入很不一樣的階段。先後出現白蓮教、捻匪、太平天國，朝廷疲於應付，而且動亂範圍與程度一次比一次嚴重。這些動亂大致與西方帝國主義發動武力侵犯中國的行動同時發生，要如何理解其間關係，就成為重要的歷史課題。

基本上，民族史學的態度是將白蓮教和捻亂視為傳統的內部不安，藉宗教提供了較廣泛的組織連結，所以釀成了大範圍的禍害。這樣的禍害在性質與程度上，都和英國人發動的鴉片戰爭及其後接踵而來的不平等條約壓迫大不相同。至於太平天國之亂，則有一部分是西方強權思想干擾的結果，洪秀全的「拜天地教」受基督教影響形成，他的許多非傳統、乃至反傳統想法與做法，也明顯受到外來文化的刺激、感染。

重點放在帝國主義對中國的強大負面衝擊，是這段時期重大歷史事件的發動機，也是創造中國悲劇的主導力量。而帝國主義的邪惡，明白顯現在他們為了追求利益，訴諸於銷售鴉片毒品給中國人民的事實上，當中國為了人民健康採取禁菸正當措施時，利慾薰心的英國人竟然發動軍隊，強迫中國社會繼續接受鴉片毒害！

十九世紀時，以英國為首的帝國主義勢力，確實在全球各地幹了許多難以辯護的壞事，不過這樣的民族史學敘述在解釋上忽略了兩項重點。第一是清朝政府面對變局如此拙於反應，遇到外來軍事行動時又如此不堪一擊，西方帝國主義能於短時間內不費太多資源，就從中國獲取了持續多年的好處，需要我們探問、回答：是哪些內部因素使得清廷如此脆弱，在外部衝擊到來時，顯然已經腐蝕了中國政治與社會？

第二則是：在這過程中英方的動機與考量，為何如此看重鴉片貿易，竟然立即進行軍事動員來對付清廷？

後面這個問題有來自世界史變化的答案：廣大海上貿易體系形成，貨物交易範圍大幅擴張，中國的茶葉、瓷器、絲綢等物品以空前的數量銷往西方，使得歐洲陷入愈來愈嚴重的貿易逆差中。茶葉、瓷器、絲綢運送到歐洲，相反方向則是白銀不斷流入中國。新大陸發現的銀礦讓歐洲有本錢購買更多的舶來奢侈品，刺激、撐張了中國貨品在歐洲的市場。但需求增加到一定程度，白銀供應趕不上了，歐洲開始陷入通用貨幣短缺的困境。英國是十九世紀歐洲、乃至全球的金融中心，對這樣的變局與危機感受最為敏銳。

新大陸的銀礦再怎麼豐富，也有開採枯竭的時候，更何況開採愈久，礦脈離地表愈遠，開採的成本愈高，礦坑崩塌的風險也愈高。英國人必須想出方法將白銀轉回歐洲，通貨不足的問題已經足以使得工業生產與消費緊縮。

這種情勢下，鴉片提供了讓英國在對華貿易上能夠緩和入超的希望。英國擁有適合種植罌粟的殖民地印度，擁有已經在印度洋到東海、黃海建立起的商船運輸網絡，還有當時由清廷特許的廣州據點，在各項條件配合下，賣鴉片進中國的生意順利開展，而且迅速成長。

鴉片的背後是白銀，白銀的背後是英國、乃至歐洲新興資本命脈，當清廷片面禁絕鴉片買賣並公開銷毀鴉片，難怪英國要訴諸最強硬的手段表達反對。

06 白蓮教之亂，嘉慶朝無法妥善處理的變局

民族史學對清代後期歷史的敘述重點，放在邪惡的帝國主義上。補充這個論點，還有另外一種從「物必自腐而後蟲生」角度所看到的現象。

這個角度主要的論題是：清朝自身發生的問題，如何阻止了當外來勢力壓境時無法有效因應，甚至明顯惡化了外來勢力造成的負面傷害。關於這個論題，需要比較仔細看待的是從「十全老人」乾隆皇帝退位，到發生鴉片戰爭的道光二十年，這段時期的清朝發生了什麼事？也就牽涉到經常在歷史敘事中被忽略的嘉慶皇帝。

嘉慶這一朝發生了幾件皇帝與朝廷無法妥善處理的變局，造成了從盛世衰落下來的大轉折。一項是人口爆炸性增加所引發的土地問題。「白蓮教之亂」從名稱上看，是民間宗教失控作亂，然而構成動亂的主要因素是流民，是土地分配無法滿足農業系統中不斷增加的人口。人口對土地產生的壓力有一定的模式：最理想的情況是擁有自己耕種的土地，收成自己農業勞動的成果；當人口增加到一定程度，或是土地兼併嚴重到一定程度，部分的自耕農下降成為佃農；人口壓力再變大，部分佃農又下降為沒有固定土地可耕種、沒有保障的臨時工；如果土地和人口的比例繼續惡化，再下降的就變成流動求食卻不一定求得到的流民。

在這過程中如果遇到荒歉或水旱之災，會讓情況更惡化，生計下降更快、流民人數更多。這些流民很自然的傾向，一是在生存危機中信仰宗教以謀求安全感，二是訴諸於武裝手段，搶奪所需的資源讓自己能活下去。如果這兩種傾向結合在一起，就會釀成動盪危機。

滿清朝廷以「八旗」嚴格壟斷、控制武力優勢，有效阻止了單純的武裝劫掠集團形成。然而到嘉慶年間，白蓮教以轉世彌勒佛為號召，聚集了大批流民，超越了地域限制，便無法只靠武力威嚇、鎮壓來解決。

這意謂著出現了和朝廷對抗的民間組織，暴露了清廷作為外來政權，對底層人民生活難以滲透管理的弱點。宗教信仰加上帶有神通性質的集體儀式，提供了新的組織動力，流民加入後又提高了機動力，白蓮教眾在各地同時流竄，考驗著「八旗」相應的平亂戰鬥能力。

07 偉業動搖：八旗武備墮落，王朝財用不足

「養兵千日，用在一時」，八旗軍平常是以特權地位養著的。無論是「滿洲八旗」或「漢軍八旗」，基本上都逆反了宋代以降歧視武人的風習，顯示為受到朝廷優遇，得以享有比一般人更

好生活的特權身分。

這種特權有極高的社會能見度。讀過《紅樓夢》的人一定對賈府留下深刻印象，而能從記憶經驗寫出這樣豪奢享受的曹雪芹，他們家是清朝的「包衣」，即伺候滿洲貴族的漢人。本來是傭人，伺候得好，得到了信任、賞賜，到後來被視同為滿洲特權圈內的一份子，所以累積了如此的地位與財富。

曹家服務的對象是皇室，後來甚至取得和皇帝通婚的資格，是等級與成就最高的「包衣」。《紅樓夢》小說中的大事件是「抄家」，現實中曹家的大災難發生在曹雪芹十三歲時，帶來他人生戲劇性的大變化。相較於後來的沒落窮困，十三歲前的生活如同幻夢，以至於漫長的年歲中，他不斷重回那塊夢土，以文學之筆進行既真切又迷魅的記錄，創造出無可超越的傑作。

從曹家的繁華可以推知滿洲貴冑的特權，進而可以理解享受特權的「八旗」和平日久之後，必然失去武勇精神，更難維持有效的軍事訓練。從入關的第一代傳承到第二代、第三代，「八旗制」表面仍在，但骨子裡、心態上已經失去作戰常備軍的準備了。

從原本都是滿洲人的「八旗」擴張出「漢軍八旗」，那是政權發展過程中拉攏漢人的一種手段，開放部分漢人得以加入原本純粹只有滿人的組織中，讓他們分享特殊團體的地位與權利。但有了「漢軍八旗」，實質上提高了「滿洲八旗」的身分，使得他們更沒有動機要維持武備，如果有事，前面還有「漢軍八旗」先去頂著，動用不到「滿洲八旗」。

擴充出「漢軍八旗」，「滿洲八旗」身分墊高一層，武備程度隨而墮落一層；再擴充出「綠營」，「滿洲八旗」身分再墊高一層，武備程度又隨之再墮落一層。白蓮教之亂為什麼難以平定？因為到嘉慶朝，能動用打仗的是「綠營」兵，但「綠營」和「八旗」在性質上完全不同，絕非特權菁英，他們得到的待遇別說比不上「八旗」，甚至比不上一般正常耕種、有正常土地收穫的農民。也就是在社會地位上，「綠營」走回了傳統「好男不當兵」的情況，去當兵的在社會上被輕視，也不會有自尊心與戰鬥意志，甚至連戰鬥技能都很難維護，對上底層民間武裝組織並沒有優勢。

原本清朝「偉業」賴以建立的一大支柱——「八旗制」，百餘年後已然動搖，而「偉業」盛世帶來的人口增長還在繼續，給嘉慶朝的地方行政體系愈來愈難解決的壓力，也使得中央朝廷在財政上左支右絀。

嘉慶皇帝所繼承的政權，三代之前有康熙定下了「永不加賦」的財政緊箍咒，上一代還有最為雄才大略也最為揮霍的乾隆，對外開疆拓土，對內收各地寶藏、建龐大圖書館，將王朝積蓄幾乎都花光了。嘉慶朝的為難最清楚顯現在選擇繼位者時，皇帝的首要考量是找出最節儉、最不浪費的兒子。道光皇帝確實因為這項人格與行事特質而被選中。

嘉慶皇帝苦於國家財用不足，必須保證繼位者和自己的父親相反。乾隆運氣好，大手大腳花光了國家積蓄，退位當太上皇，將拮据困難的後果留給兒子。嚴重的財務問題，是清朝「物必自腐而後蟲生」的一項「自腐」現象。

第五部

近現代時期

第一章

鴉片戰爭的長遠背景

01 士、商合一，城市娛樂消費市場興起

「自腐」後「蟲生」的明白跡象，是發生在廣州的鴉片問題。

廣州在清朝是一個奇特的「化外」之地。從十五世紀開始，廣州就取得了東亞貿易圈中極為重要的中心地位，而英國成立「東印度公司」後，南亞與東亞的貿易更形活絡，廣州又在這個領域扮演樞紐角色。只是這些已在海上發生幾個世紀的事情，對清廷來說始終非常遙遠、非常陌生，無從意識到這裡熱鬧進行的活動，也就無從全面理解，遑論有所規畫、管理了。

首先，鴉片是南亞、東亞貿易中的重要商品；其次，鴉片的消費急遽增長，牽涉到中國近世史上城市的變化、發展。

前面提過，明朝嚴格控制土地所有權，有效避免因土地兼併出現大地主，從土地上得來的財富不能再用來買更多土地，於是很大一部分流入了城市，創造出城市的長期榮景，這是第一項背景。

再者，大家可以參考余英時的史著《中國近世宗教倫理與商人精神》，書中清晰梳理了宋代以降中國社會結構上的根本變動。以前的社會階層劃分，是高下井然的「士農工商」，但在近世史中，尤其是明朝，商人的地位不斷上升，還出現了階層混同的新狀況。

這裡產生關鍵作用的因素是科舉考試。宋代以降，科舉是中國社會流動最主要的管道，任何階層的人都可以、也就都會想要藉由科舉來向上流動，改善自身的地位與待遇。甚至已經取得「士」最高社會階層的人家，仍然必須透過參與科舉，來維繫家族身分不墜。

然而科舉本質上是為朝廷舉才，選拔進入文官體系的人。文官體系有一定的員額，於是考試的競爭性不斷升高，愈來愈難考取。長期下來，從經驗累積得出了一種最佳策略——在家族中，「士」、「商」混和分工。單純的士人家庭，一心一意培養子弟讀書考試，三代都不見得能考取一個，三代間不只是家族地位將大幅下降，而且也都讀書讀窮了，在物質條件困窘下，更難讓子弟出頭。最好是家中有穩定收入，有人去做生意，有人讀書考試，如此雙管齊下，以增加家族成員中第的機會。家裡有人從商，要考試的人不但有好環境長期準備，萬一一直沒有出像樣的子弟可以在考場獲勝，至少還能維持一定的財富，等待未來有適當的人才。士商合一的情況在明、清愈來愈常見。

英國東印度公司把在印度提煉的鴉片送入以廣州為中心的貿易圈，而中國已經形成商人階層為主的城市娛樂消費市場，鴉片才能夠快速進入中國人的生活，先在城市裡流行，甚至蔓延到鄉間去。

02 弛禁與嚴禁，道光朝對鴉片的抵制

一九九九年，面臨即將到來的新舊千禧年替換，《紐約時報雜誌》做了一個專題，請知名歷史學家回答這個問題：「如果可以選擇，在過去一千年的歷史中，你想選擇活在哪個時代、哪個地方？」其中問到了史景遷，他的答案是「十六世紀的中國」。那個時候的明朝城市，有著極為爛熟、從感官到思想種種層次的迷人享受。

另一位史家卜正民（Timothy Brook）寫過《縱樂的困惑：明代的商業與文化》（*The Confusions of Pleasure: Commerce and Culture in Ming China*）一書，處理的也是明朝城市中娛樂業興起的現象，連原本文人文化的內容在城市中都沾染了商業氣息，提供高級娛樂。明朝城市最醒目的特色在於提供了多元、多樣「縱樂」活動，挑戰著傳統價值觀，在社會意識中激發出種種爭議。

源自土地與農業的利益注入城市，助長繁盛的娛樂風氣。而鴉片就在這樣的複雜結構中找到切入點，融入城市既有的消費刺激形式，滲透甚快又甚深，加上其具備讓人上癮的成分作用，導致中國對鴉片的進口需求呈現巨幅成長。

要有錢有閒才能吸鴉片菸。鴉片其實最早在有城市背景的士人間流傳，然後沿著「士商合

一」結構擴及商人階層，再感染其他階層、其他行業的人。在清廷官方注意到之前，已經遍及各地各階層，更重要的，已經在交易過程中讓白銀從中國源源流向英國。

節儉的道光皇帝當然會關切白銀流出的問題。但到這時候，因為不少官員有吸鴉片的習慣，要以朝廷力量介入禁鴉片，這在官僚體系中受到不小的抗阻。到了突破抗阻要處理時，狀況已經嚴重到幾乎無法處理了。

當時有相持的兩個立場。一是「弛禁論」，先阻止更多人開始吸鴉片，同時慢慢讓已經吸鴉片的人戒除。這個做法的問題在於，鴉片進口不會在短時間內減少，白銀外流無法馬上攔阻。關注國家財富的道光皇帝無法接受這樣的做法，於是拉高道德論調，嚴厲譴責吸鴉片行為，並讓主張動用激烈手段的「嚴禁論」獲得採納。因為所用的手段讓英國立即受到重大損失，英國先是強烈抗議，繼而訴諸武力向清朝討公道。

「鴉片戰爭」的重大意義，顯現了中、英之間軍事力量無法衡量的天差地別。英國軍艦輕而易舉便封鎖了廣州港，接著調派部分軍艦北上，一路在中國沿岸如入無人之境，到大沽口都沒遭遇任何可觀的抵抗。

清朝除了談和，別無選擇，於是在南京簽訂了既賠款又喪失許多利權的條約，開啟了中國受外來勢力壓迫節節敗退的近代史階段。

03 當東方的天朝心態遇上西方的列國外交

在處理對外關係上，清朝採取的是極度自我中心的「天朝」態度。一六四四年入關建政之初，清廷強調明朝是亡於流寇，自己則是攻滅流寇後繼承明朝，也繼承了明朝的朝貢制度。甚至正因為由邊境入主中原，清人一步不讓地強調所取得的中心地位。清初領土大幅擴張，更增添了對於自身宗主地位的信心與堅持。

從世界史的角度看，與明朝滅亡幾乎同時，一六四八年歐洲各國簽訂了劃時代的「西發里亞條約」（Treaty of Westphalia），建構起全新的列國制度。歐洲經歷了耗時、慘烈的諸國對戰，像是英法百年戰爭、薔薇戰爭、荷蘭獨立戰爭、三十年戰爭等，終於找到一種方式，藉由西發里亞條約承認各國平等的主權地位，互不干預內政，以外交手段而非軍事衝突來解決彼此紛爭。

尊重內政是外交能夠運作的前提，荷蘭與西班牙的戰爭主要源自基督新教與天主教的信仰分歧，現在大家都同意，宗教是國家內政的一部分，應該尊重由各國自主處理，其他國家不能干預。過去幾百年來激發多少戰爭衝突的一項亂源，才受到了控制。

基督教的普世性質，加上中世紀教會的廣泛權威，使得宗教長期以來在歐洲具備跨越國界的動能。十七世紀中葉的發展，等於樹立國家主權高於宗教的新典範，將國家的屬性弄得更明確強烈，由此展開了關於國家政治的種種理論，包括後來十九世紀主導世界歷史的民族國家思想。

當列國制度在西方逐漸成為共同規範時，中國在清朝統治下，非但沒有接觸、參與這套國際秩序，還走了相反方向，更加強化「天朝」的中心態度。

在這樣的局面下，當英、法等國接觸了清朝朝廷，便產生可悲的後果。這些國家帶著累積已久的列國外交運作經驗與假設立場來到中國，清朝這邊卻沒有任何列國概念，認定自己是天下的中心，在自己之外的是被中心吸引、向中心朝貢的邊緣蠻夷。天下的結構很簡單，中國在中央，外圍都是屬國，中央與外圍是依照朝貢體系來安排、決定其關係的。

外圍對中央形式上表現臣服，中央相應提供外圍實質的好處。在「四方來朝」的儀式中，對於遠方來的進貢禮物，中央朝廷不只必然回贈價值更高的禮物，還讓使節團可以在中國進行各方交易。不只如此，如果外圍屬國有無法解決的紛爭，不管是內部王位繼承、屬民叛變，或外部他國入侵，都可以訴請中國協助平亂。

從「南京條約」開始，清朝和嫻熟列國外交與條約系統的國家簽訂了許多條約，悲哀的是，從皇帝到負責談判的大臣，都還是用「天朝」那一套觀念來看待這些事務，根本沒弄懂對方通過條約究竟真正要什麼、真正得到了什麼。

歷史上總稱這些條約是「不平等條約」，從清末到民國，「廢除不平等條約」成了重要的政治與外交訴求。然而回到剛簽條約時，在天朝心態中，根本沒有「平等條約」這回事，中央與周圍、中國與屬國本來就是不平等的，彼此之間如何有平等規範？

04 對治外法權、最惠國待遇傷害的無知

後來被視為「不平等」鮮明表徵的，是各通商城市的租界，尤其是上海有英租界、法租界、公共租界等蔚為奇觀，還成為革命活動的溫床。租界的背後牽涉到「治外法權」，簡單說就是中國的法律不及於租界內，在中國領土內有一塊塊中國政府、中國法律管不到的「國中之國」，對主權的傷害莫此為甚！

西方帝國主義者挾著在中國奪取利權的經驗去到日本，也與主政的德川幕府簽下類似的不平等條約，然而隨後展開的「倒幕」運動中，很快地就認定這些條約的不平等性質，並且在明治維新中，明確樹立了要盡快「廢除不平等條約」的國家目標，為此而推動了包括立憲在內的種種改革。

和在甲午戰爭中打敗清朝差不多同時間，明治維新取得的另一項重要成就，就是日本終於得以說服英國取消原本條約中規定的「治外法權」，英國人同意在日本的行為須遵守日本法律。事實上，正是著眼於收回「治外法權」，和西方列強改簽平等條約，才促使日本積極立憲。西方列強向來的理由是：日本缺乏現代法律，他們無法接受讓自己的國民被「野蠻」、不合理管制，必須堅持「治外法權」保護國民。

將自身政體徹底改造為立憲制，新完成的憲法通過了最挑剔的英國人考驗，日本因此取得了相對平等的國際地位。這一連串激烈的改革行動，必須有日本人對歐洲列國體系的認識，才能了解這體系中平等與不平等的基本法則。相對地，清廷卻遲遲沒有脫離「天朝」觀念框架，得到這樣的認識。

「南京條約」在道光年間簽訂，皇帝有極強烈、極固執對外人的厭惡與恐懼，他不願接觸「蠻夷」，甚至不願讓「蠻夷」靠近他所在的北京。「蠻夷」要在畫出來的特定區域內自我管理，不勞煩天朝的官員，正符合皇帝心意。事實上，在此之前長期以來，中國本來就將外人範限在廣州一塊小小的地方，和天朝子民隔絕開來生活，「租界」、「治外法權」看起來是同樣的安排方式，不會讓清廷有「不平等」的感受。

又例如後來影響深遠的「最惠國待遇」。這個條款規定清廷和任何國家簽訂任何條約、給予任何優待，取得「最惠國待遇」的國家都能一體適用得到同樣的優待。這簡直像是網路購物平臺的「最低價保證」，如果發現有別的平臺賣得更便宜，保證你只需支付那個平臺的最低價。

最早清廷也沒有察覺這是嚴重的不平等條約，因為這項條約符合原有的「朝貢」體系精神。中央天朝對外圍朝貢國是施惠者，要來朝貢就是來求利益，和上天雨露均霑一樣，天朝施惠也對所有進貢者一體適用。在這種心態中，無從體會放在不同的列國體系裡，給人家「最惠國待遇」對自身利益與地位是多大的損傷。

之後，西方帝國主義者甚至不需要一一以武力威脅、壓迫清朝，只要取得「最惠國待遇」，便坐等其他國家和清朝產生衝突。清朝對任何一國讓步，其他最惠國通通受益，在這種情況下，利權失守急速土崩瓦解。

十九世紀的西方帝國主義確實窮凶惡極，確實巧取豪奪，然而不能不看到的是，他們的種種壓迫手段在中國特別有效，吸引了幾乎每個帝國主義國家都到中國來分一杯羹。到後來他們甚至有了共識，應該維護清朝政權不要讓它消失，因為透過清朝取得利權，比自己經營、統治殖民地方便多了！中國是這樣落入孫中山描述的「次殖民地」，一個比殖民地還不如的地位，源自中國自身重重的問題、病徵，而造成「蟲生」的根本「自腐」因素，最嚴重的就是封閉與無知。

05 太平天國的騷動，慈禧的皇權掌控

清朝自嘉慶朝開始走下坡，到同治朝往下滑落的趨勢更加明顯。從同治到光緒兩朝，前後四十多年，中國歷史的中心人物是慈禧太后，她才是真正掌握皇權、行使皇權的人。

這真是歷史的偶然，從清朝祖宗家法傳統上看，更是始料未及、難以想像的變化。清朝如此看重皇帝人選與預備教育，卻在這四十幾年的關鍵時刻中，皇權控制在一個並未經過選擇制度、

更無從接受任何皇帝教育訓練的人手中。這段時間最重要的現象是皇權與皇帝分離，兩位皇帝無足輕重，因為大部分時間皇權並不是由他們所掌控的。

慈禧太后得到權力，源自英法聯軍威脅中，咸豐皇帝避居熱河，竟然來不及回到北京就去世了，只留下一個有資格繼承大統的兒子，也就是慈禧所生的同治皇帝。不過若是從行使皇權的角度看，最重要的事件是「太平天國之亂」。

在清朝地方基礎和軍事力量進一步衰敗的情況下，洪秀全建立的太平天國捲起旋風式的綿延破壞。起自廣西，動亂迅速往東往北擴展至廣東、湖南、江西、江蘇，甚至以武力打下了南京城。這和白蓮教、捻亂不是同等級的帝國大騷動，也見證帝國維治地方秩序的能力更大為下降。

不過太平天國的崛起與蔓延，仍然依循著白蓮教、捻亂的基本模式。底層是人口與土地關係失衡後製造的流民，上層以神道設教進行組織，讓各地不同動機的群眾得以統一行動。不同之處在於，太平天國神道設教部分用的是輾轉從西方傳教士得來的想法，配合洪秀全自己的高度想像力，增添而成為「拜上帝教」。洪秀全將耶穌稱為「天兄」，自己是「天父」派到世間的另一位先知，形成了拼裝、扭曲的宗教信仰。不過重點不在信仰的形式，而在洪秀全啟動、提供了當時社會在巨大壓力下所需的一個出口。

還有，洪秀全將宗教儀式和集體生活結合起來，再將集體生活和軍事訓練、活動結合起來，打造了堅實的部隊。當然，太平天國部隊的堅實，是對應「八旗」與「綠營」在軍事上的徹底失能。對陣的局面完全逆反了，叛亂的太平天國部隊較為齊整，反而是清軍行動毫無紀律，像是一群烏合之眾。

其實從政治與軍事結構上看，在太平天國的嚴重挑戰下，原本的清朝已經不存在了。不只是皇權不在皇帝手裡，接下來八旗、綠營徹底瓦解，取而代之的是地方的「團練」，那是由地方漢官訓練起來的，於是政治大權又從中央滿官手中迅速轉到漢官「方面大員」、「封疆大吏」身上。

總的效果，是滿人勢力大幅消退，慈禧太后實質是靠著重用漢人，與核心幾位漢官緊密結盟，才能保有、行使皇權，並維持帝國的表面存續。

第二章

帝國體制的黃昏

01 掌握湘軍、淮軍，封疆大吏的權力躍升

洪秀全模仿基督教建立「拜上帝教」，又建立了奇觀式的教派儀式與集體行動，意外地解救了清朝。洪秀全的做法不只是模糊了滿漢界線，更嚴重冒犯了中國士人。在這些漢人士大夫眼中，太平天國破壞傳統，奇裝異服、奇言異行，是社會倫常的大敵，絕對不可能因為他們都是漢人而支持他們。更進一步，漢人士大夫為了保護倫常秩序，直接訴諸建立地方自主防衛力量的方式，那就是「團練」的來源。

「團練」原本是高度地方性的防衛武裝，由曾國藩在湖南率先擴大編練，有效逼迫太平天國繞過湖南再往東移動。曾國藩是清朝命官，不過他打造出「湘軍」的動機，與其說是為了效忠清朝，毋寧更出於對太平天國破壞倫常秩序的厭惡與恐懼。「團練」、「湘軍」的成功，進而讓清廷別無選擇，只能依循這個地方自建武力、將軍事與財政權力大幅下放給地方官員的途徑，來防堵太平天國，挽救大清帝國。

平定太平天國靠的絕對不是「八旗」、「綠營」，而是「湘軍」、「淮軍」，加上一點由外國人領導的「常勝軍」的功勞。太平天國於同治三年被消滅時，握有「湘軍」、「淮軍」的地方漢官，也都成為了「方面大員」、「封疆大吏」。

曾國藩堅持儒家倫常信條，引領這些漢官和慈禧太后結盟，而不是推翻清朝。左宗棠、劉銘傳、李鴻章到張之洞等人，循這個管道陸續成為左右朝政的重要人物。然而在收拾內部亂局的同時，他們還要面對外來帝國主義侵略愈來愈嚴峻的挑戰，這部分顯然他們並不比滿官更有準備、更能應對。

清廷的改革趕不上帝國主義壓力升高的速度，到一九〇〇年（光緒二十六年）發生了「八國聯軍」事件，其中一項極為醒目的發展，就是張之洞等東南各省巡撫發起了「東南自保運動」，在英國的支持下，宣告長江沿岸區域與北京朝廷劃清界線。這一來是封疆大吏權力升高的最新階段，二來也顯示了清廷對這些封疆大吏的高度依賴。以任何標準衡量，張之洞等人的行為已經構成了戰時叛國，但八國聯軍退兵之後，清廷竟對此事完全不處理、不追究。

「東南自保」的區域既是最富庶之地，也是英國勢力範圍，加上封疆大吏掌握的強大權力，滿洲人的清朝至此只是苟延殘喘而已。

02 甲午戰爭：中、日的觀念衝撞和革新比拚

一般歷史敘述上提到「晚清」有兩種指涉意義。一種是像歷史學家唐德剛寫《晚清七十年》從鴉片戰爭算起，不過更普遍的另一種說法，指的是從一八九四到一九一二這十幾年的時間。一八九四年發生了中日「甲午戰爭」，之後在第二年簽訂「馬關條約」，要賠償二萬萬兩軍費給日本，還割讓了臺灣和遼東半島。後來是德、法、俄介入施壓「三國還遼」，清朝才勉強保住了遼東。

到了一九一二年，則是一月一日「中華民國」正式成立，二月清宣統皇帝宣布遜位，不只是清朝結束，兩千年的帝制也結束了，發生了比改朝換代還要劇烈的改變，變成共和政體。

甲午戰爭的起源，回頭必須推到西方列國制度進入東亞。以英國為首，先利用天朝中國的封閉、無知，大舉藉由不平等條約獲得各種利益。西方列強累積了經驗，又將這套條約壓迫形式，從一八五三年美國率艦叩關的「黑船事件」後推行到日本去。德川幕府無能因應激烈衝擊，在日本社會爆發了強烈不滿，釀成「倒幕運動」。一八六七年，幕府被徹底推翻，隨後展開「明治維新」。

日本迅速學得教訓，進而套用西方帝國主義的模式，運用在對朝鮮的關係上，以武力與條約相互為用，獲取利權。無法抵擋日本進逼的朝鮮，依循舊式天朝架構，向宗主國中國尋求協助。中國視朝鮮與日本間為屬國紛爭，譴責日本行為；日本卻將與朝鮮之間視為正當的列國條約關係，不接受中國介入，緊張局勢無法解決，終至爆發戰爭。

這場戰爭背後有一新一舊兩種國際觀的對撞，另外還有日本「明治維新」與清朝「自強運動」效果的正面比拚。清朝經歷了鴉片戰爭與兩次英法聯軍攻擊，連首都北京都幾乎不保。新皇帝同治即位後，在恭親王奕訢主導下，展開一連串追求西方式「船堅炮利」的措施，花下相當多經費開造船廠、買各式槍炮戰艦、建立新式陸軍和海軍等，總稱「自強運動」。

經過三十年，自強運動表面看來頗有成就，以當時清廷的自我評估，就算尚未趕上西方列強的軍威軍力，至少絕對不會輸給「蕞爾小國」日本。

中、日開戰後，海軍在黃海對決，當時北洋水師的船艦數量、噸位數、火炮數量，都優於日本海軍，然而結果卻是慘敗收場。之後從旅順一帶展開的陸戰，清朝軍隊也討不到便宜，沒多久就被迫投降談和。

李鴻章作為全權代表，屈辱地去到日本下關（馬關）春帆樓，與日本首相伊藤博文談判。清朝自強運動的結果被看破手腳，只能和不能戰，實在沒有什麼談判籌碼。諷刺的是，後來提供李鴻章一點籌碼的，竟然是日本浪人對他暗殺未遂。由於在自身領土上無能保護對方的全權代表，好面子的日本人憂心會成為國際笑柄，只好稍做退讓，盡快結束談判，完成條約內容。

03 戊戌年的百日改革，「變法」成「政變」

因為浪人的莽撞行為，以致沒有得到原本預期的條約收穫，日本方面其實是扼腕的，然而巨額賠款加上割讓國土的結果傳回中國，已足以引發舉國震撼。輸日本屈膝求和是大震撼，關鍵的黃海海戰決定敗局是另一項大震撼。因為「自強運動」的重點是海軍，被認為最有成就的也是海軍。甲午戰爭前十年（一八八四年），馬尾造船廠曾毀於中法之戰，福建水師也損傷慘重，但那是敗給西方數一數二的強權，沒想到再勵精圖治十年後，竟然敗給日本。

簽訂「馬關條約」的消息傳來，便有激憤的聲音要求殺李鴻章，但其實許多人都明白，真正的責任不在李鴻章身上，而是具體擁有皇權的那人應該擔負。尤其是慈禧太后挪用了北洋海軍的經費去重建頤和園，此時更成了眾矢之的，連帶地剛取得親政權力的光緒皇帝則被寄予改革救國的厚望。

北京大騷動中推波了「公車上書」。「公車」指的是上京來參加最高一層考試的舉人們，公家提供他們交通工具來京，是他們獨有的優待，所以「公車」就成了他們的代稱。這群人等於是未來朝廷的新生力軍，已經具有一定的榮崇地位，而他們又因為還沒正式考取進入官僚體系，不必遵守既有的規範約束，所以能言又敢言。

代表撰寫這份「公車上書」給皇帝的，是以其宣揚的特殊學說和主張而小有名氣的康有為。他洋洋灑灑地對皇上指陳世界局勢，以及中國在國際間的絕對弱勢，已經到了迫在眉睫的亡國警訊。

康有為沒出國過，但他去過上海，看到成為通商港口後改變、繁榮的城市模樣，還去了香港，驚訝地親歷了由英國統治的這塊地區。他更是積極透過各種管道吸收、理解西洋情事，將這些認知以極具感染力、煽動性的文字，寫入洋洋灑灑的萬言書裡。

一次上書並未得到朝廷或皇帝的回應，又有了第二次、第三次……上書。到了一八九八年，光緒皇帝破格將已考上進士、任工部主事的康有為召入宮中，談了兩個多小時，從此揭開了「戊戌變法」（又稱「百日維新」）大事件的序幕。

「百日維新」非常明確地指出了這一連串改革與日本間的關係。來自敗給日本的慘痛教訓，決心放下天朝身段，以日本的「明治維新」為師。也就是真切體認到光是追求船堅炮利無法讓國家變強，必須大刀闊斧地推動方方面面的制度改革，現代的制度才能打造可以在現代國際環境中生存的中國。

不過，「百日維新」這名稱也清楚指出了改革之艱難。清朝並未出現「光緒維新」，風風火火推進的制度改造只維持了一百天左右，然後保守勢力大反撲，「維新」做法戛然而止。

「戊戌變法」這個名稱則指向中國歷史上有名的「變法」先例，尤其是王安石變法。康有為主導的改革措施，在激烈程度、在皇帝下詔速度與頻率上，比宋神宗時的王安石變法有過之而無不及。兩者共同之處在於外患帶來的強烈危機感，如果不改革、不大幅改、不快改，宋朝要亡於西夏、契丹的侵略，清朝則會被西方列強聯合消滅。

但「戊戌變法」很快地轉變成「戊戌政變」。兩個名詞聽起來如此相似，其意義卻極端逆反。「變法」、「維新」以目不暇接的速度開展，刺激、打擊了眾多的朝中高官。他們的地位受到威脅，他們平素習慣的行事與生活被打斷了，他們的政治信念受到挑戰甚至輕視，當然讓他們極度不滿。而當時的朝廷結構又給了他們方便發洩不滿的管道。

雖然光緒皇帝親政，但多年掌握皇權的慈禧太后還在，而且沒那麼容易放下她的權力欲望。很自然地，反對「維新」的人被紫禁城皇宮疏離了，就蜂擁前往頤和園晉見太后，齊聚在太后身邊。

頤和園裡景觀圍繞著大水池，那座池子叫做「昆明湖」，典故來自漢武帝要對南方用兵前，特別在長安附近開鑿人工池「昆明池」，以便操練水軍。頤和園建「昆明湖」，正是掩耳盜鈴式地表示此處有可以操練海軍的功能，來合理化挪用海軍軍費的做法。但現代海軍怎麼可能在昆明湖操練？開鑿昆明湖及其他頤和園的奢華享受，對海軍真正的影響是十年內北洋水師無法添購新船，以致黃海海戰中的機動性與靈活度，比不上日本購買的噸位較小的次世代艦艇，是落敗的主因。

主導「變法」的這些人口口聲聲強調敗給日本的教訓，口口聲聲強調清朝即將滅亡，這在慈禧太后聽來特別刺耳，於是在反維新派大臣的慫恿下，太后決定重新奪回交給皇帝的大權。

獲得控制北洋軍的袁世凱輸誠保證，太后重返紫禁城，將光緒皇帝軟禁在「瀛臺」，並逮捕、誅殺「維新份子」，造成清廷大震動，取消了「變法」，換成「政變」登場。

04 八國聯軍之役，從瓜分局面到門戶開放

晚清變化又快又激烈，有很多意想不到的轉折。百日維新以「戊戌六君子」被殺頭的血腥形式驟然停止，然而那段時期所頒布的種種變革制度，卻在一九〇一、〇二年後悄悄回到清廷政治中，而且下令改革的就是發動政變、取消「維新」的慈禧太后。

為什麼會如此？因為戊戌政變後的一連串發展，就連慈禧太后都不得不承認改革的必要性，也讓保守派大臣清醒理解：要維持不亡國，就不能不推動「維新」的那套變革做法。

戊戌政變成功後，太后與保守派都太過自信，開始整肅改革派，同時排斥改革派所依據的西方現代辦法，結果很快地升高為非理性的排外、仇外政治路線。當排外、仇外到達最高峰時，竟然以光緒皇帝名義頒布了未指定對象的「宣戰詔書」，這等於是向全世界宣戰，引發「八國聯軍」直接入侵。

詔書上說：「連日召見大小臣工，詢謀僉同。近畿及山東等省，義兵同日不期而集者，不下數十萬人，下至五尺童子，亦能執干戈以衞社稷。」召見大小臣工的並不是光緒皇帝，而是慈禧太后；而所謂的「義兵」，則是從山東移動到河北的「義和團」。

義和團也是一種神道設教，宣稱神符護體可以刀槍不入。他們起自山東，被袁世凱當成亂民追剿，因而往西流竄到河北境內，卻以粗糙的說法與演練示範，贏得保守派大臣的支持並推薦給太后，視為能夠實現排外、仇外目的的祕密武器。

但無法否認的事實是，中國沒有任何條件抵擋得了任何一個西方列強國家的軍事侵犯，更何況是八國聯合部隊！義和團不可能發揮任何防禦作用，北京很快就被攻破，紫禁城都守不住，太后和皇帝狼狽扮裝出逃，一路顛沛流離地遠遠逃到西安。從「義和團」到「八國聯軍」這場混亂大鬧劇，幾乎滅亡了大清，慈禧太后之所以還有機會帶著光緒皇帝回到北京，靠的是美國居中斡旋，說服各國接受「門戶開放政策」。

以一八九五年為界，中日簽訂「馬關條約」後，各國升高了對中國的利權爭奪，不再以既有的通商港、治外法權、租界等為滿足，他們要和日本同樣取得在中國設工廠的權利，在中國銷售工業產品的權利，進而要劃分、領有特殊的「勢力範圍」。

英國擴張長江航行權，實質上劃走了長江中下游沿岸；德國劃走了山東半島；法國劃走了和中南半島接壤的地帶；日本劃走了臺灣對面的福州，還對東北虎視眈眈……，一時之間，林立的勢力範圍看起來就是要瓜分中國。

在中國相對勢力發展較遲、又受限於沒有一個強勢政府的美國，在爭奪勢力範圍中明顯落後，於是他們採取了完全不同的策略，向各國遊說「門戶開放」。美國提醒，如果瓜分中國會發生兩件事：第一，各國必須以管理、經營殖民地的方式派任總督，建立政府，那將是很大的工程；第二，大家分占排他性的勢力範圍，很容易在中國產生紛爭，尤其中國原本是一個大系統，各勢力範圍間不可能彼此隔絕，更增高了各國衝突的可能與程度，大家準備好要在中國、為了中國而打仗了嗎？

美國提出的辦法，是維持中國政府，列強省下建設、管理的投資，只要掌控中國政府，將利權持續開放，那麼大家都能在中國獲利，而不需互相競爭。

05 庚子新政與預備立憲，抵不住革命訴求

靠美國提出的策略說服力，再靠英國支持，才在八國聯軍之役後簽訂了「辛丑和約」，那其實是一份讓中國付出極高代價的停戰協定。中國必須支付四萬萬五千萬兩的賠款，因為必然無力一次償付，分期加上利息，最終要付出的總額超過九萬萬兩。

能領到巨額賠款，當然對列強大有好處；更好的是，列強還不必擔心中國賴帳或付不出賠款。因為賠款是以中國海關未來收入為保障支付的，而中國各通商口岸的海關從「南京條約」以來，就都是控制在英國人手中。

八國聯軍追擊到高達四萬萬五千萬兩的「庚子賠款」，把慈禧太后和保守派也嚇醒了。慈禧太后回到北京第一次上朝，對朝臣說出「想不到還能再見到你們」，留下了眼淚，連她都知道不能再照舊有的方式走下去了。

看來諷刺、但事實上合理的選擇，就是將前兩年「戊戌變法」的種種主張、種種改革政策拿回來，稍微放慢速度，一樣一樣頒布執行。

一九〇四、〇五年發生了「日俄戰爭」，戰事既不是在俄羅斯國土上、也不是在日本國土上進行，而是在中國的東北，中國只能坐視。最終日本海軍打敗了俄羅斯的波羅的海艦隊，雙方到美國簽訂「朴資茅斯條約」（Treaty of Portsmouth）收場。日本竟然在打敗中國的短短十年內，又打敗了老牌的歐洲大國。

於是，在中國又掀起了一陣關於日本崛起的討論，得到的一項共識答案是：日本的「君主立憲」體制明顯優於俄羅斯的「君主專制」，決定了雙方的強弱消長。其衍伸的論點當然是：中國需要盡快立憲。

面對立憲壓力，清廷的因應之道是派出「五大臣出洋考察團」，敲鑼打鼓到世界各地去了解人家的憲法，探訪人家立憲的過程。考察團回國之後，交出一份洋洋灑灑二十萬字的報告書，但內容不是五大臣中任何一位主稿的，而是熊希齡偷偷去央求梁啟超代筆寫出的。當時梁啟超人在日本，是全中國知名的欽命要犯，根本無法回國，竟然由他匿名協助，完成了後來以皇帝名義頒布詔書中的重要內容。

清廷此時的政策方向和「戊戌變法」大致相同，但速度差很多。伴隨梁啟超主稿的立憲內容的，是「預備立憲」的九年期程。以晚清的時局變化程度、人心思變的狀況，九年實在太長、太久，引發強烈反彈。

清朝的最後十年，絕對不是清廷政治最糟糕的時候。一九〇五年正式廢除了科舉考試，以學校取代，上千年來製造僵化教育內容的根源終於被消滅，是一項大改革、大進步。在對外方面，從「南京條約」以來，「辛丑和約」是一連串重大不平等條約的最後一項，到清朝結束都未再與列強簽訂什麼喪權辱國的條約。「門戶開放政策」相對保護了清朝統治中國的權利。

然而相應地，人民——尤其是讀書人、新世代——不只是完全相信改革的必要性，還有對改革時程的要求。改革成效不足以讓他們安心、滿意，反而激發他們更高的期待，對現狀更感難耐憤慨。清廷竟然將預備立憲時間訂在漫長的九年，刺激了更焦急、更火爆的革命訴求。

第三章

推動民國轉變的歷史力量

01 辛亥革命民國成立，新體制的摸索期

清末還有一波軍事改革行動，就是在各地練「新軍」。其背景是一批受「維新」風潮推動的年輕人，滿腔熱血到日本學習軍事，得到軍事學校畢業資格，等同於以往的「武舉人」、「武進士」，回國謀求貢獻所能，也謀求生涯前途。他們紛紛加入新建陸軍，卻因為受到新思潮、新觀念的影響，逐漸在新軍中發展革命組織。

清朝直接亡於為了解救王朝所訓練的部隊，真是歷史的反諷。一九一一年十月十日的「辛亥革命」就是從湖北新軍行伍中爆發的，接著引發了各地紛紛宣告獨立的連環反應。宣告獨立，表示這省從此不奉行北京朝廷的號令，那是經歷了太平天國之亂、東南各省自保運動等事件，地方勢力持續升高產生的效果。

十月十一日，先是湖北宣布獨立，將新軍協統黎元洪推舉為湖北軍政府都督，負責軍民政事務。此後一段時間，各省循同樣模式獨立，到年底，已獨立各省聯合起來組成了「中華民國」。

武昌起義爆發時，孫中山並不在中國，他在美國前往科羅拉多州的火車上。他最重要的資歷是知名度最高的革命主張者；他長期反對帝制，堅決擁護共和政體；還有，因為長期流亡海外，和國內各省革命勢力，尤其是新軍組織，基本上保持等距關係。憑藉這三項條件，亂局中大家共

識要建立「民國」，他獲得最多支持，回國就任南京政府臨時大總統。

這職位真是臨時設置的，沒多久就決定了正式大總統的人選條件與就職時間。民國第一任大總統鎖定了袁世凱，憑藉他手上仍握有的武力，他最有辦法能說服、恐嚇北京的宣統皇帝退位，讓清朝徹底結束，中華民國便能完整統治中國，他當然順理成章以此大功擔任最高領袖。

一九一二年二月清帝遜位，兩千年帝制走入歷史，轉為中華民國的共和治理。「民國史」的第一段從這時開始到一九一九年，可以說是新體制的摸索期。

摸索中發生了「洪憲帝制」的大倒退，袁世凱取消共和體制，重新當皇帝，然而只維持了八十多天，確定帝制已經完全失去合法性，不可能再逆轉回去。不過換另一個角度看，中央政府對於各省各地的控制，只會沿著形成已久的趨勢持續弱化，中華民國政府又是由獨立各省連結起來才成立的，各省各地存在許多不受中央管控的部隊，於是這段時期形成了軍閥割據的局面。

02 南方軍政府的聯俄容共、北伐到清共

民國史的第二階段大約從一九一九年到一九二八年。這段的開端是受到世界局勢的衝激，

得到了比較明確的新國家樣貌。一九一八年第一次世界大戰結束，為了重建戰後世界秩序，一九一九年年初召開「巴黎和會」，日本趁機取得戰敗國德國在中國山東的利權，引起中國社會強烈抗議，北京的大學生上街遊行，而有了「五四運動」。

「五四運動」有政治面和文化面。政治面上激發了對日本的強烈不滿，但當時的北洋政府必須依賴日本提供的貸款與協助才能維繫統治，於是對日本的不滿又延伸到年輕世代對北洋政府進一步的疏離、反感。文化面的「五四運動」最重要在於確立白話文的地位，推翻了文言文的正統地位，讓中國現代文學得以成立。

這階段特別值得關注的是蘇聯的動向。一九一七年共黨革命成功，沙皇被推翻了，俄羅斯轉型成為蘇維埃社會主義共和國聯邦，但內在不變的，是在中國事務上對日本的高度警戒。北洋政府高度親日卻不受中國社會認同，給予蘇聯新的介入機會，積極向由孫中山領導的南方政權提供協助。

一九一九年後，中國在政治上南北分立。北方是由北洋軍閥各勢力構成的鬆散聯合政府，南方則是以孫中山的「國民黨」為中心，結合廣東一些軍事勢力所組合的鬆散聯合政府。加入蘇聯因素，孫中山決定了「聯俄容共」策略，蘇聯所扶持的中國共產黨也參與了南方政權。南方取得了較高的組織性，到一九二四年成立黃埔軍校，培養強調精神素質、強調紀律與服從的新型態軍隊，從武力基礎上改變南北對峙形勢。

孫中山在《三民主義》中明白表示「民生主義就是社會主義」，主導「國共合作」，引進蘇聯軍事與黨務顧問，實質上重造了南方政權。蘇聯更進一步提供政治與軍事資源給南方，到一九二六年，憑藉著「黃埔」練出的新世代部隊，南方政府開始「北伐」。

國民革命軍的北伐在對付、壓制北洋軍閥方面進展順利，然而就在大致掃清長江中下游南岸區域時，南方政府爆發了嚴重內鬨。先是國民黨分裂為汪精衛領導的左翼勢力，以及蔣介石領導的右翼勢力，繼而為了弱化左翼，蔣介石在攻下上海後，發動了激烈的「清共」行動。「清共」不只是終止了原先「聯俄容共」策略，將共產黨員從國民黨組織中趕出去，還視共產黨為敵人，逮捕、屠殺了許多共產黨員。

從此在民國史上烙下一條延續久遠的印痕——國共鬥爭。主導「清共」的蔣介石和後來共產黨的領袖毛澤東，兩人也結下了民國史中最醒目、最戲劇性的難解冤仇，橫亙半世紀，甚至到他們死後，都繼續由國民黨和共產黨繼承、延續。

清共之後，蔣介石繼續領軍北伐，一九二八年北伐軍到達山東濟南，發生了和日本衝突的「五三慘案」。蔣介石選擇避開日本挑釁，堅持北上，終於在那一年的六月進入北京（改名北平），年底東三省軍閥張學良「易幟」，結束北洋政府，形式上統一了中國。

03 中共蘇區的移動斬獲，剿匪到中日戰爭

民國史的第三階段從一九二八年延續到一九三七年。

過去在國民黨的史述中，將這段時期稱為「黃金十年」（實則只有八年半左右），強調北伐統一後到抗日戰爭爆發前，有這樣一段和平建設時期，中國在各方面都有長足進步。

然而這段時間絕非和平。一九三〇年爆發了「中原大戰」，閻錫山、馮玉祥、李宗仁等人的部隊和蔣介石指揮的國軍混戰一番；一九三三年又有第十九路軍反叛引發的「閩變」，仍然必須訴諸軍事行動予以鎮壓。

更嚴重的是，「清共」後的中國共產黨在江西組織了游擊部隊，招惹蔣介石布局、發動五次「剿匪」行動，最後共產黨被迫從江西出走，展開黨史上號稱的「兩萬五千里長征」，一路從江西經廣西、貴州，再轉而朝北進入陝西，最終落腳在延安的窯洞裡躲過國民黨的追擊。

「長征」路上，在關鍵的「遵義會議」中，毛澤東奪得了黨、軍大權，排除原先蘇聯在中國共產黨內的指導地位，改採「鄉村包圍城市」路線，確立了後來以土地改革、鬥地主來爭取農民的主要做法，也確立了毛澤東不可動搖的長期獨斷領導權。中國共產黨只表面保留了仍屬於共產國際的革命組織，實際上已徹底本土化。

一九三一年，日本關東軍直接入侵東北，第二年將遜帝溥儀接到長春，成立了「滿州國」。蔣介石堅持「先安內後攘外」原則，意謂著在勦共成功前不抗日，引來了愈來愈強烈的質疑與反對。從常識的角度看，這種做法無疑是不斷以武力打擊同胞中國人，卻置外敵日本侵略於不顧，終於到一九三六年年底發生了「西安事變」，迫使蔣介石非改變態度不可。

蔣介石追擊共產黨追到陝西，卻在此時犯了嚴重錯誤——調派張學良、楊虎城領導的東北軍和西北軍去協助圍攻延安。這些人是「先安內再攘外」政策的最大受害者，不攘外使得他們失去了家鄉，如此痛苦中還要他們擔負繼續「安內」的責任！蔣介石到西安督軍時，張、楊實質兵變，以武裝闖入蔣介石行館，監禁蔣介石，要求他改變政策，承諾停止「勦共」，轉而以軍力去防阻日本侵略，最好還能收復東北。

經過蔣宋美齡與周恩來介入斡旋，蔣介石不得不放棄包圍、攻打延安，並且承諾將展開抗日行動。「西安事變」與國民政府對日策略的改變，讓日本軍部更積極進行對中國華北的控制，很快地在次年（一九三七年）七月的「盧溝橋事件」後，形成了中日全面戰爭的局勢。

這場戰爭延續長達八年，構成民國史的第四階段。八年間，從原本中國抵抗日本侵略的戰爭，到一九三九年和德國納粹在歐洲發動的戰事連結起來，再到一九四一年成為第二次世界大戰中的亞洲主要戰場，中國持續牽制日本，大有助於美國在擴張展開的太平洋戰爭中擊敗日本。

八年中的大部分時間，中國分裂為三個區域：日本占領的「淪陷區」、國民政府從「陪都」重慶控制的「國統區」，以及共產黨拓展勢力得以掌握的「蘇區」。

淪陷區包括了東部和東南半壁江山，北平、南京、上海等最主要的都市都在其中。日本軍部先後扶持了好幾個傀儡政權，名義上統治這塊地方，而在上海特別出現了「孤島時期」的文學與社會活動，是民國時期一段奇特的文化光彩綻放經驗。

國統區又稱「大後方」，中央政府從南京不斷往內陸遷移，最後落腳在重慶。以較長遠的通史眼光來看，這段時期促成了中國西南（主要是四川與雲南）的突破性發展。經濟和文化的力量從南方到東南方，現在轉到西南進行開發。不只是重慶，成都和昆明在這段時期中都有了脫胎換骨式的擴張與進步。

日本侵略迫使國民政府退居西南，提供了共產黨極大的機會，得以在三個地方有所斬獲。一塊是在陝北，以延安為黨的主要根據地；第二塊是往東占領了張家口一帶，稱為「察哈爾綏遠蘇區」；第三塊則是江蘇北部。這些地方有的接壤淪陷區，有的鄰近國統區，共產黨一邊在蘇區推動土地改革以吸收農民為政權基礎，一邊積極構建武裝部隊，主要以游擊戰方式對日本和對國軍兩面作戰。

到一九四五年八月，日本宣布無條件投降，中共其實已經取得能和國民黨分庭抗禮的實力，和一九三四年「長征」時或一九三七年抗戰爆發時，已經完全不同了。

04 中華民國為何被迫遷到臺灣？

民國史的第五個階段只有短短四年，從一九四五年對日抗戰勝利，延續到一九四九年中華人民共和國成立，國民黨統治的中華民國被迫遷到臺灣。

這段「國共內戰」為主事件的歷史，最重要的特色是開始與結束時的蔣介石與國民政府的強烈高下對比。

一九四五年戰爭終了，蔣介石帶領中國躋身「世界四強」之一，在新成立代表戰後世界新秩序的「聯合國」裡，取得了僅有五個「安理會常任理事國」席位的其中一個。蔣介石不只是中國的民族救星，也是由盟軍承認的中國戰區最高指揮官，少之又少的五星上將（Five-Star General）。還有，當時國民政府麾下的國軍規模超過三百萬人，國民政府財庫受惠於戰爭後期美國的大量援助，有高達九億美元的結餘。

站在這樣的優勢基礎上，蔣介石和國民黨竟然在短短四年內徹底敗給共產黨，甚至無法在偌大的大陸土地上有任何一個穩固的據點，只能倉皇逃到臺灣。這是人類歷史上少見的大沉淪，使得這段過程需要被特別區分開來認真看待。

戰爭剛結束，蔣介石邀請毛澤東到重慶會談。一九四六年年初，召開了象徵全國團結的「政治協商會議」，只是彼此友善的氣氛，很快地在討論裁軍與組聯合政府議題時無以為繼，加上國、共雙方此時各擁重兵，緊張很容易升高為衝突，再升高為開火戰鬥。

一九四七年二月，蔣介石的國軍部隊攻入延安，但毛澤東早安排了退出延安的行動。好幾個月的時間中，毛澤東刻意居留在陝北米脂縣。這是對蔣介石的雙重挑釁：一重表現共產黨是讓出延安，而不是國民黨有本事打下延安，沒有了延安，毛澤東也不需要離開陝北，國民黨根本拿他沒辦法；第二重則選定了李自成的家鄉米脂縣，顯現自己認同歷史上的「流寇」，代表底層小民的利益對抗蔣介石。

從陝北離開後，毛澤東接著到了察哈爾、綏遠這一帶的蘇區。國民黨和國軍的大沉淪主要經過了「三大會戰」。每一場會戰都牽涉到抗戰期間蘇區的發展。一九四八年九月爆發的「遼瀋會戰」主戰場在錦州、瀋陽、長春一帶，與國軍主力在中國西部相比，察哈爾綏遠蘇區更相近，又有蘇聯趁著對日宣戰，強行進入東北建立的據點，給了中共相當的優勢。

第二場「徐蚌會戰」的戰區也靠近共黨有基礎的蘇北。依照白崇禧的回憶記錄，蔣介石一度要求白崇禧擔任會戰總指揮官，但白崇禧拒絕了，主要因為他發現徐州地區的大部隊已經沿著南北向的津浦鐵路和東西向的隴海鐵路部署成一個「死十字」。白崇禧絕對無法同意如此用兵，但共軍快速南下，已經沒有足夠時間進行全面調度。更致命的是，白崇禧希望蔣介石尊重前線指揮，不在後方任意調動部隊，但蔣介石不答應。

第三場「平津會戰」，共軍更具優勢了。察哈爾綏遠蘇區仍然源源提供兵力參與包圍北平、天津等地，另外又加上遼瀋會戰後堂皇從山海關湧入華北的林彪大軍，很快地負責防禦守城的傅作義就失去了信心，到一九四九年一月，北平落入共軍手中。

三場會戰以國軍慘敗收場，一兩年間，國軍大批部隊投降共黨，美國提供的先進武器隨而源源流向共軍，倒反用來攻擊國軍。情況惡化到美國在一九四九年夏天公開、明白撤回了對蔣介石和國民政府的支持，國府、國軍退無可退，只能渡海遷到臺灣。

05 日本統治臺灣的幾次政策大轉彎

從一九一二年成立到一九四九年，不過三十幾年時間，在歷史上分成五個斷代有其道理。首先，這是一段變化激烈快速、各種事件緊密發生的時期，塑造了極為濃稠的歷史質地。民國史的主調是：原有固定答案都被推倒了，人們活在應接不暇的問題、困惑中，不只必須努力找答案和找解決方法，而且一定要在框架外去找才找得到。

這樣的歷史條件釋放了驚人的創造力。這是出人物的時代、出突破性思想的時代、出意外行動的時代，每隔幾年就出現新人物、新思想與新行動，總體的「時代精神」、「時代風格」

（Zeitgeist）快速變化，處處顯現其斷裂的轉折。

複雜堆疊的民國歷史性格，由國民政府在一九四九年帶到臺灣。臺灣也累積了很獨特、無法在其他地方找到的歷史複雜性。兩者相加、甚至相乘，產生了從通史角度看的民國後半段歷史，也就是「民國在臺灣」的特殊階段，構成了最接近我們的「當代史」。

「當代史」在臺灣的經歷，以一八九五年為準，從那時到現在，不過就是一百三十年左右的時間。一八九五年時，臺灣是清朝統治下的一個中國邊陲社會，因為邊陲，所以對於中國傳統的吸收與累積相對淺層；也因為邊陲，所以和西方接觸、對西方出口貿易相對比中國主要地區更發達些。

然而一夕之間，臺灣變成了日本的殖民地，而且是日本的第一個殖民地，也就成了日本開發帝國主義殖民政策的試驗場。日本人接管臺灣時，並未確定該如何統治、運用殖民地，只能邊走邊看邊修正；日本前後統治臺灣五十年，過程中曾經有好幾度政策上的大轉彎。

最大一次轉彎發生在一九三〇年代。我曾陪一位香港好友到高雄，他之前未曾去過高雄，聽了介紹走了幾個地方，他生出一個問題：為什麼臺灣的三軍主要基地，陸軍鳳山、海軍左營、空軍岡山都在高雄？

我在鳳山當過兩年兵，先開玩笑地回答：「因為高雄很少下雨，每天都能出操。我在步校當戰鬥教練教官，一年多的時間中，印象裡只有一天因為下雨而取消野外課程。」不過這不是真正的答案，要知道真正的答案，先得弄清楚這三軍基地並不是中華民國軍隊選定的，陸、海、空三軍其實都是沿用日本人原本就建好的基地。於是問題必須推前改成：為什麼日本人要將軍事基地都集中在高雄？

我們可以搭配另一個奇怪的歷史現象來思考。一九四五年日本人離開臺灣時，臺灣全島最大的一座機場是嘉義水上機場。想一下嘉義的地理位置，怎麼會在這個地方蓋一座那麼龐大的機場？從這裡起降的飛機是要飛去哪裡、從哪裡飛來的？

顯然不是為了飛臺北，更不是要飛高雄，不是為了島內交通而設計、開發嘉義機場。嘉義機場和高雄的軍事基地同樣都是「南進」策略下的產物，更精確地說，就地理方位上的考量，一端是日本本島，一端是南洋，而臺灣的南部平原剛好處在這兩端的中央。

那是出於望向南方的地理想像，也是出於三〇年代之後、日本殖民後期，要將臺灣建設為「帝國次中心」的政治規畫。這和日本人剛到臺灣，將臺灣視為主要糖產地，以糖業發展來從殖民地取得利益的做法，已經距離十萬八千里。這中間還經歷了「米糖相剋」，即稻米與甘蔗的種植競爭，挑戰、衝擊糖業帝國主義，也經歷了軍事主義興起與「皇民」觀念的大轉變等過程。

因為臺灣有如此的地位，到了太平洋戰爭末期，美國陸軍上將麥克阿瑟（Douglas MacArthur, 1880-1964）將軍採取「跳島戰略」愈來愈接近日本本土時，臺灣當然被納入考慮，作為美軍登陸日本前的最後一站。幾經折衝考量，最終美軍選擇了沖繩，發動了雙方死傷慘重、而且給沖繩人留下幾十年陰影與惡夢的戰鬥。在沖繩戰役中，美軍損失兩萬人，日軍傷亡是美軍的五倍，更可憐的是，沖繩平民有將近十萬人死亡或失蹤。

如此逃過一劫之後，到一九四五年八月十五日，臺灣迎來另一場歷史劇變。那一天日本天皇「玉音放送」，正式宣布無條件投降，在那一刻，臺灣隨著日本成為戰敗國的一部分。然而沒多久，盟軍對日本投降做出官方反應，表示依照「開羅宣言」，臺灣將歸還給中國，於是立即倒過來，臺灣隨著中國變成戰勝國的一部分！

06 納入冷戰陣營 自由民主一邊的臺灣

曾經有哪個地方、哪個社會經歷過這樣一夕逆轉的變化嗎？前一天是戰敗國，後一天轉而變成戰勝國。然後不過才又短短四年時間，剛剛成為中華民國一部分的臺灣，卻又在一九四九年年底變成中華民國的全部。中華民國撤退到臺灣，領土只剩下臺灣。

在那個節骨眼上，國民政府遷臺看起來只是臨時狀態，應該很快連臺灣都會被併入新成立的中華人民共和國吧！然而又才過了半年，到一九五〇年六月，韓戰爆發，美國第七艦隊巡防臺灣海峽，徹底阻斷了中共進取臺灣的可能性。於是開始了兩岸長期的隔絕，而臺灣被併入新的冷戰結構中，成為美國西太平洋的最後一道防線。

什麼是「冷戰」？敵對的兩方，一邊美國、一邊蘇聯，劍拔弩張，隨時備戰，卻因為都控有毀滅性的核子武器，因而沒有真正開戰，不能真正開戰。但不能開戰，卻也無法降低敵對緊張的程度，這就牽涉到冷戰在人類歷史上的特殊地位——那是人類歷史上前所未見以意識形態劃分界線而彼此對峙。意識形態不是宗教，雙方抱持的意識形態都是高度世俗性的價值觀念，甚至都反對宗教，然而意識形態的強度和宗教極為接近。

蘇聯那邊的意識形態是強調平等、強調取消階級的社會主義；美國這邊的意識形態則是強調自由、反對管制的民主。中國共產黨當然屬於社會主義陣營，於是美國就將臺灣納入自由民主陣營，隔著臺灣海峽牽制、防堵中共。但如此產生了既尷尬又複雜的情況，蔣介石領導的、敗逃到臺灣的國民政府，此時成了「自由中國」，可是和當時流亡在英國、由法國軍事家戴高樂（Charles de Gaulle, 1890-1970）領導的「自由法國」完全不同，這個政權非但不是反法西斯的，過去幾十年來在其根本性質上，其實就是民族主義主導的法西斯式統治體制。

如此造成了五〇年代以降臺灣政治上的精神分裂。國民黨一方面持續依賴戒嚴下的威權，衛護一黨專政，另一方面卻又要配合美國高喊民主自由口號，並做出例如基層民主選舉等表面工夫，向美國的意識形態交代。

其中一個門面交代，是一度由黨和政府出資補助的《自由中國》雜誌。不過主持《自由中國》的雷震，以及聚攏在他身邊的殷海光、周德偉等人，卻將「自由」與「自由主義」認真看待，在雜誌中提出愈來愈貨真價實的自由主義看法與主張，等於是「假戲真做」，將原本只是要演給美國人看的一齣戲愈弄愈認真。

同時還有另一頭來的假戲真做。像李萬居等一些具備臺灣本土民意基礎、能夠在地方選舉自主得到選票的人，他們超越了選舉原本聊備一格的設定，準備要藉由有限的民主機制建立起反對黨。

這兩股力量的發展，都和美國要求的意識形態價值密切相關。然而到一九六〇年，兩股假戲真做看起來要合流了，深深威脅到國民黨現實上一點都不自由也不民主的威權統治，終於威權那面展開激烈反撲，羅織了匪諜案，逮捕雷震，關掉了《自由中國》雜誌。

07 了解臺灣歷史，需要更廣闊的包容視野

美國對臺灣的影響，絕對不只限於政治，在經濟與文化上更是徹底改變了臺灣的面貌。臺灣的工業化主要是靠出口產業的發展，所製造的產品絕大部分外銷到美國，換句話說，是美國開放了進口市場給臺灣，才創造出臺灣的經濟成長榮景。

軍事安全靠美國，經濟發展靠美國，這樣的臺灣不可能阻止美國元素源源灌輸進來，尤其那

個時代美國維繫冷戰陣營的主要策略，便是主動積極的強勢文化推進。

我常常半開玩笑說，在一九六〇、七〇年代的臺北成長，那樣的環境將我打造成一個「假洋鬼子」。半開玩笑，表示還有一半是當真的。我這一代人成長的過程中，曾經有很長一段時間，年輕人是不唱國語歌的。我們不熟悉國語歌星誰是誰，也不知道國語歌在流行什麼。我們在自己的房間裡、在地下舞會中，打開收音機或放唱片聽的都是「熱門歌曲」，其實也就是英文歌。我們對從「披頭四」（The Beatles）以降的搖滾樂如數家珍，甚至連美國的鄉村歌曲排行榜都每週追查，要看電視綜藝節目，看的也一定是唐尼與瑪麗・奧斯蒙（Dony and Marie Osmund）。

看電影要去「電影街」，臺北武昌街那段齊聚了樂聲、豪華、日新、國賓，到後來加入獅子林等戲院的熱鬧區域，這幾家放映的都是洋片。我們讀的書是世界文學名著，我們崇拜的作家是美國的海明威（Ernest Miller Hemingway, 1899-1961）或德國的赫曼・赫賽（Hermann Karl Hesse, 1877-1962）、法國的沙特（Jean-Paul Charles Aymard Sartre, 1905-1980）和卡謬（Albert Camus, 1913-1960）。

最誇張的情況出現在教育領域。那個時代，臺灣高等教育的終點不在臺灣。「來來來，來臺大；去去去，去美國」，這是那個時代最響亮的口號，表明了就連臺大都只是進一步到美國留學的跳板。沒有到美國留學拿到一個大學研究所學位，不算是真正受了完整的教育。

這麼一個世紀時間，臺灣經歷了那麼多，以至於要講述臺灣歷史與「民國在臺灣」的歷史，需要眾多的背景知識，缺乏背景知識的鋪墊，是不可能弄清楚任何事件的來龍去脈。因而要了解這段歷史，需要最廣闊的包容視野與胸襟，能夠體認真實的多元性質，其所需的態度與知識形式，和之前的「中國通史」極度不同，也等於就離開了「中國通史」所能涵蓋的範圍了。

思考中國：不一樣的中國通史/楊照著. --
初版. -- 臺北市 : 遠流, 2025.08
面； 公分.
ISBN 978-626-418-290-4(平裝)

1.CST: 中國史

610 114009085

思考中國
不一樣的中國通史

作者 / 楊照

副總編輯 / 鄭祥琳
主編 / 陳懿文
封面、內頁設計 / 謝佳穎
排版 / 連紫吟、曹任華
行銷企劃 / 舒意雯
出版一部總編輯暨總監 / 王明雪

發行人 / 王榮文
出版發行 / 遠流出版事業股份有限公司
地址 / 104005臺北市中山區中山北路一段11號13樓
電話 / (02)25710297 傳眞 / (02)25710197 郵撥 / 0189456-1
著作權顧問 / 蕭雄淋律師

2025年8月5日 初版一刷
定價 / 新臺幣580元 (缺頁或破損的書，請寄回更換)

ISBN 978-626-418-290-4

ylib 遠流博識網
http://www.ylib.com
E-mail: ylib@ylib.com
遠流粉絲團 https://www.facebook.com/ylibfans